"
영어 읽기는 「문장마디」를 나누고 「문장매듭」을 푸는 과정이고,
쓰기는 「문장마디」를 채우고 「문장매듭」을 묶는 과정이다.
"

Sources
이 책의 영어 예문들 중 일부는 Tatoeba의 자료를 이용하였습니다. Tatoeba의 자료는 "CC-BY(저작자표시)" 라이선스로 공개되고 있습니다.

Tatoeba 웹사이트: https://tatoeba.org

인터넷 강의: www.englemap.com

유튜브 채널: 잉글맵TV

보이는 영어구문 잉글맵
기본편 마디훈련

펴 낸 이	고광철
펴 낸 곳	㈜제네시스에듀 / 서울시 노원구 공릉로 232, 서울과학기술대학교 31동 403호
발 행 일	2020년 1월 3일 초판 제1쇄
저 자	고광철
감 수	김두식
책임편집	오용준
편 집	박상민
맵 편 집	박상후, 유승렬, 김해린
맵디자인	곽정명
교 정	김영신
디 자 인	design Vita
조 판	헤드기획
일러스트	나수은, 강건우
영문교열	Katarina I. Acosta, David S. Kim
내용 문의	www.englemap.com, englemap114@gmail.com
구입 문의	02-977-0879
등록번호	제 25100-2019-000044호

ISBN 979-11-968459-0-2

Copyright © 2020 by Genesis Edu, Inc.
All rights reserved. No part of this publication may be reproduced, stored in a retrieval system, or transmitted in any form or by any means, electronic, mechanical, photocopying, recording, or otherwise, without the prior permission of the copyright owner.
본 책은 특허법과 저작권법에 의해 보호받는 저작물입니다. 본 책의 독창적인 내용에 대한 무단 전재·모방은 법률로 금지되어 있습니다. 파본은 구매처에서 교환 가능합니다.

S + V + 절/구	타동사 + 〈uS + 원형〉	[지각동사] see(보여주다), watch(보다), look at(~를 보다), feel(느끼다), hear(듣다), listen to(~를 듣다), notice(알아차리다), observe(관찰하다, 준수하다), catch(잡다) 등
		[사역동사] make(시키다), have(시키다), let(시키다), help(돕다)
	타동사 + 〈uS +서술(ing/p.p)〉	[지각동사] see(보다), watch(보다), observe(관찰하다), catch(잡다), look at(~를 보다), hear(듣다), listen to(~를 듣다), feel(느끼다), notice(알아차리다) 등
		[사역동사] have(시키다), get(시키다), make(시키다), let(시키다). (※ make와 get은 US+V-ing만 가능하고, US+pp는 불가능)
		[상태동사] leave(~하게 하다), find(발견하다), keep(유지하다), want(원하다) 등.
	타동사 + 〈uS +서술(형/명/전)〉	[상태동사] make(시키다), get(시키다), turn(바꾸다), keep(유지하다), leave(~하게 하다), drive(운전하다) 등
		[생각동사] think(생각하다), believe(믿다), find(발견하다), consider(고려하다), suppose(가정하다) 등
		[호칭(지명)동사] call(부르다), name(언급하다), elect(선출하다), choose(고르다), appoint(임명하다) 등

S + V + C(구/절)	자동사 + ⟨ing/p.p./형/명⟩	[지각동사] hear(듣다), watch(보다), see(보다)
		[사역동사] have(시키다), make(시키다) 등
		[상태동사] leave(하게 두다), keep(유지하다), find(발견하다) 등
S + V + O	대표 타동사	make(만들다), buy(사다), sell(팔다), take(취하다), have(가지다), eat(먹다), write(쓰다), read(읽다), speak(말하다) 등
	주의 타동사	enter(들어가다), reach(도달하다), marry(결혼하다), answer(대답하다), discuss(의논하다), suit(맞추다), attend(참석하다), mention(언급하다), approach(접근하다), resemble(닮다), adress(연설하다), obey(복종하다), call(부르다), explain(설명하다) 등
S + V + IO + DO	직접 주는 유형(to형)	give(주다), show(보여주다), lend(빌려주다), send(보내다), hand(건네주다), pay(지불하다), offer(수여하다), tell(말해주다), teach(가르치다), promise(약속하다), wish(희망하다), read(읽다), pass(넘기다) 등
	간접 주는 유형(for형)	buy(사다), make(~하게 하다), get(잡다), find(발견하다), call(부르다), cook(요리하다), bake(굽다), order(주문하다), choose(고르다), prepare(준비하다), bring(가져오다, to도 가능) 등
	요청 유형(of형)	ask(요청하다), inquire(질의하다), require(요청하다), beg(간청하다)
	explain 유형	explain(설명하다), announce(발표하다), introduce(설명하다), propose(제안하다), mention(언급하다), describe(묘사하다), state(언급하다), suggest(제안하다), say(말하다), confess(고백하다), mean(뜻하다), donate(기부하다), construct(건설하다, 짓다), create(창조하다), design(설계하다), select(고르다), demonstrate(보여주다), communicate(의사소통하다) 등
S + V + 절/구	타동사 + that절	announce(발표하다), anticipate(예상하다), advise(충고하다), believe(믿다), demand(요구하다), explain(설명하다), feel(느끼다), hope(바라다), image(상상하다), insist(주장하다), know(알다), mention(말하다), promise(약속하다), propose(제안하다), recommend(권유하다), realize(깨닫다), regret(후회하다), report(보고하다), require(요구하다), say(말하다), suggest(제안하다), think(생각하다) 등
	타동사 + whether/if절	wonder(궁금하다), know(알다), tell(알다; 말하다), ask(묻다), decide(결정하다), doubt(의심하다), seek(찾다) 등
	타동사 + to-v	[기타] learn(배우다), pretend(~인 척 하다), afford(~할 여유가 되다), fail(실패하다), aim(조준하다), appear(~인 것 같다), can't wait(못 기다리다), deserve(자격이 있다), manage(어떻게든 해내다), need(필요하다), seem(~처럼 보인다), vow(맹세하다) 등
		[희망, 기대] hope(희망하다), wish(소망하다), want(원하다), expect(기대하다), ask(요청하다), promise(약속하다), offer(제안하다), swear(맹세하다), would like(원하다), yearn(갈망하다), long(갈망하다) 등
		[계획, 결심] plan(계획하다), decide(결정하다), determine(결정하다), choose(선택하다), attempt(시도하다), help(돕다), mean(의미하다), prepare(준비하다), struggle(노력하다) 등
		[동의, 거절] agree(동의하다), refuse(거절하다), hesitate(망설이다), neglect(방치하다) 등
		생각 형용사 : interesting(흥미로운), important(중요한), essential(필수적인), possible(가능한) 등
	타동사 + v-ing	[사실관계(종료, 연기, 회피, 부인 등)] admit(받아들이다), avoid(피하다), can't help(하는 수 없이~하다), consider(고려하다), delay(연기하다), deny(부정하다), enjoy(즐기다), escape(피하다), feel like(마치 ~하다), finish(끝내다), mention(언급하다), mind(꺼리다), postpone(연기하다), keep(계속하다), quit(중단하다), suggest(추천하다) 등, risk(위험을 감수하다)
	타동사 + v-ing	forget(잊어버리다), regret(후회하다), remember(기억하다), try(시도하다), begin(시작하다), can't stand(견딜 수 없다), continue(지속하다), hate(싫어하다), like(좋아하다), love(사랑하다), stop(멈추다), prefer(선호하다), start(시작하다), 등
	타동사 + ⟨uS + to-v⟩	[원인동사] advise(조언하다), allow(허락하다), ask(요청하다), cause(초래하다), choose(선택하다), enable(가능케하다), expect(기대하다), forbid(금지하다), force(강요하다), get(시키다), help(돕다), invite(초대하다), need(필요하다), order(명령하다), permit(허락하다), persuade(설득하다), remind(상기시키다), request(요청하다), require(요구하다), teach(가르치다), tell(말하다), urge(촉구하다), want(원하다), warn(경고하다), wish(바라다), would like(원하다) 등

drive(~하게 하다)	need(필요로 하다)	want(원하다)
enable(가능하게 하다)	order(명령하다)	warn(경고하다)
encourage(격려하다)	permit(허락하다)	wish(바라다)
expect(기대하다)	persuade(설득하다)	would like (~하고 싶다)

13. 동사정리

감정동사	현재분사(능동)	과거분사(수동)
S + V	대표 자동사	come(오다), go(가다), stop(멈추다), happen(발생하다), grow(자라다), run(달리다), exist(존재하다), fall(떨어지다), jump(뛰어오르다), gather(모이다), stand up(일어나다), wake up(깨다) 등
	자동사 + 부사적 어구	be(am, are, is, was, were), stand(서 있다), live(살다), lie(눕다; 놓여 있다), stay(머물다)
	해석 주의 자동사	manage(그럭저럭 지내다), count(중요하다), pay(이익이 되다), work(효과가 있다, 작동하다), matter(중요하다), do (충분하다), last(계속되다), read(~라고 쓰여 있다), sell(팔리다)
S + V + C(형/명)	상태 지속 자동사	[유지] continue(계속하다), hold(지속되다), keep(~채로 있다), lie(놓여 있다), stay(머물다), remain(~상태이다), stand(서 있다) 등
		[감각] smell(냄새가 나다), taste(맛이 나다), sound(소리가 나다), feel(느끼다), look(보다) 등
		[인지] seem(~것 같다), appear(나타나다), prove(판명되다) 등
	상태 이동 자동사	[변화] become(되다), come(되다), get(~하게 되다), fall(~되다), go(되다), turn(변하다), grow(자라다), make(되다) 등
S + V + C(구/절)	be + 형용사 + that(판단대상)	[의무, 확신, 중요] sure(확실한), mandatory(의무의), essential(필수적인), necessary(필수적인), important(중요한), urgent(중요한), obligatory(의무의), compulsory(의무적인), imperative(의무적인)
	be + 형용사 + to-v(판단대상)	[난이도형용사] easy(쉬운), convenient(편리한), comfortable(편안한), safe(안전한), possible(가능한), hard(어려운), difficult(어려운), dangerous(위험한), impossible(불가능한) 등
		[확신/정도형용사] certain(확실한), sure(확신하는), likely(~할 것 같은), enough(충분한), willing(기꺼이 ~하다) 등
		[생각 형용사] interesting(흥미로운), important(중요한), essential(필수적인), possible(가능한) 등
	be + 형용사 + to-v(판단이유)	[감정 형용사] happy(행복한), glad(기쁜), disappointed(실망한), surprised(놀란), sorry(미안한, 유감인), pleased(기쁜), sad(슬픈) 등
		[평가형용사] nice(멋진), kind(친절한), clever(영리한), brave(용감한), rude(무례한), careless(부주의한), foolish(어리석은), stupid(어리석은), silly(바보같은), crazy(미친) 등
	be + p.p + to-v	[지각동사 수동태] see(보다), watch(보다), look at(쳐다보다), feel(느끼다), hear(듣다), listen to(~를 듣다), notice(알아채다), observe(관찰하다, 준수하다), catch(잡다) 등
		[상태동사 수동태] make(만들다), get(잡다), find(발견하다), turn(바꾸다), leave(떠나다), keep(유지하다), drive(운전하다), paint(칠하다) 등
		[생각동사 수동태] think(생각하다), believe(믿다), consider(여기다), suppose(가정하다) 등
	자동사 + to-v	[주어 상승] appear(나타나다), come(오다), chance(우연히 ~하다), get(잡다), grow(성장하다), happen(발생하다), prove(입증하다), remain(남기다), seem(~처럼 보이다), turn out(드러나다) 등
		상태를 "유지하다, 지키다" 의미 : be(있다), remain(유지하다), stay(머물다), stand(서다), hold(붙잡다), keep(유지하다), lie(거짓말하다), continue(지속하다) 등
		상태를 "인지하여 지속하다" 의미 : seem(~처럼 보이다), look(보인다), appear(나타나다), prove(입증하다) 등
		상태가 "변하다" 의미 : become(~가 되다), come(오다), get(잡다), fall(떨어지다), go(가다), turn(바꾸다), grow(빛나다), make(만들다) 등

9. 동명사를 목적어로 취하는 동사

admit(인정하다)	deny(부인하다)	mention(언급하다)
avoid(피하다)	enjoy(즐기다)	mind(꺼리다)
can't help(~하지 않을 수 없다)	escape(피하다)	postpone(연기하다)
celebrate(축하하다)	feel like(~하고 싶다)	quit(그만두다)
consider(고려하다)	finish(끝내다)	risk(위험을 무릅쓰다)
delay(미루다, 연기하다)	Keep(계속하다)	suggest(제안하다)

10. to부정사를 목적어로 취하는 동사

afford(~할 여유가 있다)	help(돕다)	pretend(~인 척하다)
aim(목표하다)	hesitate(주저하다)	promise(약속하다)
agree(동의하다)	hope(희망하다)	refuse(거절하다)
appear(~인 것 같다)	learn(배우다)	seek(추구하다)
ask(부탁하다)	long(열망하다)	seem(~인 것 같다)
attempt(시도하다)	manage(어떻게든 해내다)	struggle(분투하다)
can't wait(못 기다리다)	mean(의도하다)	swear(맹세하다)
choose(선택하다)	need(필요로 하다)	vow(맹세하다)
decide(결정하다)	neglect(소홀히 하다)	want(원하다)
deserve(자격이 있다)	offer(제안하다)	wish(바라다)
expect(예상하다)	plan(계획하다)	would like(~하고 싶다)
fail(실패하다)	prepare(준비하다)	yearn(열망하다)

11. 동명사, to부정사를 모두 목적어로 취하는 동사

볼드체의 동사들은 목적어가 to부정사일 때와 동명사일 때 의미가 달라진다.

begin(시작하다)	hate(싫어하다)	**regret**(후회하다, 아쉽다)
can't stand(견딜 수 없다)	like(좋아하다)	**remember**(기억하다)
continue(계속하다)	love(사랑하다)	**stop**(시작하다)
forget(잊다)	prefer(더 좋아하다)	try(노력하다, 시도하다)

12. 「동사+목적어+to부정사」 형태를 취하는 동사

볼드체의 동사들은 「동사+to부정사」 형태로도 쓸 수 있다.

advise(충고하다)	forbid(금지하다)	remind(상기시키다)
allow(허락하다)	force(강요하다)	request(요청하다)
ask(요청하다)	get(~하게 하다)	require(요구하다)
assist(돕다)	help(돕다)	teach(가르치다)
cause(일으키다, 야기하다)	Invite(초대하다)	tell(말하다)
choose(선택하다)	lead(~하게 하다)	urge(촉구하다)

(2) 동사 + 단어 2개 이상

come up with : (아이디어를) 생각해내다	look down on : ~를 깔보다, 무시하다
fall in love with : ~와 사랑에 빠지다	look forward to : ~하기를 고대하다, 바라다
get along with : ~와 잘 지내다	make up for : ~을 보충하다, 만회하다
get rid of : ~을 제거하다, 없애다	put up with : 참다, 견디다
keep in touch : ~와 연락하고 지내다	stand up for : 지지하다
keep up with : (정보, 소식 등을) 알게 되다	take care of : ~를 돌보다

8. 분사형 형용사

감정동사	현재분사(능동)	과거분사(수동)
amaze (놀라게 하다)	amazing (놀라운)	amazed (놀라운)
amuse (기쁘게 하다)	amusing (재미있는, 즐거운)	amused (즐거워하는)
annoy (귀찮게 하다)	annoying (귀찮게 하는)	annoyed (짜증이 난)
astonish (깜짝 놀라게 하다)	astonishing (놀라운)	astonished (깜짝 놀란)
attract (관심을 끌다)	attracting (매력적인, 마음을 끄는)	attracted (매료된)
bewilder (당황케 하다)	bewildering (어리둥절하게 만드는)	bewildered (당황한)
bore (지루하게 만들다)	boring (재미없는, 지루한)	bored (지루해하는)
concern (걱정케 하다)	concerning (우려하게 만드는)	concerned (걱정되는)
confuse (혼란케 하다)	confusing (혼란스러운)	confused (혼란스러워 하는)
delight (기쁘게 하다)	delighted (기쁜)	delighting (기쁨을 주는)
depress (낙담시키다)	depressing (우울하게 만드는)	depressed (낙담한)
disappoint (실망시키다)	disappointing(실망스러운)	disappointed(실망한)
disgust(역겹게 하다)	disgusting(혐오스러운)	disgusted(혐오를 느끼는, 역겨운)
embarrass(당황케 하다)	embarrassing(난처한, 쑥스러운)	embarrassed(당황한)
excite(흥분시키다)	exciting(흥분되는)	excited(흥분된)
exhaust(지치게 하다)	exhausting(진을 빼는)	exhausted(지친)
fascinate(매혹시키다)	fascinating(흥미로운, 매력적인)	fascinated(매혹된)
frighten(놀라게 하다)	frightening(무서운)	frightened(놀란)
frustrate(좌절시키다)	frustrating(불만스러운, 좌절감을 주는)	frustrated(좌절한)
impress(인상을 남기다)	impressing(감동시키는)	impressed(감명받은)
interest(관심을 끌다)	intersting(흥미로운)	interested(흥미를 느끼는)
irritate(짜증나게 하다)	irritating(짜증나는)	irritated(짜증이 난)
please(기쁘게하다)	pleasing(즐거운, 기분 좋은)	pleased(기쁜, 기뻐하는)
satisfy(만족시키다)	satisfying(만족스러운)	satisfied(만족한)
scare(겁주다)	scaring(놀라운, 위협적인)	scared(겁을 먹은)
shock(충격을 주다)	shocking(충격적인, 망측한)	shocked(충격을 먹은)
surprise(놀라게 하다)	suprising(놀라운, 놀랄)	surprised(놀란)
terrify(겁나게 하다)	terrifying(겁나게 하는, 무서운)	terrified(겁에 질린)
tire(피곤하게 하다)	tiring(피곤하게 만드는, 피곤한)	tired(지친)

7. 구동사(숙어)

(1) 동사+단어 1개

account for : 설명하다	long for : 간절히 바라다, 열망하다
agree with : ~에 동의하다	look after : 돌보다
ask for : 요청하다	look for : 찾다
believe in : 믿다	look into : 조사하다, 자세히 들여다보다
belong to : ~에 속하다	make for : ~을 향해 나아가다
beware of : 조심하다	make out : 이해하다
break into : 침입하다	make sense : 이치에 맞다, 말이 되다
break up : 헤어지다	make sure : 확실히 하다
bring back : 상기시키다	make up : 지어내다, 화장하다
call for : 요청하다	participate in : ~에 참여하다
care about : 마음을 쓰다, 관심을 가지다	pay for : 지불하다
carry on : 지속하다	pay off : 성공하다, ~을 다 갚다
carry out : 수행하다	pick up : 들어올리다, 차에 태우다
catch up : 따라잡다	point out : 지적하다, 가리키다
check out : 확인하다	put aside : 제쳐두다
come across : 우연히 만나다	put off : 연기하다, 미루다
come by : 획득하다	put on : (옷을) 입다
come true : 이루어지다	rely on : ~에 의지하다, ~를 믿다
concentrate on : ~에 집중하다	run out : 고갈되다
consist of : ~로 구성되다	set up : 설치하다, 착수하다
count on : ~에 의지하다	show off : 과시하다
cut down : 자르다, 베다	sort out : 분리하다, 분별하다
deal with : 다루다	stand down : 물러나다
depend on : ~에 의존하다	stand for : 나타내다, 지지하다
fill out : 작성하다	stand out : (존재, 실력 등이) 두드러지다
get back : 돌려받다	stop by : 잠시 들르다
get in : 들어가다	take off : (옷을) 벗다, (비행기가) 이륙하다
get over : 극복하다	take over : (기업, 회사 등을) 인수받다
get up : 일어나다	take place : 개최되다, 일어나다
give up : 포기하다	try on : (옷을) 입어보다
go after : ~의 뒤를 쫓다	turn down : 거절하다
go on : 지속되다, 계속하다	turn off : (전등, 가전제품 등을) 끄다
go over : 초과하다, 검토하다	turn on : (전등, 가전제품 등을) 켜다, 틀다
grow up : 성장하다, 어른이 되다	turn out : ~인 것으로 드러나다, 밝혀지다
hand[turn] in : 제출하다	walk away : 떠나버리다, 물러나다
lay off : 해고하다	watch out : 조심하다

(2) 양을 나타내는 수량형용사

종류	예문
a little (약간 있는) (긍정)	I speak a little Japanese. (나는 일본어를 조금 할 줄 안다.)
little (거의 없는) (부정)	The shy girl talks little. (그 수줍어하는 소녀는 말을 거의 하지 않는다.)
much (많은)	Tim spends much money on clothes. (Tim은 옷에 많은 돈을 쓴다.)
a great[large, good] amount of (많은)	A good amount of money was spent for the research. (많은 돈이 그 연구를 위해 쓰여졌다.)

(3) 수와 양 모두 가능한 수량형용사

종류	예문
some	We need some help. (우리는 도움이 좀 필요하다.)
any	I can't give you any information about him. (나는 그에 관한 어떠한 정보도 줄 수 없다.)
enough	Did you get enough sleep? (너는 잠을 충분히 잤니?)
a lot of / lots of / plenty of	They made plenty of mistakes. (그들은 많은 실수를 했다.)

a piece[sheet] of paper (종이 한 장)	a cup of coffee (커피 한 잔)	a glass of water (물 한 잔)
a bottle of water (물 한 병)	a spoonful of sugar (설탕 한 숟갈)	a loaf of bread (빵 한 덩어리)
a slice of cheese (치즈 한 장)	a bowl of soup (스프 한 그릇)	

6. 단위명사 / 부분명사의 수량표현

단위명사	부분명사
a bottle of water(물 한 병: 단수)	half of the coffee(커피의 절반: 단수)
three cups of coffee(커피 세 잔: 복수)	half of the bananas(바나나들의 절반: 복수)
a glass of water(물 한 잔: 단수)	60% of the bag(그 가방의 60%: 단수)
four spoonful of sugar(설탕 네 스푼: 복수)	30% of soldiers(군인들의 30%: 복수)
two slices of bread(빵 두 장: 복수)	all of the students(학생들 전원: 복수)
a loaf of bread(빵 한 덩어리: 단수)	most of the participants(참가자들 전원: 복수)
a herd of cattle(한 무리의 소: 단수)	some of the dogs(그 개들 중 몇몇: 복수)
two tablets of medicine(알약 두 알: 복수)	part of the book(그 책의 일부분: 단수)
a grain of rice(쌀의 낟알: 단수)	any of the snacks(그 과자들 중 아무것이나: 복수)
three sheets of paper(종이 세 장: 복수)	1/5 of the pens(그 펜들 중 1/5: 복수)
three bags of flour(밀가루 세 자루: 복수)	1/4 of the apple(그 사과의 1/4: 단수)

4. 비교급 / 최상급의 형태 변화

(1) 규칙변화

	원급	비교급	최상급
A. 형용사 + ~er, ~est	old great hard	older greater harder	oldest greatest hardest
B. 단어 끝이 「단모음+단자음」 → 자음을 하나 더 추가 + -er, -est	hot big thin	hotter bigger thinner	hottest biggest thinnest
C. 단어 끝이 「자음+y」→ y를 i로 바꾸고 + -er, -est	happy pretty easy	happier prettier easier	happiest prettiest easiest
D. 2, 3음절 이상 형용사 → more, most	beautiful difficult exciting	more beautiful more difficult more exciting	most beautiful most difficult most exciting

(2) 불규칙변화

원급	비교급	최상급
many, much	more	most
little	less	least
good, well	better	best
ill, bad	worse	worst
far (거리가) 먼 　　(정도가) 더한, (거리가) 먼	farther further	farthest furthest

5. 수량형용사

(1) 수를 나타내는 수량형용사

종류	예문
a few (약간 있는) (긍정)	He told that there are still a few snacks to eat. (그는 아직 먹을 몇 개의 과자가 남아있다고 말했다.)
few (거의 없는) (부정)	He told that there are still a few snacks to eat. (그는 아직 먹을 몇 개의 과자가 남아있다고 말했다.)
several (몇몇의, 각각의)	The boss asked several clothes to wear at the conference. (그 사장은 회의때 입을 몇 벌의 옷을 부탁했다.)
many (많은)	I saw many apples on the table. (나는 탁자 위에 많은 사과를 보았다.)
a great[large, good] number of (많은)	A great number of students were absent today. (많은 학생들이 오늘 결석했다.)

-ness	happy(행복한) : happiness(행복) / dark(어두운) : darkness(어둠, 암흑) / kind(친절한) : kindness(친절) / weak(약한) : weakness(약함, 약점)

(2) 형용사형 어미

형용사형 어미	예시
-y	noise(소음, 잡음) : noisy(시끄러운) / dirt(먼지, 때) : dirty(더러운) / shine(빛나다, 반짝이다) : shiny(빛나는, 반짝거리는) / cloud(구름) : cloudy(날씨가 흐린)
-ate	passion(열정) : passionate(열정적인) / consider(고려하다, 숙고하다) : considerate(사려깊은) / fortune(행운) : fortunate(운 좋은) / despair(절망) : desperate(필사적인, 극단적인)
-ent	efficiency(효율) : efficient(효율적인) / subsequence(연속, 추세) : subsequent(다음의) / difference(차이) : different(다른) / independence(독립) : independent(독립적인)
-less	time(시간, 시대) : timeless(시대를 초월한) / use(사용하다) : useless(쓸모없는) / end(끝) : endless(끝이 없는) / aim(목표) : aimless(목표가 없는)
명사+ly	love(사랑) : lovely(사랑스러운) / friend(친구) : friendly(친절한) / cost(값, 비용) : costly(비싼) / time(시간) : timely(시기적절한)
-ful	wonder(놀라다) : wonderful(놀라운) / success(성공) : successful(성공적인) / help(돕다) : helpful(도움이 되는) / use(사용하다) : useful(쓸모있는)
able / ible	capability(능력) : capable(능력있는) / comfort(안락, 편안) : comfortable(편안한) / value(가치) : valuable(가치있는) / reason(이유, 이성, 근거) : reasonable(합리적인)
-al	industry(산업) : industrial(산업의) / artifact(인공물) : artificial(인공의) / nation(국가) : national(국가의) / finance(자금) : financial(재정적인)
-ous	variety(다양성) : various(다양한) / curiosity(호기심) : curious(호기심 있는) / anxiety(불안, 염려) : anxious(불안한) / fame(명성) : famous(유명한)
-ive	action(행동) : active(활동적인) / mass(덩어리, 큰 집단) : massive(거대한) / aggression(공격) : aggressive(공격적인) / sense(감각) : sensitive(세심한, 예민한)
-ish	fool(바보) : foolish(어리석은) / child(어린아이) : childish(유치한) / girl(소녀) : girlish(여자 아이 같은) / red(빨간색) : reddish(불그스름한)
-ern	north(북쪽) : northern(북쪽에 위치한, 북향의) / south(남쪽) : southern(남쪽에 위치한, 남향의) / east(동쪽) : eastern(동쪽에 위치한, 동향의) / west(서쪽) : western(서쪽에 위치한, 서향의)
-ic, ical	reality(현실) : realistic(현실적인) / drama(드라마, 연극) : dramatic(극적인) / practice(연습, 실행) : practical(현실적인, 실제적인) / critic(비평가, 평론가) : critical(비판적인)
-like	child(어린아이) : childlike(순수한) / man(남자) : manlike(남자다운) / business(사업) : businesslike(효율적인, 업무에 충실한) / bird(새) : birldlike(새 같은, 민첩한)
-ite	favor(호의, 친절) : favorite(마음에 드는, 매우 좋아하는) / oppose(반대하다) : opposite(반대의) / infinity(무한) : infinite(무한한) / compose(구성하다) : composite(합성의)

(3) 부사형 어미

부사형 어미	예시
-ly	slowly(천천히) / commonly(흔히, 보통) / nearly(거의) / closely(밀접하게)

2. 명사의 수

(1) 규칙 복수형

원급	복수형	예시	예외
보통형	-s	dogs, schools, notes, pens, doors	x
어미가 s, x, ch, sh	-es	buses, dresses, boxes, foxes, watches, churches, punches, dishes, wishes, bushes	-ch가 [k]로 발음되는 명사는 -s를 붙인다. Stomachs
어미가 f, fe	f → -ves	leaves, knives, lives	cliffs, staffs, chiefs
어미가 「자음+o」	-es	potatoes, tomatoes, heroes	photos, pianos, hippos
어미가 「자음+y」	y → -ies	ladies, puppies, strawberries	

(2) 불규칙 복수형

단수 – 복수	단수 – 복수
tooth - teeth	fish - fish
foot - feet	aircraft - aircraft
man - men	sheep - sheep
woman - women	mouse - mice
child - children	goose - geese

3. 명사형, 형용사형, 부사형 어미

(1) 명사형 어미

명사형 어미	예시
-tion / -sion	act(행동하다) : action(행동) / infrom(알리다) : information(정보) / conclude(결론을 내리다) : conclusion(결론) / divide(나누다) : division(분할, 분배)
-er / -or	play(놀다, 경기를 하다) : player(선수) / teach(가르치다) : teacher(선생님) / dance(춤추다) : dancer(춤추는 사람, 안무가) / invent(발명하다) : inventor(발명가)
-ment	appoint(시간·장소를 정하다) : appointment(약속) / move(움직이다) : movement(동작) / arrange(마련하다, 배열하다) : arrangement(마련, 준비) / require(요구하다) : requirement(필요)
-ist	science(과학) : scientist(과학자) / novel(소설) : novelist(소설가) / art(예술) : artist(예술가) / piano(피아노) : pianist(피아니스트)
-ian	mathematics(수학) : mathematician(수학자) / technique(기술) : technician(기술자) / electric(전기 장치) : electrician(전기 기사) / politics(정치) : politician(정치인)
-ity	possible(가능한) : possibility(가능성) / responsible(책임이 있는) : resposibility(책임감) / major(주요한) : majority(다수) / able(가능한) : ability(능력, 재능)
-ship	leader(지도자) : leadership(지도력, 통솔력) / member(일원) : membership(회원 자격, 신분) / citizen(시민) : citizenship(시민권) / hard(힘든) : hardship(고난, 역경)
-hood	child(아이) : childhood(어린시절) / brother(형제) : brotherhood(형제애, 인류애) / false(틀린) : falsehood(거짓) / likely(~할 것 같은) : likelihood(가능성)
-dom	free(자유로운) : freedom(자유) / king(왕) : kingdom(왕국) / wise(현명한, 지혜로운) : wisdom(지혜) / star(스타, 유명인) : stardom(스타의 반열)
-ance	ally(동맹국, 협력자) : alliance(동맹, 연합) / rely(의지하다) : reliance(의존, 의지) / important(중요한) : importance(중요) / exist(존재하다) : existence(존재)

think (생각하다)	thought	thought	thinks	thinking
understand (이해하다)	understood	understood	understands	understanding
weep (울다)	wept	wept	weeps	weeping
win (이기다)	won	won	wins	winning
wind (감다)	wound	wound	winds	winding

(6) 변화유형 [A - B - B']

현재(A)	과거(B)	과거분사(B')	3인칭 단수 현재	현재분사
bear (낳다)	bore	born	bears	bearing
bite (물다)	bit	bitten	bites	biting
break (깨뜨리다)	broke	broken	breaks	breaking
choose (고르다)	chose	chosen	chooses	choosing
forget (잊다)	forgot	forgotten	forgets	forgetting
freeze (얼음이 얼다)	froze	frozen	freezes	freezing
get (얻다)	got	gotten/got	gets	getting
hide (숨기다)	hid	hidden	hides	hiding
speak (말하다)	spoke	spoken	speaks	speaking
steal (훔치다)	stole	stolen	steals	stealing
tear (찢다)	tore	torn	tears	tearing
wake (잠에서 깨다)	woke	woken	wakes	waking
wear (입다)	wore	worn	wears	wearing

(7) 변화유형 [A - B - C]

현재(A)	과거(B)	과거분사(C)	3인칭 단수 현재	현재분사
begin (시작하다)	began	begun	begins	beginning
drink (마시다)	drank	drunk	drinks	drinking
fly (날다)	flew	flown	flies	flying
forgive (용서하다)	forgave	forgiven	forgives	forgiving
lie (누워 있다)	lay	lain	lies	lying
ring (전화하다)	rang	rung	rings	ringing
sew (바느질하다)	sewed	sewn/sewed	sews	sewing
shrink (줄어들다)	shrank/shrunk	shrunk	shrinks	shrinking
sing (노래하다)	sang	sung	sings	singing
sink (가라앉다)	sank	sunk	sinks	sinking
spring (뛰어오르다)	sprang	sprung	springs	sprining
swear (맹세하다)	swore	sworn	swears	swearing
swim (수영하다)	swam	swum	swims	swimming
weave (짜다)	wove	woven	weaves	weaving

hear (듣다)	heard	heard	hears	hearing
hold (지니다)	held	held	holds	holding
keep (유지하다)	kept	kept	keeps	keeping
kneel (무릎 꿇다)	knelt	knelt	kneels	kneeling
knit (바느질하다)	knitted/knit	knitted/knit	knits	knitting
lay (두다)	laid	laid	lays	laying
lead (이끌다)	led	led	leads	leading
leap (도약하다)	leapt/leaped	leapt/leaped	leaps	leaping
leave (떠나다)	left	left	leaves	leaving
lend (빌려주다)	lent	lent	lends	lending
lie (눕다)	lay	lain	lies	lying
light (비추다)	lit/lighted	lit/lighted	lights	lighting
lose (잃다)	loses	lost	lost	losing
make (만들다)	made	made	makes	making
mean (의미하다)	meant	meant	means	meaning
meet (만나다)	met	met	meets	meeting
pay (지불하다)	paid	paid	pays	paying
prove (증명하다)	proved	proved/proven	proves	proving
say (말하다)	said	said	says	saying
seek (찾다)	sought	sought	seeks	seeking
sell (팔다)	sold	sold	sells	selling
send (보내다)	sent	sent	sends	sending
shave (보내다)	shaved	shaved/shaven	shaves	shaving
shine (빛나다)	shone	shone	shines	shining
shoot (쏘다)	shot	shot	shoots	shooting
sit (앉다)	sat	sat	sits	sitting
sleep (자다)	slept	slept	sleeps	sleeping
slide (미끄러지다)	slid	slid	slides	sliding
smell (냄새맡다)	smelled/smelt	smelled/smelt	smells	smelling
speed (속력을 내다)	sped/speeded	sped/speeded	speeds	speeding
spell (철자를 쓰다)	spelled/spelt	spelled/spelt	spells	spelling
spend (소비하다)	spent	spent	spends	spending
spill (쏟다)	spilled/spilt	spilled/spilt	spills	spilling
spin (회전시키다)	spun	spun	spins	spinning
stand (서 있다)	stood	stood	stands	standing
stick (고수하다)	stuck	stuck	sticks	sticking
sting (찌르다)	stung	stung	stings	stinging
strike (차다)	struck	struck	strikes	striking
sweep (쓸다)	swept	swept	sweeps	sweeping
swing (흔들다)	swung	swung	swings	swinging
teach (가르치다)	taught	taught	teaches	teaching
tell (알려주다)	told	told	tells	telling

drive (운전하다)	drove	driven	drives	driving
eat (먹다)	ate	eaten	eats	eating
fall (떨어지다)	fell	fallen	falls	falling
give (주다)	gave	given	gives	giving
go (가다)	went	gone	goes	going
grow (자라다)	grew	grown	grows	growing
know (알다)	knew	known	knows	knowing
ride ((차, 말 등을) 타다)	rode	ridden	rides	riding
rise (오르다)	rose	risen	rises	rising
see (보다)	saw	seen	sees	seeing
shake (흔들다)	shook	shaken	shakes	shaking
show (보여주다)	showed	shown	shows	showing
sow ((씨를) 뿌리다)	sowed	sown	sows	sowing
take (잡다)	took	taken	takes	taking
throw (던지다)	threw	thrown	throws	throwing
write (쓰다)	wrote	written	writing	writing

(5) 변화유형 [A - B - B]

현재(A)	과거(B)	과거분사(B)	3인칭 단수 현재	현재분사
bend (구부리다)	bent	bent	bends	bending
bind (묶다)	bound	bound	binds	binding
bleed (피흘리다)	bled	bled	bleeds	bleeding
bring (가져오다)	brought	brought	brings	bringing
build (건축하다)	built	built	builds	building
burn (태우다)	burned/burnt	burned/burnt	burns	burning
buy (사다)	bought	bought	buys	buying
catch (잡다)	caught	caught	catches	catching
cling (달라붙다)	clung	clung	clings	clinging
creep (기다, 포복하다)	crept	crept	creeps	creeping
deal (다루다)	dealt	dealt	deals	dealing
dig (파다)	dug	dug	digs	digging
dive (뛰어들다)	dived/dove	dived	dives	diving
dream (꿈꾸다)	dreamed/dreamt	dreamed/dreamt	dreams	dreaming
feed (먹이다)	fed	fed	feeds	feeding
feel (느끼다)	felt	felt	feels	feeling
fight (싸우다)	fought	fought	fights	fighting
find (발견하다)	found	found	finds	finding
flee (도망치다)	fled	fled	flees	fleeing
fling (휙 던지다)	flung	flung	flings	flinging
grind (갈다)	ground	ground	grinds	grinding
hang (걸다)	hung	hung	hangs	hanging
have (가지다)	had	had	has	having

1. 불규칙 변화 동사

(1) 변화유형 [A - A - A]

현재(A)	과거(A)	과거분사(A)	3인칭 단수 현재	현재분사
bet (내기하다)	bet	bet	bets	betting
broadcast (방송하다)	broadcast	broadcast	broadcasts	broadcasting
burst (터지다)	burst	burst	bursts	bursting
cast (던지다)	cast	cast	casts	casting
cost (비용이 들다)	cost	cost	costs	costing
cut (자르다)	cut	cut	cuts	cutting
fit (맞다)	fit	fit	fits	fitting
hit (치다)	hit	hit	hits	hitting
hurt (다치게 하다)	hurt	hurt	hurts	hurting
let (허락하다)	let	let	lets	letting
put (두다)	put	put	puts	putting
quit (그만두다)	quit	quit	quits	quitting
read (읽다)	read	read	reads	reading
set (설정하다)	set	set	sets	setting
shut (닫다)	shut	shut	shuts	shutting
spit (뱉다)	spit	spit	spits	spitting
split (나누다)	split	split	splits	splitting
spread (펼치다)	spread	spread	spreads	spreading
upset (속상하게 하다)	upset	upset	upsets	upsetting

(2) 변화유형 [A - A - A']

현재(A)	과거(A)	과거분사(A')	3인칭 단수 현재	현재분사
beat (때리다)	beat	beaten	beats	beating

(3) 변화유형 [A - B - A]

현재(A)	과거(B)	과거분사(A)	3인칭 단수 현재	현재분사
come (오다)	came	come	comes	coming
become (되다)	became	become	becomes	Becoming
run (달리다)	ran	run	runs	running

(4) 변화유형 [A - B - A']

현재(A)	과거(B)	과거분사(A')	3인칭 단수 현재	현재분사
arise (일어나다)	arose	arisen	arises	arising
awake (깨우다)	awoke	awoken	awakes	awaking
blow (불다)	blew	blown	blows	blowing
do (하다)	did	done	does	doing
draw (그리다)	drew	drawn	draws	drawing

구문과 장기

「단어와 문장마디」의 관계는 「장기(將棋)와 장기판(將棋板)」의 관계와 비슷하다. 장기를 처음 배웠을 때를 떠올려보자. 가장 먼저 알아야 하는 것은 장기판의 정해진 자리에 장기들을 놓는 규칙이다. 이후 각각의 장기가 갖는 이동 규칙에 따라 공격과 방어의 방법을 배워 게임에 임하게 된다. 구문을 배우는 것도 마찬가지이다. 가장 먼저 문장마디의 정해진 자리에 품사를 놓는 규칙을 배우고, 품사별 기능과 역할에 따라 단어들을 배열하면 문장이 되기 때문이다. 또한 장기를 놓는 수천가지 방법들이 오직 9×10의 장기판 위에서만 진행되듯이, 복잡한 문장을 만드는 단어들의 배열 규칙도 0/1/2/3/4/5마디의 문장마디틀 안에서 진행된다. 다음 그림을 보면서 우리가 배우고 있는 구문을 장기와 비교해 이해해보자.

「장기말과 장기판」

장기말 : "장(將), 차(車), 포(包), 마(馬), 상(象), 졸(卒), 사(士)" 의 7개 종류로 구분
장기판 : 9×10의 정해진 자리
규칙 : 1) 장기별로 장기판에 놓이는 위치가 정해져 있음
  2) 장기별로 각자의 역할과 이동 규칙이 있음

「단어와 문장마디」

단어 : "명사, 대명사, 동사, 형용사, 전치사, 부사, 접속사, 감탄사"의 8개 품사로 구분
문장마디 : 0/1/2/3/4/5마디로 정해진 자리
규칙 : 1) 품사마다 문장마디에 놓이는 위치가 정해져 있음
  2) 품사마다 각자의 역할과 규칙이 있음

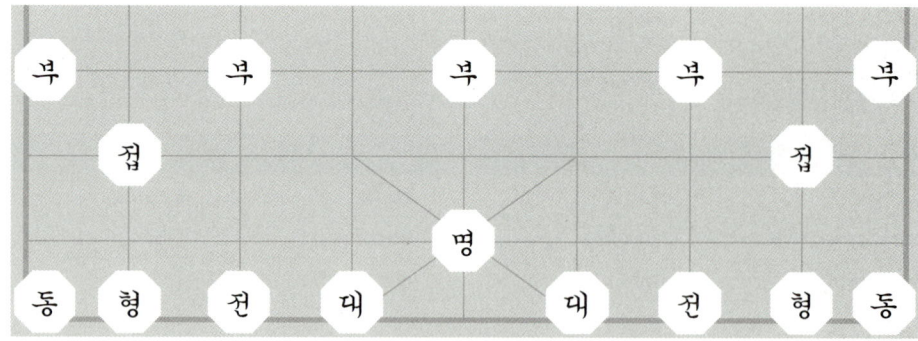

단어들의 품사와 정해진 자리를 장기판에 비유할 수 있음(품사 → 장기말, 문장마디 → 장기판)

> "
> 장기를 잘 두기 위해 장기말들의 「행마법」을 잘 알아야 하듯이
> 영어 구문을 잘 이해하기 위해서는 반드시 「품사별」 사용 방법을 알아야 한다.
> "

접속사는 "접착/저울"의 역할이다.

접속사는 둘 이상의 문법적 요소를 연결하는 접착제 역할을 하고 연결 대상을 대등하게 저울질하는 역할을 한다.

"접속사는 모든 문장마디를 대등하게 연결할 수 있다."

apple	and	steak
(사과)	(그리고)	(스테이크)
명사	접속사	명사

문법장군 그레마

「품사 옷」 검사하기	「명사 옷」을 입어야 입장	「동사 옷」을 입어야 입장	「명사 옷」을 입어야 입장	「전치사 옷」을 입어야 입장	「명사 옷」을 입어야 입장
	1마디	2마디	3마디	4마디	5마디
	She	ate	an apple and a steak		yesterday.
	그녀는	먹었다	사과와 스테이크를		어제

감탄사는 "감탄"의 역할이다.

감탄사는 주로 독립적으로 사용되며 감탄의 내용을 표현한다.

"감탄사는 0마디에 독립적으로 사용된다."

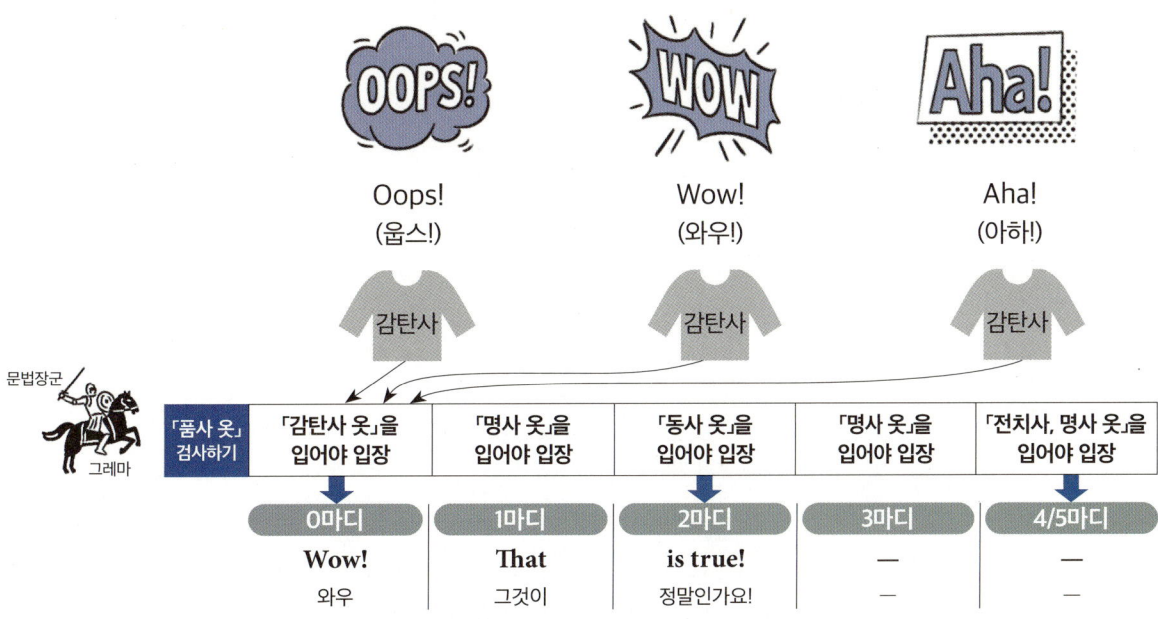

「품사 옷」 검사하기	「감탄사 옷」을 입어야 입장	「명사 옷」을 입어야 입장	「동사 옷」을 입어야 입장	「명사 옷」을 입어야 입장	「전치사, 명사 옷」을 입어야 입장
	0마디	1마디	2마디	3마디	4/5마디
	Wow!	That	is true!	—	—
	와우	그것이	정말인가요!	—	—

전치사는 "부가상황"의 역할이다.

전치사는 이야기 구성 요소인 인물, 사건, 배경 중 배경(장소, 시간, 방법, 이유)을 나타낼 때 사용된다. 명사와 함께 사용되어 인물, 사건에 대한 부가적인 상황을 설명하는 데 쓰인다.

"전치사 옷을 입으면 4마디에 들어갈 수 있다"

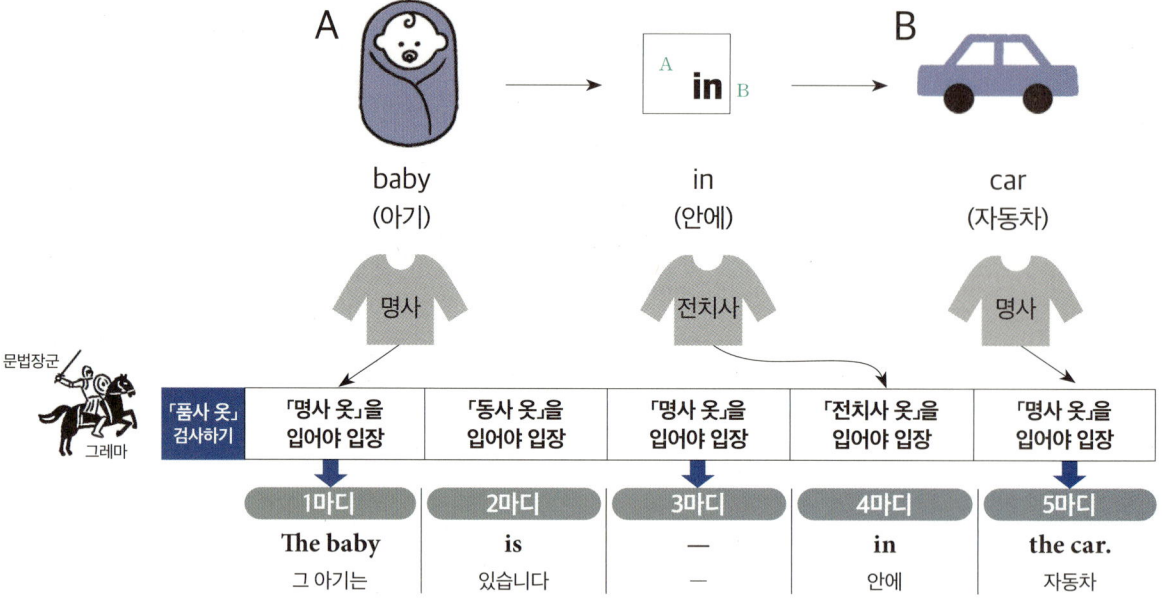

부사는 "배경/효과"의 역할이다.

부사는 문장마디 어디에든 위치하여 장소 및 시간 배경을 나타내주는 것은 물론 동사, 형용사 등에 대한 강약조절 효과를 입혀준다.

"부사 옷을 입으면 거의 모든 마디에 들어갈 수 있다"

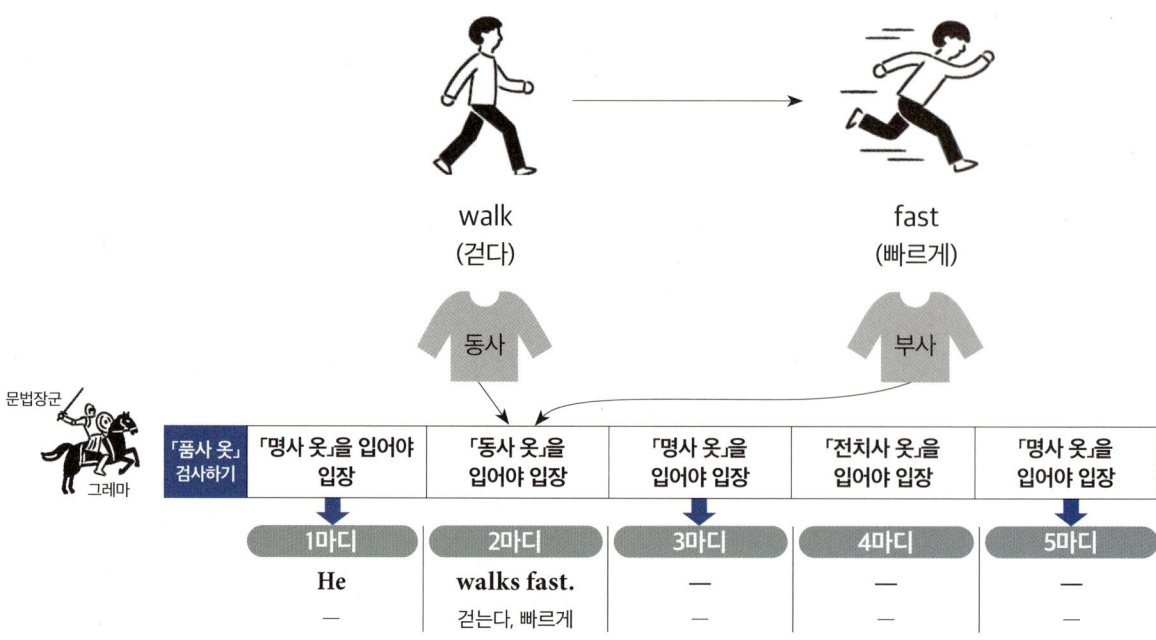

동사는 "동작/상태"의 역할이다.

동사는 주인공의 '동작'이나 '상태'를 나타내는 역할을 한다. 동사는 대상(명사)의 '시작과 끝'이 있는 움직임을 나타내는 말이다. 그래서 동사는 반드시 의미상의 주어(명사)를 갖는다.

형용사는 "분장/성격"의 역할이다.

형용사의 존재 근거 역시 명사이다. 명사를 '꾸며주는' 말이나 명사의 '속성'을 나타내는 말이기 때문이다. 이런 면에서 형용사는 주인공(명사)의 '분장' 및 '성격' 역할을 하는 품사라고 할 수 있다.

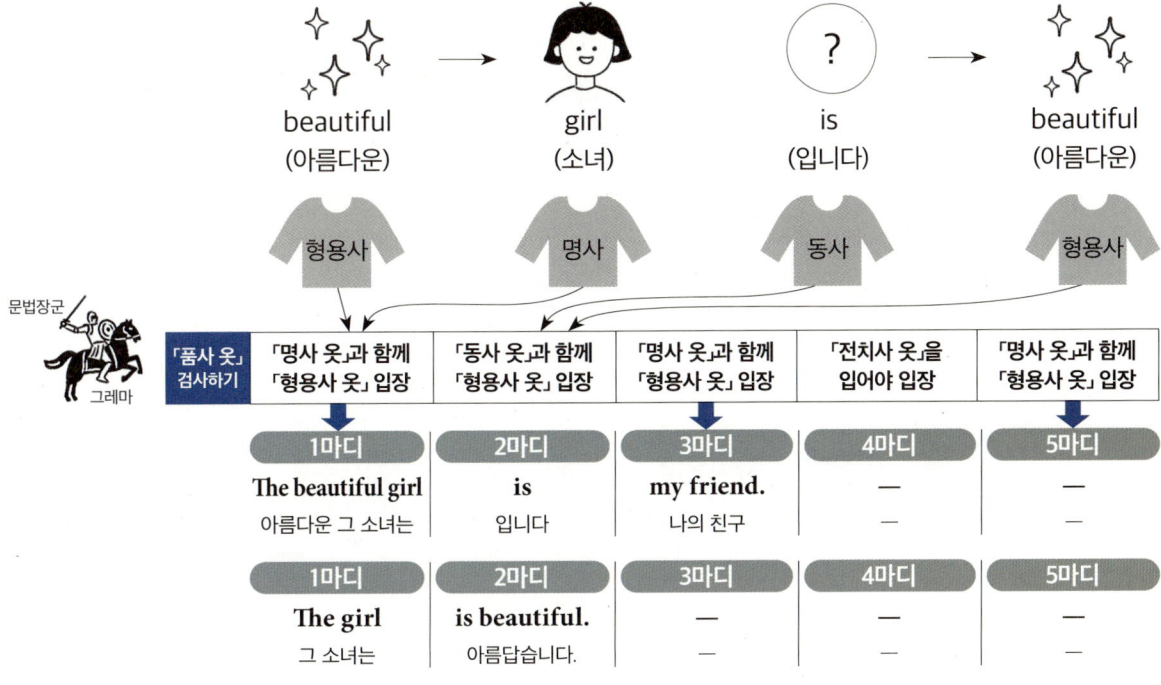

명사는 "배우/사물"의 역할이다.

문장을 '인물, 사건, 배경'이 있는 '영화'로 생각한다면 '명사'는 영화에 등장하는 '배우/사물'에 해당된다. 쉽게 이름을 붙일 수 있는 대상은 대부분 명사로 볼 수 있다.

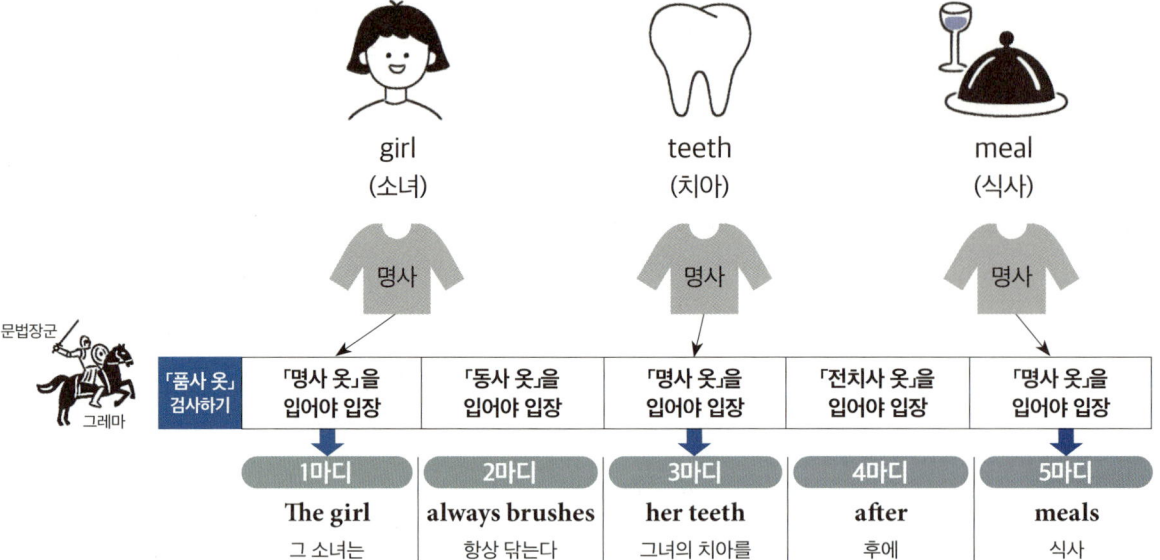

대명사는 "대역"의 역할이다.

영화에서 주인공을 대신하는 대역이 있는 것처럼 '명사'를 대신해 말하고 싶을 때에는 '대명사'를 쓸 수 있다. 'girl(소녀)'를 앞서 한 번 언급했다면 그 이후에는 'she(그녀)'로 불러도 되는 것이다.

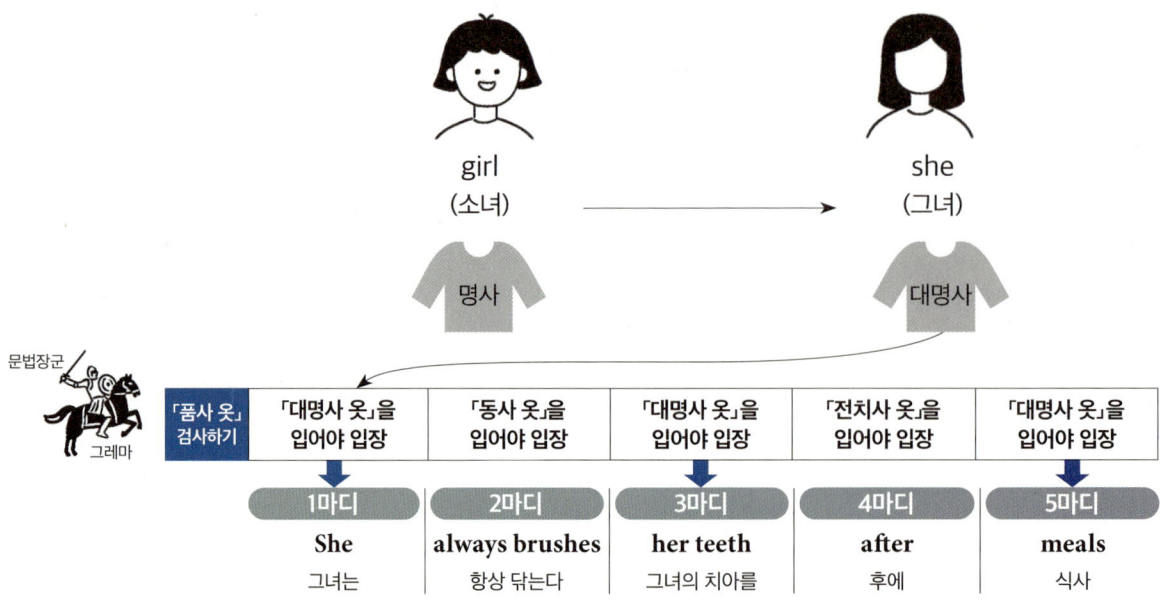

「품사」는 단어들이 문장 안에 들어갈 때 반드시 입어야 할 「옷」이다.

우리말은 9품사(명사, 대명사, 동사, 형용사, 부사, 감탄사, 관형사, 조사, 수사)로, 영어는 8품사(명사, 대명사, 동사, 형용사, 부사, 전치사, 접속사, 감탄사)로 구성된다. 밑줄 친 품사들은 두 언어가 지닌 고유한 품사들이다.

세상 모든 것은 「단어」로 존재한다

무수히 많은 단어들이 있다.

75만여 개의 단어들

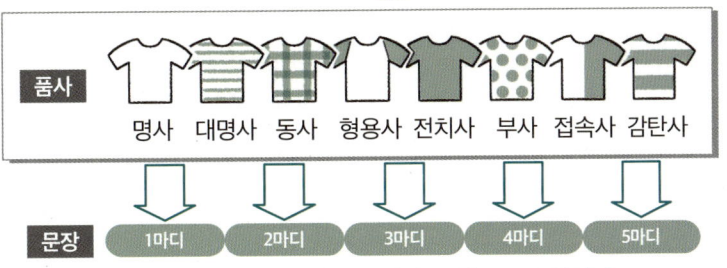

모든 단어들은 문장 안에 들어갈 때는 반드시 8품사 중 하나의 품사 옷을 입고 들어간다.

'문장마디'에 따라 들어갈 수 있는 정해진 품사 「옷」이 있다.

세상 모든 생각과 감정이 「문장」으로 표현된다

'품사'란 단어들을 그 기능, 의미, 형태에 따라 나눠 몇 가지 유형으로 분류해 놓은 것이다. 그래서 어떤 품사이냐에 따라 단어들이 문장 안에서 해야 할 역할도 정해진다. 이런 점에서 품사는 단어들이 문장에 들어갈 때 입는 「옷」으로 비유될 수 있다. 의사가 병원에 출근하면 '의사가운'을 입고, 경찰이 출근하면 '경찰복'을 입고 제 역할에 맞는 일을 하듯이 단어들도 문장 안으로 들어가면서 8품사 중 하나의 옷을 입고 주어진 역할을 한다.

요컨대 품사는 구문의 원리 및 어순, 제반 규칙 등을 논리적으로 설명하게끔 만들어주는 '열쇠'이다. 품사에 대한 이해 없이 구문을 정복하는 것은 불가능하다. 그래서 단어장을 선택할 때 품사가 표시되지 않은 단어장은 피해야 하고, 단어를 암기할 때에도 반드시 해당 단어의 의미와 함께 그 단어가 대표적으로 입는 옷(대표품사)을 눈여겨봐야 한다.

<학교문법에서의 품사 정의>		<'잉글맵'의 품사 정의>		
영어 8품사	품사의 역할	단어들의 8가지 「옷」	옷의 역할	들어갈 수 있는 문장마디
명사	사람, 장소, 사물의 이름을 나타낸다.	명사	배우/사물	1/3/5 마디
대명사	명사를 대신하여 쓰인다.	대명사	대역	대명사
동사	동작이나 상태를 나타낸다.	동사	동작/상태	2마디
형용사	명사의 특성을 기술한다.	형용사	분장/성격	2마디(동사와 함께) 1/3/5마디(명사와 함께)
전치사	명사 목적어를 취하여 시간, 장소, 양태 등을 나타낸다.	전치사	부가상황	4마디
부사	동사, 형용사, 다른 부사 또는 문장을 수식한다.	부사	배경/효과	모든 마디, 문장 앞/뒤
접속사	둘 이상의 문법 요소를 연결한다.	접속사	접착/저울	동일한 품사·구·절 연결
감탄사	감탄을 나타낸다.	감탄사	감탄	독립적으로 쓰임
출처 : 영어구문분석, 나명모, 도서출판 동인		품사는 정해진 문장마디에 들어가기 위해 입는 단어들의 옷이다		

구문을 여는 열쇠 「품사」

"품사는 문장에서 단어들의 역할로써 모든 구문을 여는 「핵심Key」를 제공한다."

Q8
구문에서 **단어의 연결**은 곧 **품사의 연결**을 의미 하나요?

Answer
그렇습니다.

품사는 서로 간의 관계에 의해 역할이 규정된다.

8품사 간의 관계를 살펴보자면, 무엇보다 「명사」가 없다면 다른 모든 품사들이 존재할 수 없다. 그래서 품사의 시작은 '(대)명사'이다. 「동사, 형용사, 전치사」는 반드시 (대)명사와 의미상 관계를 맺음으로써 존재할 수 있다. 특히 「동사」는 문장의 기본구조인 「주어+술어」를 위해 반드시 필요한 요소이다.

- 중심 품사 : (대)명사, 동사
- 수식 품사 : 형용사, 부사
- 연결 품사 : 전치사, 접속사

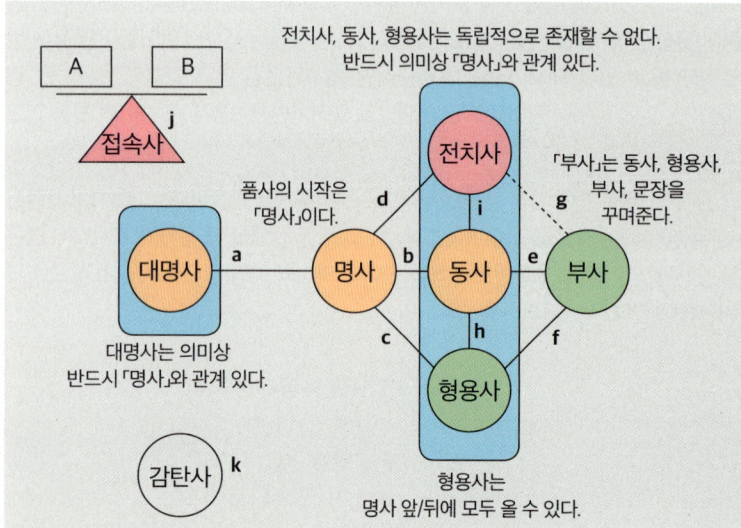

〈품사 간의 관계〉
a. 대명사는 명사를 대신한다.
b. 동사는 명사의 동작과 상태를 나타낸다.
c. 형용사는 명사의 특성을 설명한다.
d. 전치사는 명사를 연결하여 배경/상황/환경을 나타낸다.
e. 부사는 동사를 꾸며준다.
f. 부사는 형용사를 꾸며준다.
g. 전치사가 명사 없이 사용될 때 부사처럼 쓰인다.
h. "동사+형용사"의 형태로 서술어 역할을 한다.
i. "동사+전치사"의 형태로 구동사를 이룬다.
j. 접속사는 둘 이상을 연결하거나, 저울질 한다.
k. 감탄사는 독립적으로 감탄을 나타낸다.

TIP 'who'와 같은 관계사나 'a/the'와 같은 관사도 품사일까? 이런 품사들은 '8품사'에 없는 명칭들이다. 하지만 큰 틀에서 보자면 관계사나 관사 등도 모두 8품사로 환원될 수 있다. '관계사'는 '접속사와 대명사'의 역할을 동시에 수행하며, '관사'는 '형용사'적 기능을 하는 것으로 설명 가능하다. 결국 '~사'라는 이름을 갖는, 8품사 외의 다양한 품사들(to부정사, 동명사, 분사, 의문사, 관사, 관계사 등)은 모두 8품사의 변종이라 생각하면 이해하기 쉽다.

「중심 품사, 수식 품사, 연결 품사」의 쓰임에 눈을 뜨게 되면 문장마디를 품사 배치만으로 나열해도 문장의 구조를 이해할 수 있다. 그래서 평생 영어를 공부할 생각이 있다면 한 번쯤은 품사의 역할에 대해 집중적으로 이해하려는 시간을 갖길 권한다. 그 어떤 단어들도 반드시 8개의 품사 중 하나의 「옷」을 입기 마련이고, 품사라는 「옷」을 입는 순간 단어는 문장 안에서 자신이 위치해야 할 자리를 배정받는다.

David who likes a photo went up to the rooftop with a good view.

예문 해석 사진을 좋아하는 데이빗은 좋은 경치가 있는 지붕으로 올라 갔다.

힘의 이동 훈련 (2)

문장에 포함된 '이야기 구성 요소'도 '힘의 이동' 원리를 적용해 생각해볼 수 있다. '이야기 구성' 방식에 따르면 우리는 가장 먼저 주인공(인물)을 생각한 후 다음으로 그 주인공이 어떤 사건을 일으켰는지 또는 어떤 사건에 휘말려 있는지를 생각한다. 이후 주인공과 사건이 어떤 배경에 놓여 있는지를 생각하면 자연스럽게 영어의 어순대로 문장을 만들 수 있다. 여기서 '인물 -> 사건 -> 배경' 순으로 진행되는 사고의 흐름 속에도 인물에서 시작한 힘이 사건을 통해 배경으로 흘러가는, '힘의 이동' 원리가 작동되고 있음을 알 수 있다.

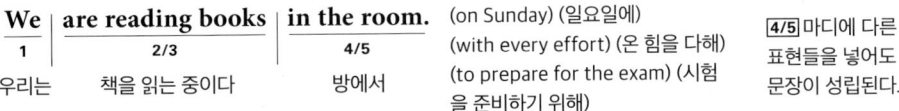

(해석) 우리는 (방에서 / 일요일에 / 온 힘을 다해 / 시험을 준비하기 위해) 책을 읽고 있는 중이다.

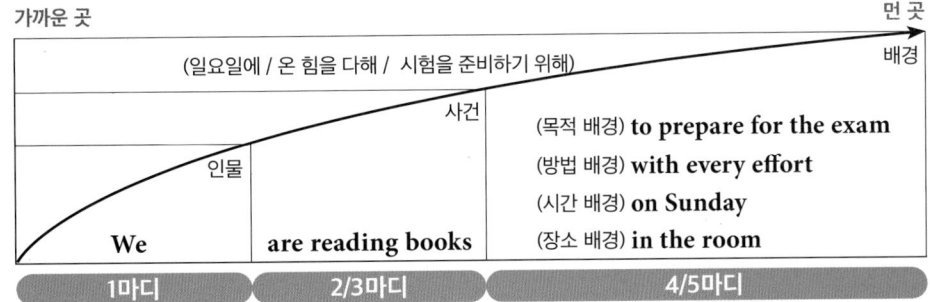

'6하 원칙' 또한 마찬가지이다. '6하 원칙'의 전개 방식은 '이야기 구성' 방식을 세분화한 것에 불과하다. 다만 6하 원칙에서는 질문의 형식을 통해 '힘의 이동'이 발생한다. 먼저 인물에 대해 '누구(who)'인지를 묻는다. 다음으로 인물에게 일어난 사건이 '무엇(what)'인지를 묻는다. 이 두 가지 질문으로 '인물'과 '사건'에 대한 답을 얻었다면 그 '배경'에 대해 질문을 던진다. 이때 배경에 대한 답에서도 '가까운 곳에서 먼 곳으로' 전개되는 서양인의 사고방식이 담겨 있다. 서양인에게 '장소(where)'보다는 '시간(when)'이 크고 넓은 개념이고, 시간(when)보다는 '생각(how/why)'이 크고 넓은 개념이다. 그러니 6하 원칙을 말할 때 "who(누가) < what(무엇을) < where(어디서) < when(언제) < how(어떻게) < why(왜)"의 순서로 말하는 습관을 갖도록 하자. 자연스럽게 영어 어순을 만드는 힘이 생길 것이다.

We	are reading books	in the room	on Sunday	with every effort
1	2/3	4/5	4/5	4/5
우리는	책을 읽는 중이다	방에서	일요일에	온 힘을 다해

to prepare for the exam.
4/5
시험을 준비하기 위해

(해석) 우리는 시험준비를 위해 모든 노력을 다하여 일요일에 방에서 책을 읽고 있다.

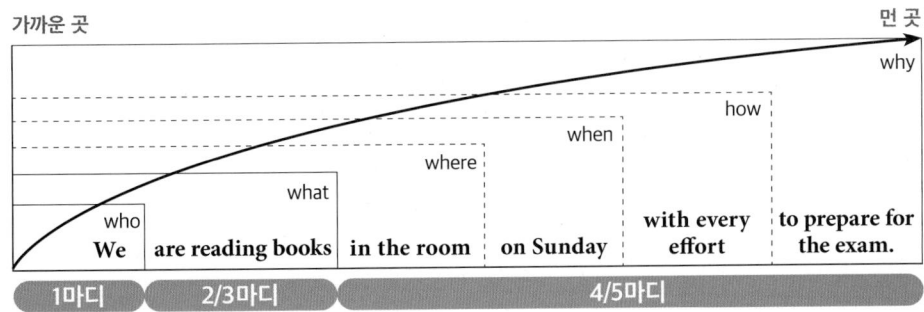

힘의 이동 훈련 (1)

영어는 주어, 서술어, 보충어, 수식어 순의 기능적 어순을 갖는다. 문장 속 각각의 기능을 대표품사로 나열하면 「명사+동사+명사+전치사+명사」가 된다. 품사가 이처럼 배치되는 이유는 '힘의 이동'이라는 원리가 작용하기 때문이다. 힘의 이동을 일으키는 대표적인 품사는 '동사'와 '전치사'이다.

그림을 보면서 이해해보자. 그림 속에서 볼 수 있는 것은 '사람', '모자', '칼', '고기', '그릇' 등이며, 이는 '명사'라는 품사로 표현된다.

동사는 명사와 달리 실체가 있는 대상이 아니다. '칼'과 '고기' 사이에서 진행되는 동작 중 하나를 '요리하다, 자르다, 찌르다' 등으로 표현하는 것이다. 이처럼 동사는 명사를 기점으로 한 '시작/끝'을 갖는 '동작/상태'를 나타낸다. 그래서 명사 없는 동사는 있을 수 없다.

우리말에 없는 '전치사'도 동사와 아주 비슷한 특징을 갖는다. 예를 들어, '안(in)'은 명사 없이는 그 어떤 의미도 지니지 못한다. 반드시 '무엇'의 '안(in)'인지 나타내줘야 한다. 전치사를 '작은 동사'라고 부르는 이유가 여기에 있다.

이처럼 동사와 전치사는 명사를 불러오는 '힘'을 유발한다. 이 같은 특징들로 인해 '힘의 이동'에 따른 어순 배열이 나타나는 게 영어 문장이다. 명사에서 나온 '동작/상태의 힘'은 다시 힘의 대상인 '명사'를 향한다. 그리고 그 대상과 주변 사물 사이에는 '공간적 관계' 또는 '부가적인 힘'이 발생하여 서로 의미적으로 관계를 맺는다. 이 모든 과정은 사물 개체를 관찰하면서 안에서 밖으로 나아가는 과정이자 가까운 곳에서 먼 곳으로 나아가는 과정이다. 사물을 관찰하는 서양인의 사고 특성이 영어 어순에 오롯이 담겨 있는 셈이다.

힘의 이동 원리와 어순

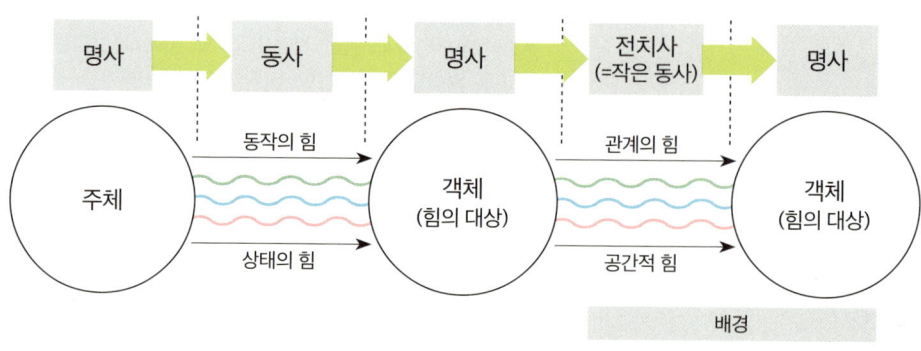

Q7

학습자가 품사에 대한 기초가 없다면, 문장마디 훈련은 어떤 방식으로 하는 것이 좋나요?

Answer

"이야기 구성, 6하 원칙, 힘의 이동"에 따른 마디 훈련을 추천합니다.

이야기 구성(인물, 사건, 배경) 훈련

영어 문장 안에는 하나의 이야기(story)를 구성하는 요소가 포함되어 있다. 이야기 구성 요소들은 각각 1마디에 인물, 2/3마디에 사건, 4/5마디에 배경(상황, 환경)으로 배치된다. 이에 따르면 하나의 영어 문장은 인물/사건/배경으로 끊어 읽기가 가능하다.

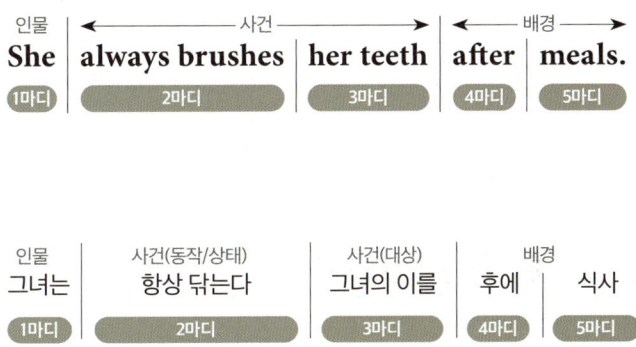

6하 원칙(who, what, where, when, how, why) 훈련

기사문에서 흔히 사용하는 6하 원칙은 영어 문장에도 적용될 수 있다. 1마디에는 who(인물), 2/3마디에는 what(사건), 4/5마디에는 where(장소), when(시간), how(방법), why(이유)가 온다. 특히 4/5마디에서는 한 문장에 2개 이상의 where(장소), when(시간), how(방법), why(이유)를 삽입할 수 있기에 "1/2/3/(4/5)/(4/5)/(4/5)…"의 구조를 지닌 문장을 만들어낼 수 있다.

「문장마디」 훈련이란?

> "문장마디별 구성요소를 이해하고, 정해진 자리에 규칙에 맞는 단어들을 넣어 문장을 만드는 훈련을 말한다."

Q6
학습자가 품사에 대한 기초를 어느 정도 갖췄다면, 문장마디 훈련은 어떤 방식으로 하는 것이 좋나요?

Answer
"마디 기능(역할), 마디 성분, 마디 대표품사"에 따른 훈련을 추천합니다.

마디 기능(역할) 훈련
주어, 서술어, 보충어(목적, 보어), 수식어 등은 문법기능을 담당하는 것으로 <잉글맵>에서는 '마디기능' 또는 '마디 역할'로 정의한다. 어순이 고정된 영어의 특성상 마디 역할은 영어에 없는 "조사/어미" 기능을 하는 만큼 문장을 의미 단위로 끊어 읽는 중요한 기준이 된다.

마디 성분 및 대표 품사 훈련
"마디 성분"은 마디 구분을 효과적으로 하고자 만든 개념으로 "대표품사 덩어리"로 이해하면 된다. 명사덩어리는 명사를 수식하는 형용사, 형용사구, 형용사절을 포함하며, 명사구나 명사절도 명사덩어리에 해당된다. 동사덩어리는 구동사와, 보조동사 등을 포함하며, 전치사 덩어리는 다의어 전치사를 포함한다.

Q5 문장마디와 문장 5형식은 어떤 차이가 있나요?

Answer

2형식, 4형식, 5형식 문장을 문장마디로 나누는 방법을 살펴보면 그 차이를 알 수 있습니다.

「힘의 이동」 원리에 의해 만들어진 대표품사와 문장마디

Q2에서 살펴본 영어 어순의 특징에는 아래 표와 같은 '힘의 이동' 원리가 작동된다. "주체 → 동작/상태의 힘 → 객체(힘의 대상) → 공간/관계의 힘 → 객체(힘의 대상)"와 같이 가까운 곳에서 먼 곳으로 사물을 관찰하는 순서대로 어순이 진행됨을 알 수 있다. 이 원리에 맞게 단어들의 품사를 배열하면 "명사 → 동사(+형용사) → 명사 → 전치사 → 명사"의 순서가 된다. 이것이 문장마디를 구분하는 기초이다. 여기에 의문문, 감탄문 등을 만들기 위한 0마디를 추가하고 '이야기 구성', '6하 원칙' 등의 전개 방식을 매핑해가면 문장마디가 완성된다.

이런 원리에 따를 경우 유의 깊게 보아야 할 점은 기존의 문장 5형식 중, 2형식/4형식/5형식이 문장마디로 표현되는 방식이다.

2형식 S + V + C(명사) : 「1마디(S) + 2마디(V) + 3마디(C)」　　　　(명사보어는 3마디)
2형식 S + V + C(형용사) : 「1마디(S) + 2마디(V + C)」　　　　　　(형용사보어는 2마디)
4형식 S + V + IO + DO : 「1마디(S) + 2마디(V) + 3마디(IO + DO)」　(목적어 2개는 모두 3마디)
5형식 S + V + O + OC : 「1마디(S) + 2마디(V) + 3마디(O + OC)」　(「목적어+목적보어」는 3마디)

5형식의 경우 3마디의 「O(목적어) + OC(목적보어)」는 목적어 자리에 안긴문장이 오면서 생긴 문장형식인데, 여기서 목적어와 목적보어 사이의 관계만 놓고 보면 「주어 + 서술어」의 관계가 성립되고 있음을 알 수 있다. 이것을 문장마디로 표현하면 3마디 자리에 "1마디 + 2마디" 구조가 내포된 것으로 나타낼 수 있다. (*이와 관련된 내용은 <잉글맵 고급편(매듭훈련)>에서 상세하게 다룬다.)

His silence | made | her | angry.　(She was angry.)　　<그의 침묵이, 만들었다, 그녀가, 화나도록> (서술적 형용사)
　　1　　　　2　　　3　　　　　　　　　　　　　　　　　　[주어]　　[서술어1]　(주어2)　(서술어2)

문장 마디	1마디	2마디	3마디	4/5마디	
힘의 이동	주체	동작/상태의 힘	객체(힘의 대상)	공간/관계의 힘	객체(힘의 대상)
대표 품사	명사	동사 + 형용사	명사	전치사	명사
1형식 : S + V	Spring (명사)	came. (동사)	-	-	-
2형식 : S + V + C(명사)	We (대명사)	became (동사)	best friends. (명사)	-	-
2형식 : S + V + C(형용사)	I (대명사)	am happy. (동사) (형용사)	-	-	-
3형식 : S + V + O(명사)	Tim (명사)	likes (동사)	baseball. (명사)	-	-
4형식 : S + V + IO + DO	She (대명사)	gave (동사)	me a cake. (명사덩어리)	-	-
5형식 : S + V + O + OC	His silence (명사)	made (동사)	her angry. (명사덩어리)	-	-
기타 : S + V + A	I (대명사)	live (동사)	-	in (전치사)	an apartment. (명사)
기타 : S + V + O + A	I (대명사)	exercise (동사)	my dog (명사)	in (전치사)	the park. (명사)

Q4 흔히 접할 수 있는 **구문 학습 방법**에는 어떤 것들이 있나요?

Answer

「문장형식」을 이용하는 방법과 「구문도해」 방법이 있습니다.

「문장형식」을 이용한 구문 학습

영어는 우리말과 어순이 다르고 '조사/어미'가 없어서 해석 방법을 별도로 배워야 한다. '문장형식'을 이용한 구문 학습방법은 일반적으로 다음과 같이 진행된다. 'S(주어) + V(동사)'의 기본 구조를 동사의 쓰임에 따라 세분화하여 가르친다(1단계). 기본 문장구조에 익숙해지면 기본 구조에 수식어 구조를 추가하여 문장 늘리기를 하고(2단계), 끝으로 문장 패턴을 통해 자주 접하는 구문을 늘려가는 방식으로 구문에 접근한다(3단계). 하지만 기본 문장구조만으로는 모든 문장을 설명하는데 한계가 있다. 때문에 학습자는 결국 다양한 문장패턴들을 암기해야 하는 난점에 봉착한다.

1단계 : 기본 문장구조 학습	2단계 : 수식어로 문장 늘리기	3단계 : 문장 패턴 구문 학습
1형식 : S + V	형용사의 명사 수식	It ~ that 구문
2형식 : S + V + C	부사의 수식	cannot help ~ing
3형식 : S + V + O	전치사구의 수식	It is no use ~ing
4형식 : S + V + IO + DO	절 수식	It is + easy + for 목적격 + to부정사
5형식 : S + V + O + OC		…

「구문도해」를 이용한 구문 학습 : 문장 다이어그램(Sentence Diagram) 방식

'구문도해' 방식은 문장을 구성하는 기본 구성요소들과 문장에 포함된 단어들의 기능적 역할을 파악한 후 문장이 구성되는 방식을 도형으로 시각화 하는 방식이다. 이 방식은 학자들에 의해 주로 사용되는 방식으로, 모든 문장을 일정한 구성 규칙 및 원리에 근거하여 파악할 수 있다는 특징이 있다. 구글 검색기에도 이 방법이 적용되어 있다. 영어를 읽고 이해할 수 있는 자연어 처리를 위해 인공지능에 기반을 둔 머신러닝 방법과 함께 적용된 '구문 분석기(SyntaxNet)'가 그것이다.

'리드-켈러그 다이어그램'의 경우는 미국 학생들의 영어 학습을 돕기 위해 수평선, 직선, 사선을 이용하여 문장 구성 성분을 시각화한 방법이다. 우리나라에서는 1911년 일제 강점기, 윤치호가 집필한 문법책인 「영어문법첩경」에 처음으로 이 방법이 소개되었다. 일본에 의해 강제로 '5형식론'이 도입되기 전까지 우리 민족은 구문도해 방식으로 영어를 배우기 시작했던 것이다. 안타깝게도 지금은 구문도해방식이 우리에게 다소 생소해졌다. 하지만 그 원리를 알고 나면 단순 암기 방식을 탈피하여 막강한 구문 능력을 갖게 해주는 학습 방법이다.

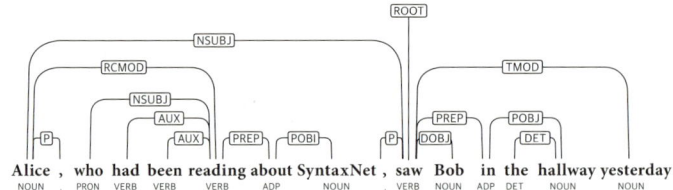

SyntaxNet[1]

직접 구성소 분석 방식의 일환으로 문장의 구성성분을 차례로 이원화 하면서 구분하는 방식을 취함

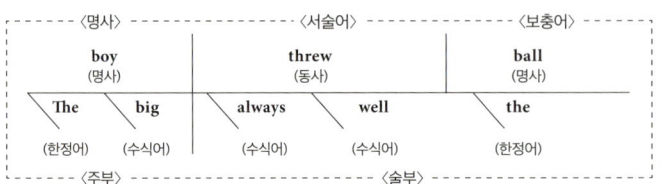

Reed-Kellogg Diagram(RKD)[2]

'리드-겔러그'에 의한 도해법으로 수평선과 직선, 사선을 이용하여 문장 구성성분을 시각화하여 보여줌

---

1 http://googleresearch.blogspot.kr/2016/05/announcing-syntaxnet-worlds-most.html
2 「영어문장분석」 김두식(2017), p.31

Q3
문장 5형식만 배우면 복잡한 문장도 쉽게 이해할 수 있나요?

Answer

아니요.

문장 5형식 학습의 한계

기존의 많은 영어 교재나 강의들은 문장의 5형식을 문장구조의 근본 형식인 것처럼 가르쳐왔다. 하지만 그렇지 않다. '영어 문장 형식 중 가장 비중이 큰 구조' 정도로는 받아들일 수 있지만 마치 5가지 형식이 영어 문장의 기본 구조인 것처럼 인식하면 오산이다. 문장 5형식에 따라 학습하게 되면 5가지 형식으로는 설명하기 어려운 문장을 만날 경우 당황할 수밖에 없다. 실제로 그런 이유 탓에 문장형식에 따른 학습론은 많은 불신을 받기에 이르렀다.

사실 문장 형식에는 5가지만 있는 것이 아니다. 7형식, 25형식, 심지어 80형식까지 존재한다. 7형식 정도라면 5형식과 조금의 차이만 있어서 받아 들일만 하겠지만 25형식이나 80형식과 마주하게 되면 당장 영어가 싫어질 것이다. 더 큰 문제는 이처럼 다양한 문장형식들이 기본적인 공통 형식에 부수적인 형식을 추가하는 식으로 확장시킨 구조가 아니라는 점이다. 즉 문장 5형식에서의 4형식(S+V+IO+DO), 문장 7형식에서의 4형식(S+V+O), 문장 80형식에서의 4형식(S+BE+adverbial adjunct)은 각기 다른 형식이라는 말이다. 이런 사실들을 알고 나면 문장형식을 통한 구문 학습을 어디서부터 어떻게 해야 할지 막막해질 수밖에 없다.

그래서일까? 영어 초보단계에서 그토록 문장 5형식을 열심히 공부했건만, 조금만 문장이 길어지거나 복잡해지면 형식론은 온데간데없고 개별 단어의 뜻과 경험에만 의존한 '퍼즐 맞추기식' 해석을 하기 일쑤인 학습자들이 많다. 문장형식론의 한계를 뛰어넘을 수 있는 보다 근원적이고 논리적인 구문 학습 방법이 절실한 이유이다.

> **"**
> 문장 5형식으로는
> 모든 형태의 영어문장 구조를 나타내는데 한계가 있다.
> **"**

문장 5형식

1형식 : S + V
2형식 : S + V + C
3형식 : S + V + O
4형식 : S + V + IO + DO
5형식 : S + V + O + OC

C.T.Onion

문장 7형식

1형식 : S + V
2형식 : S + V + A
3형식 : S + V + C
4형식 : S + V + O
5형식 : S + V + O + A
6형식 : S + V + IO + DO
7형식 : S + V + O + OC

Greenbaum&Quirk

문장 80형식

1형식 : S + BE + noun/pronoun
2형식 : S + BE + adjective (phrase)
3형식 : S + BE + prepositional group
4형식 : S + BE + adverbial adjunct
5형식 : there + BE + S
6형식 : there + BE + S + adverbial adjunct
7형식 : it + BE + adjective/noun + to-infinitive (phrase)
8형식 : how/what + adjective/noun + (it + BE) + to-infinitive (phrase)
9형식 : it + BE + adjective.noun + gerund (phrase)
10형식 : S + BE + clause
11형식 : it + BE + noun/adjective + clause
12형식 : S + BE + to-infinitive (phrase)
...

A.S.Honby

Q2 영어의 어순은 어떤 특징이 있나요?

Answer

한국어와 달리 영어는 '문장의 형식'이 있어서, 단어들의 어순이 고정되어 있습니다.

「개체와 관찰」 관점에서 생각을 전개

<생각의 지도>에 따르면 "동양인에 비해 서양인은 세상의 만물이 개별적으로 존재하며 이들은 주변의 사물과 논리적인 관계를 형성하면서 서로 조합하여 발전한다고 믿는다."고 한다. 그 결과 "특정 사물을 출발점으로 하는 부분적 관점이 발달하고 이것을 논리적으로 확장하는 직선적 사고를 갖게 된 것"이라고 말하고 있다.

이러한 서양인의 사고방식 역시 영어 어순에 그대로 적용되어 있다.

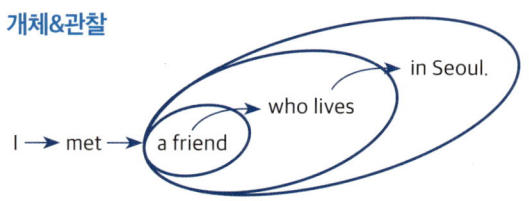

개체 중심으로 가까운 곳에서 먼 곳으로 그린다.

한국어와 달리 영어는 서로 인접한 단어들 간의 의미적 관계가 매우 높은 언어이다. 'I met'에서 'I'는 주체가 되고 'met'은 주체의 동작이다. 'met a friend'에서 'a friend'는 동작의 대상이다. 'a friend who lives'에서 'who lives'는 동작의 대상인 a friend에 대한 추가적인 상황을 설명한다. 'who lives in Seoul'에서 'in Seoul'은 추가적인 상황이 구체적으로 어디에서 일어나는지를 나타낸다. 이처럼 직선적인 단어 배열로 문장이 구성되는 영어는 단어들 간의 관계성이 매우 높은 특징을 갖는다. 다시 말해, 말하고자 하는 관심 대상이 정해지면 주어를 시작으로 가까운 곳에서 점차 먼 곳으로 대상을 관찰해나가는 방식으로 단어가 배열되는 것이다.

「문장의 형식」 그리고 '어순'

영어는 조사와 어미가 없는 대신 논리성이 강한 언어이다. 때문에 주어, 목적어 등 문장성분이 위치해야 할 순서가 정해져 있다. 그만큼 문장을 만들 때 엄격한 규칙에 따라 단어들을 배열해야 한다. 초급수준의 영어 강의 대부분이 '영어의 어순' 또는 '주요 문장구조'를 가르치면서 시작하는 것도 그래서이다. 1형식, 2형식, 3형식 등의 용어까지는 아니더라도 주어, 동사, 목적어 등의 용어와 함께 문장 구성상 따라야 할 어순 정도는 필히 언급된다.

<전 세계에 존재하는 모든 언어들의 6가지 어순>

구분	제1성분	제2성분	제3성분
SOV 한국어	주어(S)	목적어(O)	서술어(V)
SVO 영어	주어(S)	서술어(V)	목적어(O)
VSO	서술어	주어	목적어
OSV	서술어	주어	서술어
OVS	목적어	서술어	주어
VOS	서술어	목적어	주어

(출처, https://namu.wiki/w/어순)

단어 배열과 결합, 「어순」

"한국어는 어순이 비교적 자유롭고 영어는 문장 형식마다 어순이 고정되어 있다."

Q1
한국어의 어순은 어떤 특징이 있나요?

Answer

조사와 어미를 활용하기 때문에 단어들의 어순이 비교적 자유롭습니다.

「전체와 통찰」 관점에서 생각을 전개

리처드 니스벳은 <생각의 지도>에서 "동양인과 서양인은 세상을 바라보는 서로 다른 시선을 가지고 있으며, 생각하는 방식의 차이가 문화, 과학, 언어 등 전반에 영향을 미쳤다"고 말하면서, 동양인의 경우 "세상 만물이 복잡한 여러 상황 속에서 연결된 상태로 유기적인 관계를 유지하고 있다고 믿었으며, 그 결과 세상을 바라보고 인식할 때 전체를 통찰하는 방식으로 접근"한다고 밝히고 있다.

실제로 이러한 동양인의 사고방식은 한국어 어순에도 그대로 적용되어 있다.

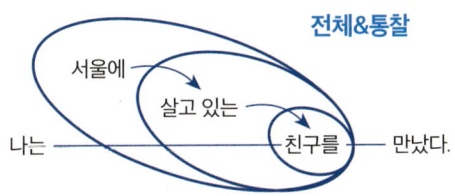

전체 틀을 잡고 상세하게 그림을 그린다.

이 문장에서 '나는'이라는 단어, 그리고 바로 다음에 나오는 '서울에'라는 단어를 함께 들여다보자. 단 두 단어만 놓고 보자면 그 사이에 서로 얽힌 유기적인 관계를 추론하기 어렵다. 문장을 끝까지 읽고 나서야 비로소 '서울에'라는 단어가 내가 만난 '친구'와 관련된 단어라는 것을 알 수 있다. 이처럼 한국어 문장은 말하고자 하는 내용에 대한 '전체적인 틀'을 먼저 구상하고 난 후에 그림을 그리듯 단어를 세부적으로 배열해간다.

「조사와 어미」 그리고 '어순'

그럼에도 '나는'이라는 단어 다음에 의미적으로 관련 없어 보이는 '서울에'라는 단어를 배열해도 문장을 읽고 이해하는데 전혀 문제가 되지 않는 이유는 무엇일까? 바로 '조사'와 '어미'가 있기 때문이다. 우리말은 문장 구성 시, 반드시 조사나 어미가 함께 사용되어야 비로소 개별적으로 존재하던 단어들이 제 역할을 부여받는다. 이 문장에서 '나'라는 단어는 '는'이라는 조사와 함께 사용됨으로써 문장에서 '주어'의 역할을 하게 된다. '서울'이라는 단어 역시 '에'라는 조사와 함께 사용되어 '수식어'가 된다. 이처럼 우리말에서 단어는 항상 '단어+조사/어미'의 형태로 있기 때문에 그 형태만 보아도 해당 단어가 문장 내에서 어떤 역할을 하는지 알 수 있다. 이런 이유로 인해 우리말의 경우 비교적 어순으로부터 자유로운 단어 배열이 가능해지는 것이다.

> "한국어의 조사와 어미는 1400여개가 있다."

(출처, 외국인을 위한 한국어 문법, 국립국어원, 커뮤니케이션북스)

APPENDIX
부록

단어 배열과 결합, 「어순」 / 「문장마디」 훈련이란? /
구문을 여는 열쇠 「품사」

1. 불규칙 변화 동사

2. 명사의 수

3. 명사형, 형용사형, 부사형 어미

4. 비교급/최상급의 형태 변화

5. 수량형용사

6. 단위명사/부분명사의 수량표현

7. 구동사(숙어)

8. 분사형 형용사

9. 동명사를 목적어로 취하는 동사

10. to부정사를 목적어로 취하는 동사

11. 동명사, to부정사를 모두 목적어로 취하는 동사

12. 「동사 + 목적어 + to부정사」 형태를 취하는 동사

13. 동사정리

510 **Where did I park my car?**

511 **What a beautiful spring day today is!**

512 **How fast you walk!**

514 **Don't judge people by their race.**

515 **Be quiet.**

B 주어진 우리말과 같은 뜻이 되도록 괄호 안의 말을 바르게 배열해 문장을 완성하고, 마디를 구분하시오.
(정답은 본문의 해당 예문으로 확인)

516 내가 너라면, 조언을 좀 받을텐데.
(I / were / you / I / some advice / would get / If)
→ _____

519 네가 거짓말을 하지 않았다면, 나는 너를 용서했을 것이다.
(you / I / If / you / would have forgiven / hadn't lied)
→ _____

520 날씨가 맑았다면, 우리는 해변에 갔을 것이다.
(If / it / we / had been sunny / to / the beach / would've gone)
→ _____

526 나는 그녀가 내 여자친구였으면 좋겠다.
(were / my girlfriend / wish / I / she)
→ _____

EXERCISES

A 다음 문장에서 선을 그어 마디를 구분하시오. (정답은 본문의 해당 예문으로 확인)

486 Do they speak English?

488 Have we met before?

495 Should we make a reservation?

497 Who won the game?

499 What did you do last weekend?

504 Who are you looking for?

506 How much do you make a month?

507 Why does he look so sad?

508 Whose smartphone is this?

509 What are friends for?

536
I | should have studied | harder.

해설 「should have p.p.」는 '~했어야만 했다(그러나 ~하지 않았다)'의 뜻이다.

해석 나는 더 열심히 공부해야 했다.

537
It | is | time | you | got | a haircut.

해설 「It's time + 가정법 과거」는 현재 시점에서 '~해야 할 때다'라는 의미이다. 이 문장은 너의 머리가 길기 때문에 머리를 자르는 것이 좋겠다는 강조의 의미를 나타낸다.

Voca get a haircut 이발하다, 머리를 자르다
해석 머리를 자를 때가 되었다.

538
If only my son | would listen | to me.

해설 「If only + 가정법 과거」는 강한 소망을 나타낸다.

해석 내 아들이 내 말을 좀 들으면 얼마나 좋을까.

539
I | had hoped | to meet | Julie | at the party.

해설 「had hoped + to부정사」는 과거에 이루지 못한 소망을 나타낸다.

해석 나는 파티에서 Julie를 만나고 싶었어.

540
She | insisted | that | we | (should) be more careful.

해설 insist같이 주장, 요구, 바람 등을 나타내는 동사 다음의 that절에는 「(should +) 동사원형」을 쓴다.

Voca insist 동 고집하다, 주장하다
해석 그녀는 우리가 더 조심해야 한다고 고집했다.

541
It | is necessary | that | we | (should) attend | the meeting.

해설 necessary같이 요구, 필요성 등을 나타내는 형용사 다음의 that절에는 「(should +) 동사원형」을 쓴다.

Voca attend 동 참석하다
해석 우리는 그 회의에 참석할 필요가 있다.

542
It | is important | that | you | (should) learn | about other cultures.

해설 important같이 요구, 필요성 등을 나타내는 형용사 다음의 that절에는 「(should +) 동사원형」을 쓴다.

Voca culture 명 문화
해석 다른 문화에 대해 배우는 것은 중요하다.

UNIT 57 다양한 가정법 표현들

- **S + 조동사 과거 + have + p.p.**
  - 「조동사 + 동사원형」의 형태 때문에 조동사 뒤에는 과거형을 쓸 수 없어서 "have p.p."를 사용함
  - 조동사의 뒤에 과거의 일을 언급함으로써 일어나지 못한 것에 대한 아쉬움을 나타냄
  - 「조동사 과거형(should, would, could) + have p.p.」는 가정법 말투로 사용됨

- **It's (high) time + 가정법 과거**
  - 현재시제와 과거시제의 충돌을 통해 마땅히 되었거나, 했어야 한 일에 대해 유감을 나타냄
  - 현시점에서 "~해야 할 때다"로 강조하여 재해석할 수 있음
  - "It's time to-v"는 가정법이 아니고 단순히 "~할 때"를 나타냄

유형	가주어(It's time)	진주어(s+v)
현재에서 볼 때, 그 일은 마땅히 되었거나, 급하게 했어야 할 일임을 나타냄	is (현재형)	과거형

- **S + had hoped + to부정사**
  - "wish"는 가정을 전제로 바라는 것이라면, "hope"는 정말로 바라는 것으로 일반적으로 가정법에 사용 안 함
  - "hope"를 가정법으로 사용하려면 "had hoped" 형태로 시제를 후행시키면 됨
  - "had hoped to-v"는 먼 과거에서는 희망했었지만, 지금은 실현가능성이 없는 일을 나타낼 때 사용함

- **If only + S + 가정법 과거/과거완료**
  - "오직 ~하기만 하면(좋으련만)"의 의미로 조건절에 대한 주절이 없이 독립적으로 사용됨
  - "I wish"와 동일한 의미로 소망의 강조 용법임
  - "If only + S + 현재형 / will ~" 처럼 가정법 시제가 아닌 현재나 미래가 오면 조건절로 "희망"을 나타냄

- **생각전달 동사/형용사 + 가정법**
  - 상대방이 "그렇게 되길 바랄 때" 생각전달 동사나 형용사를 사용하여 서술어를 만들 수 있다.
  - 주어 + 생각전달 동사(주장, 요구, 명령, 바램, 제안, 추천, 의도, 요청 등) + that + 주어 + (should) 동사원형
  - 주어 + be + 생각전달 형용사(감정, 태도, 중요성, 필요성 등) + that + 주어 + (should) 동사원형

생각전달 동사	생각전달 형용사
ask(요청하다), command(명령하다), demand(요구하다), insist(주장하다), order(명령하다), propose(제안하다), recommend(추천하다), request(요청하다), suggest(제안하다) 등	advisable(권할 만한), desirable(바람직한), essential(필수적인), imperative(반드시 해야 하는), important(중요한), requisite(필요한), urgent(긴급한), vital(필수적인) 등

- 가정법 화법으로 사용되지만 실현 가능성이 전혀 없는 것이 아니라 어느 정도 기대하면서 전달하는 말투이다.

유형	S + V	that + S + V
실현 가능성이 불투명한 일에 대한 생각을 과거에 전달했음	V (과거형) [과거에 생각전달]	V (동사원형) [실현 가능성 불투명]
실현 가능성이 불투명한 일에 대한 생각을 현재에 전달	V (현재형) [현재에 생각전달]	V (동사원형) [실현 가능성 불투명]
실현 가능성이 불투명한 일에 대한 생각을 미래에 전달할 것	V (미래형) [미래에 생각전달]	V (동사원형) [실현 가능성 불투명]

UNIT 56 as if / as though + 가정법

- 「as if / as though +가정법」은 조건절의 동사 「시제」를 주절의 시제보다 후퇴시켜 실현 가능성을 낮추는 말투이다. 주로 주절에 act, behave, feel, look, sound, talk 등과 같은 동사들 다음에서 어느 정도의 짐작을 나타낸다.

(1) S + V(현재형) + [as if + S + V(과거형)] : 주절은 현재, 조건절은 과거 ➡ 현재 사실과 반대를 가정

Tim acts as if he were a king.
　(현재형)　　(과거형 : 1보후퇴)
(해석 : Tim은 마치 그가 왕인 것처럼 행동한다.)

<가정법 과거>
현재 사실과 반대를 가정함

"가정법 아님"
Tim acts as if he owns the house.
　(현재형)　　(현재형)
(해석 : Tim은 마치 그가 그 집을 소유한 것처럼 행동한다)

(2) S + V(현재형) + [as if + S + V(과거완료형)] : 주절은 현재, 조건절은 과거완료 ➡ 과거 사실과 반대를 가정

Tim acts as if he had been a king.
(현재형) (과거완료형 : 2보 후퇴)
(해석 : Tim은 마치 그가 왕이었던 것처럼 행동한다.)

<가정법 과거완료>
과거 사실과 반대를 가정함

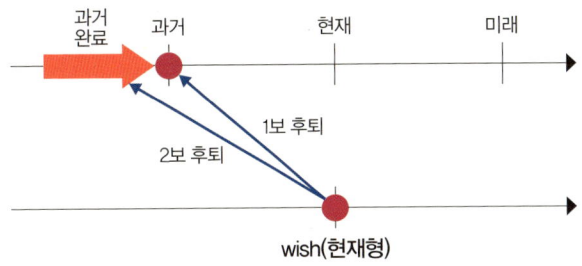

유형	I wish	as if + S + V
현재와 반대 상황인 것처럼 현재 동작함	V (현재형) [현재 동작]	V (과거형) [현재와 반대 상황]
과거와 반대 상황인 것처럼 현재 동작함	v (현재형) [현재 동작]	V (had + p.p.) [과거와 반대 상황]
먼과거와 반대 상황인것처럼 과거에 했음	V (과거형) [과거 동작]	V (had + p.p.) [먼 과거와 반대 상황]

533 She | behaves | as if | she | were | the shop's owner.

해설 「as if[though] + 가정법 과거」는 주절의 시제와 같은 시점(behaves, 현재)의 일을 가정한다.

Voca behave 동 행동하다
owner 명 주인
해석 그녀는 마치 상점 주인인 것처럼 행동한다.

534 He | talks | as if | he | had traveled | to many countries.

해설 「as if[though] + 가정법 과거」는 주절의 시제보다 이전의 일을 가정한다.

해석 그는 마치 많은 나라를 여행한 것처럼 말한다.

535 The man | acted | as if | he | didn't care | about money.

해설 「as if[though] + 가정법 과거」는 주절의 시제와 같은 시점(acted, 과거)의 일을 가정한다.

Voca care about ~에 관심을 가지다
해석 그 남자는 마치 돈에 관심 없는 것처럼 행동했다.

UNIT 55 I would rather + 가정법

● 상대방이 "그렇게 되길 바랄 때" 생각전달 동사나 형용사를 사용하여 서술어를 만들 수 있다.
  (1) I would rather + 주어 + 과거동사(were) : 차라리 ~한다면 좋을 텐데 (현재 일에 대한 아쉬움)
      I would rather you stayed home. 네가 집에 머무르면 좋을 텐데.
  (2) I would rather + 주어 + had p.p. : 차라리 ~했다면 좋았을 텐데 (과거 일에 대한 아쉬움)
      I would rather you had stayed home. 네가 집에 머물렀으면 좋았을 텐데.

유형	I would rather	S + V
현재와 반대 상황을 현재 바라고 있음	would rather [현재 바램]	V (과거형) [현재와 반대 상황]
과거와 반대 상황을 현재 바라고 있음	would ratehr [과거 바램]	V (had + p.p.) [과거와 반대 상황]

529 I | would rather |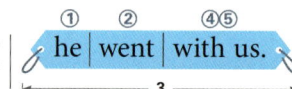
해석 그가 우리와 함께 가면 좋을 텐데.

해설 「I would rather + 가정법 과거」는 '차라리 ~한다면 좋을 텐데'의 뜻으로 현재 일에 대한 아쉬움을 나타낸다.

530 I | would rather |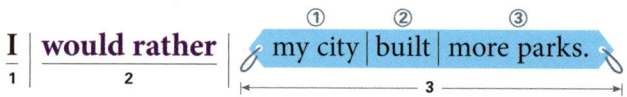
해석 내가 사는 도시가 더 많은 공원을 건설하면 좋을 텐데.

해설 「I would rather + 가정법 과거」는 '차라리 ~한다면 좋을 텐데'의 뜻으로 현재 일에 대한 아쉬움을 나타낸다.

531 I | would rather |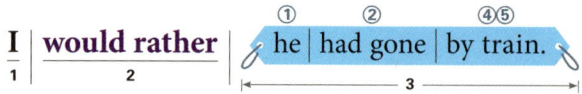
해석 그가 기차로 갔으면 좋았을 텐데.

해설 「I would rather + 가정법 과거완료」는 '차라리 ~했다면 좋았을 텐데'의 뜻으로 과거 일에 대한 아쉬움을 나타낸다.

532 I | would rather |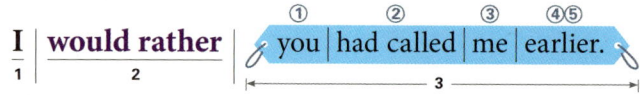
해석 네가 더 일찍 전화했으면 좋았을 텐데.

해설 「I would rather + 가정법 과거완료」는 '차라리 ~했다면 좋았을 텐데'의 뜻으로 과거 일에 대한 아쉬움을 나타낸다.

UNIT 54 I wish + 가정법

- 「I wish +가정법」은 wish 뒤에서 소망을 나타내는 동사의 「시제」를 후퇴시켜 실현 가능성을 낮추는 말투이다.

  (1) I wish(현재형) + [S + V(과거형)] : 바라는 시점은 현재, 소망의 사건은 과거 ➡ 실현 불가능

  I wish Julie were here.
  (현재형) (과거형 : 1보 후퇴)
  (해석 : Julie가 여기에 있으면 좋으련만.)

  <가정법 과거>
  현재에 이루어지지
  않은 소망을 말함

  I wish to be here with Julie.
  (현재형) (to에 미래의미 포함)
  (해석 : 나는 Julie와 함께 여기에 있고 싶다.)

  현재의 바람
  (실현가능)

  (2) I wish(현재형) + [S + V(과거완료형)] : 바라는 시점은 현재, 소망의 사건은 과거완료 ➡ 실현 불가능

  I wish Julie had been here.
  (현재형) (과거완료형 : 2보 후퇴)
  (해석 : Julie가 여기에 있었으면 좋으련만.)

  <가정법 과거완료>
  과거에 이루어지지
  않은 소망을 말함

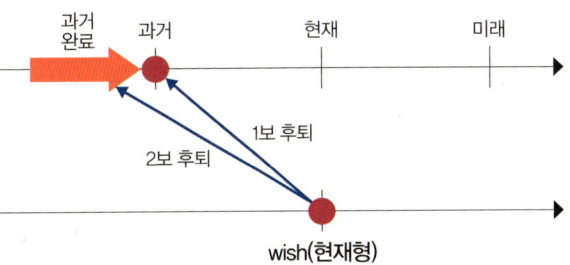

유형	I wish	S + V
현재와 반대 상황을 현재 바라고 있음	wish (현재형) [현재 바람]	V (과거형) [현재와 반대 상황]
과거와 반대 상황을 현재 바라고 있음	wish (현재형) [현재 바람]	V (have + p.p.) [과거와 반대 상황]
과거의 상황을 단순히 과거에 바랬음	wished(과거형) [과거 바람]	V (과거형) [단순한 과거바람]
전과거와 반대 상황을 과거에 바랬음	wished (과거형) [과거 바람]	V (had + p.p.) [과거의 반대 상황]

526 I | wish |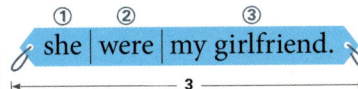

해석 나는 그녀가 내 여자친구였으면 좋겠다.

해설 I wish 다음의 동사가 과거형 동사인 「I wish + 가정법 과거」는 현재에 이루기 힘든 소망을 나타낸다. 즉 이 문장은 I'm sorry that she isn't my girlfriend.(그녀가 나의 여자친구가 아니어서 아쉽다.)의 뜻이다.

527 I | wish |

Voca book ⑧ 예약하다
해석 콘서트 티켓을 예매했다면 좋을 텐데.

해설 I wish 다음의 동사가 과거완료형인 「I wish + 가정법 과거완료」는 과거에 이루지 못한 일에 대한 아쉬움을 나타낸다. 즉 이 문장은 I'm sorry that I didn't book the concert ticket.(과거에 콘서트 티켓을 예매하지 않아서 아쉽다.)의 뜻이다.

528 I | wished |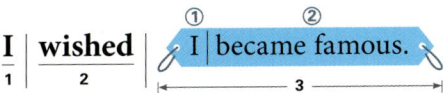

해석 나는 (과거에) 유명해지기를 바랬다.

해설 「I wish + 가정법 과거」는 소망 시점(wished)과 일치하므로 '(과거에) ~이기를 바랬다, ~했다면 좋을 텐데'의 의미이다.

519
If | you | hadn't lied, | I | would have forgiven | you.

Voca lie ⑧ 거짓말하다 / forgive ⑧ 용서하다 (forgave - forgiven)
해석 네가 거짓말을 하지 않았다면, 나는 너를 용서했을 것이다.
해설 「If + 주어 + had p.p. ~, 주어 + would[could/might] + have p.p. …」 형태의 가정법 과거완료 문장으로 과거 사실과 반대되는 가정이나 과거에 실현되지 못한 일을 나타낸다.

520
If | it | had been sunny, | we | would've gone | to the beach.

해석 날씨가 맑았다면, 우리는 해변에 갔을 것이다.
해설 「If + 주어 + had p.p. ~, 주어 + would[could/might] + have p.p. …」 형태의 가정법 과거완료 문장으로 과거 사실과 반대되는 가정이나 과거에 실현되지 못한 일을 나타낸다.

521
If | I | had grown up | in Canada, | I | could speak | English.

해석 내가 캐나다에서 자랐다면, 영어를 말할 수 있을 텐데.
해설 혼합가정법 문장으로 If절은 가정법 과거완료로 과거 사실의 반대를 나타내고, 주절은 가정법 과거로 현재 사실의 반대를 나타낸다.

522
If | you | were to win | the lottery, | what would | you | do?

Voca lottery ⑨ 복권
해석 만약 네가 복권에 당첨된다면, 너는 무엇을 하겠니?
해설 if절의 were to는 실현 가능성이 전혀 없는 일을 나타낸다.

523
If | you | should change | your mind, | tell | me.

해석 혹시라도 생각이 바뀌면, 나에게 말해라.
해설 if절의 should는 실현 가능성이 희박한 일을 나타낸다.

524
I | wouldn't be hungry | now | if | I | had eaten | breakfast.

해석 아침을 먹었다면 지금 배고프지 않을 텐데.
해설 혼합가정법 문장으로 If절은 가정법 과거완료로 과거 사실의 반대를 나타내고, 주절은 가정법 과거로 현재 사실의 반대를 나타낸다.

525
If | I | knew | her | better, | I | would invite | her.

해석 내가 그녀를 더 잘 안다면, 그녀를 초대할 텐데.
해설 「If + 주어 + 과거동사 ~, 주어 + would[could/might] + 동사원형…」 형태의 가정법 과거 문장으로 현재 사실과 반대되는 가정이나 실현 가능성이 적은 일을 나타낸다.

UNIT 53 If 조건절과 가정법

- 「가정법」은 현재나 과거에 이루지 못한 아쉬움을 표현하기 위한 말투를 말한다.
  - 직설법(Indicative mood) : 있는 그대로 사실을 말하는 말투
  - 명령법(Imperative mood) : 무언가를 하게 하는 명령조로 말하는 말투
  - 가정법(Subjunctive mood) : 「엉뚱하게, 아쉬워서, 후회되어」 사실과 반대로 상상이나 가정할 때 쓰는 말투
    ⇒ 가정법은 주절에 반드시 조동사의 과거형(would/could/should/might)이 온다.
    ⇒ 영어에서 「과거시제/과거형태」는 현재 또는 현실성에서 "벗어난, 멀어진" 상태, 즉 과거시간 또는 비현실성을 나타낸다.
- 직설법은 조건절의 동사 시제가 현재, 미래에 초점을 두고 있어서 주절의 사건 전개에 문제가 없는 반면, 가정법은 「조건절의 동사 시제를 주절보다 후퇴」시킴으로써 실현 가능성을 낮춘다.

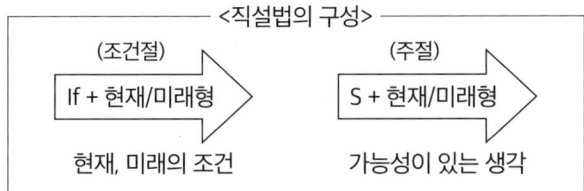
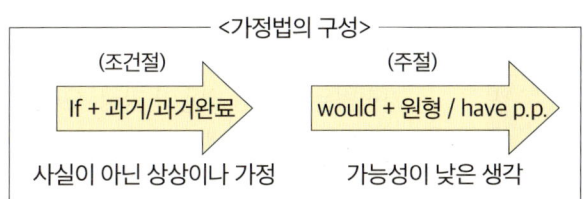

유형	If조건절	주절
과거형태로 가정할 때, 「현재」에 반대되는 상상/가정이나 낮은 가능성의 생각	If + S + V (과거형) [과거조건]	S + would + 동사원형 [현재 가정]
전과거로 가정할 때, 「과거」에 반대되는 상상/가정이나 낮은 가능성의 생각	If + S + V (had + p.p.) [전과거조건]	S + would + have + p.p. [과거 가정]
(혼합가정법) 전과거로 가정할 때, 「현재」에 반대되는 상상/가정이나 낮은 가능성의 생각	If + S + V (had + p.p.) [전과거조건]	S + would + 동사원형 [현재 가정]
불가능한 상황에서, 「미래」에 대한 상상/바람	If + S + should/were to [불가능조건]	조동사 과거형 명령문 [미래바람]

516

Voca advice 명 충고
해석 내가 너라면, 조언을 좀 받을 텐데.

해설 「If + 주어 + 과거동사 ~, 주어 + would[could/might] + 동사원형…」 형태의 가정법 과거 문장으로 현재 사실과 반대되는 가정이나 실현 가능성이 적은 일을 나타낸다.

517 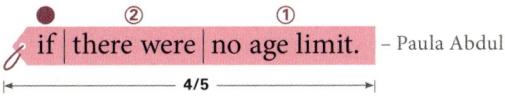 – Paula Abdul

Voca limit 명 제한
해석 나이 제한이 없다면 좋을 텐데.

해설 현재 사실과 반대되는 가정을 나타내는 가정법 과거이다. 가정법 과거 문장의 if절에 쓰이는 be동사는 인칭·수에 관계없이 were를 쓴다. 하지만 구어체에서는 was를 쓰기도 한다.

518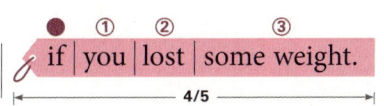

해석 너는 살을 좀 빼면, 더 건강해질지도 모른다.

해설 현재 사실과 반대되는 가정이나 실현 가능성이 적은 일을 나타내는 가정법 과거 문장이다.

Chapter 13

가정법

가정법은 말하는 내용이 가정, 요망 또는 원망 등 실제 일어나지 않은 사건, 사실과 반대되는 사건을 나타내는 문장 표현 방법입니다.

Chapter 13에서는 동사 시제를 활용한 다양한 가정법의 표현 방법과 쓰임에 대해 학습합니다.

MEMO

Further Study 13

두리번, 두리번 「wh」

「wh」가 포함된 기능어들은 주변을 잘 살펴야 그 뜻을 알 수 있다.

<간접의문문>

알파벳 「W」는 '물결'의 형상과 '두리번'거리는 의미를 가지고 있고 「h」는 '영역'의 형상과 '크게 잡다'의 의미를 가지고 있다. 그래서 watch의 '보다'는 그냥 보는 것이 아니라 '관심을 가지고 두리번거리면서 본다'는 의미이고, have의 '가지다'는 '크게 잡아 영향권 안에 두다'의 의미이다.

<W의 형상>

"물결 모양처럼 좌우를 두리번거리다"

 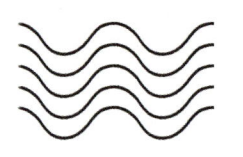

<H의 형상>

"크게 잡아 영향권 안에 두다"

 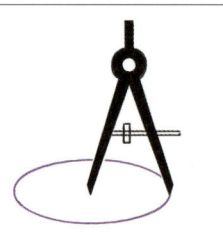

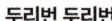
두리번 두리번

「wh」가 포함된 who, what, where, when, how, why 등의 단어들은 '두리번거리면서 크게 주변을 살펴야' 그 뜻을 알 수 있는 의미를 내포하고 있다. 「wh」의 기능어들은 관계사, 의문사로 주로 사용된다. 특히, 의문사에 사용되는 「wh」는 반드시 특정 문장마디 중 하나를 대신하기 때문에 어떤 자리에 의문을 나타내는지를 꼭 생각해 볼 필요가 있다.

의문대상	의문대상	의문대상	의문대상	의문대상
1마디	2마디	3마디	4마디	5마디
명사	(동사) + 형용사	명사	전치사	명사
▼	▼	▼	▼	▼
의문사	의문사	의문사	의문사	의문사
who		who(m)	where	who(m)
which		which	when	which
what		what	how	What
whose	how	whose	why	whose

Further Study 12 간접의문문 만들기

의문문이 문장 구성요소 중 하나의 역할을 할 때 간접의문문이라 한다.

<간접의문문>

간접의문문은 '의문문'이 1/3/5마디 중 한 곳에 들어가서 문장의 일부분이 되어 의문의 내용을 전달하는 것을 말한다. 다시 말해, '의문의 내용(의문문)'이 주어, 목적어, 전치사의 목적어로 모두 사용 가능하다는 것을 의미한다.

(해석) 나는 누가 부엌에서 쿠키를 만드는지 모른다.

의문문 꼬리표가 3마디의 목적어 역할을 한다.
의문사가 있는 의문문의 경우에는 의문사가 문두로 이동할 때 보조동사를 사용하지만 간접의문문은 어떤 경우에도 보조동사를 사용하지 않는다.

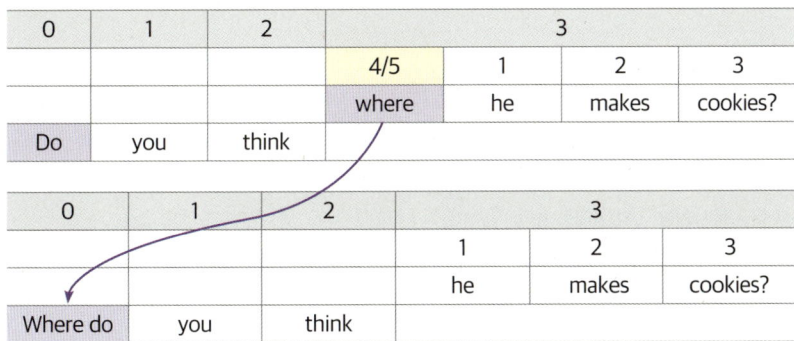

(해석) 나는 그가 부엌에서 무엇을 만드는지 모른다.

<의문문 안의 '간접의문문'>

의문문 안에 간접의문문이 들어갈 경우에는 간접의문문에 포함된 의문사를 문두로 보낸다. 특히 이 경우에는 3마디 내용을 '의문의 내용'으로 해석하는 연습이 필요하다. '생각, 상상, 추측'의 동사가 의문문에 사용될 때 주로 이와 같은 현상이 발생한다.

0	1	2	3			
			4/5	1	2	3
			where	he	makes	cookies?
Do	you	think				

→ 간접의문문에 있는 의문사를 문두로 보냄

0	1	2	3		
			1	2	3
			he	makes	cookies?
Where do	you	think			

생각, 상상, 추측의 동사들
(believe, guess, imagine, suppose, think 등)

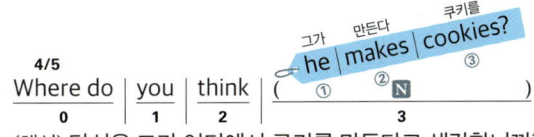

(해석) 당신은 그가 어디에서 쿠키를 만든다고 생각합니까?

UNIT 52 감탄문, 기원문, 명령문

- **감탄문** : What으로 시작하는 감탄문은 명사를 강조하고, How로 시작하는 감탄문은 형용사, 부사를 강조
  - What 감탄문 : What a(n) + 형용사 + 명사 + (주어 + 동사)!
  - How 감탄문 : How + 형용사/부사 + (주어 + 동사)!
- **기원문** : 바라는 일이 이루어지길 비는 문장형식으로 조동사 may를 도치하여 만듦
  - 기원문 도치 : May + 주어 + 동사원형
- **명령문** : 명령의 내용을 전달하기 위해 동사원형으로 시작하는 문장
  - 긍정 명령문 : 동사원형 ~
  - 부정 명령문 : Don't + 동사원형 ~

---

511 What a beautiful spring day | today | is!

해설 명사를 강조하는 what 감탄문은 「What a(n) + 형용사 + 명사(+ 주어 + 동사)!」의 형태이다.

해석 오늘은 정말 아름다운 봄날이다!

---

512 How fast | you | walk!

해설 부사(fast)를 강조하는 how 감탄문은 「How + 부사(+ 주어 + 동사)!」의 형태이다.

해석 너 정말 빨리 걷는구나!

---

513 May | you | live | a happy life!

해설 기원문은 조동사 may를 도치해 「May + 주어 + 동사원형…」의 형태로 쓴다.

해석 행복한 삶을 살기를 바랄게요!

---

514 Don't judge | people | by their race.

해설 부정 명령문은 「Don't + 동사원형 ~」의 형태이다.

Voca judge 동 판단하다
race 명 인종
해석 사람을 인종으로 판단하지 말아라.

---

515 Be quiet.

해설 긍정 명령문은 동사원형으로 시작한다.

해석 조용히 해.

504
Who are | you | looking | for?
  0   1   2   4
  ⁵

Voca look for ~을 찾다
해석 누구를 찾고 있니?

해설 5마디 전치사 목적어자리에 의문사(who)가 사용된 후, 문두로 이동하면서 보조동사(are)를 사용하였다.

505
Which | is better?
  1   2

해석 어느 것이 더 낫니?

해설 1마디 주어자리에 의문사(which)가 올 경우에는 도치 현상이 없어 보조동사를 사용하지 않는다.

506
How much do | you | make | a month?
  0   1   2   4/5
  ³

Voca make 통 돈을 벌다
해석 너는 한달에 얼마 버니?

해설 make의 목적어(3마디)에 해당하는 how much가 문두로 이동하면서 보조동사(do)가 도치되었다.

507
Why does | he | look so sad?
  0   1   2
  4/5

해석 그는 왜 그렇게 슬퍼 보이니?

해설 4/5마디에서 의문을 나타내는 수식어자리에 의문사(why)가 사용된 후, 문두로 이동하면서 보조동사(does)가 도치되었다.

508
Whose smartphone is | this?
  0   1
  ³

해석 이 거 누구 스마트폰이니?

해설 3마디 보어자리에 의문사(whose)가 사용된 후, 문두로 이동하면서 보조동사(is)를 사용하였다.

509
What are | friends | for?
  0   1   4
  ⁵

해석 친구 좋다는 게 뭐니?

해설 5마디 전치사 목적어자리에 의문사(what)가 사용된 후, 문두로 이동하면서 보조동사(are)를 사용하였다.

510
Where did | I | park | my car?
  0   1   2   3
  4/5

해석 내 차를 어디에 주차해 두었지?

해설 4/5마디 전치사 부사자리에 의문사(where)가 사용된 후, 문두로 이동하면서 보조동사(did)를 사용하였다.

497
Who | **won** | **the game?**
  1 | 2 | 3

Voca win 동 이기다 (won - won)
해석 누가 그 경기에서 이겼니?

해설 1마디 주어자리에 의문사(who)가 올 경우에는 도치 현상이 없어 보조동사를 사용하지 않는다.

498
What | **happened** | **to them?**
   1 | 2 | 4/5

해석 그들에게 무슨 일이 일어났니?

해설 1마디 주어자리에 의문사(what)가 올 경우에는 도치 현상이 없어 보조동사를 사용하지 않는다.

499
³**What did** | **you** | **do** | **last weekend?**
     0 | 1 | 2 | 4/5

해석 너는 지난 주말에 무엇을 했니?

해설 3마디 목적어자리에 의문사(what)가 사용된 후, 문두로 이동하면서 보조동사(did)를 사용하였다.

500
³**What color is** | **your car?**
       0 | 1

해석 너의 차는 무슨 색이니?

해설 3마디 목적어자리에 의문사(what)가 형용사처럼 사용된 후, 명사와 함께 문두로 이동하면서 보조동사(is)가 도치되었다.

501
⁴ᐟ⁵**When is** | **your school festival?**
     0 | 1

해석 너희 학교 축제는 언제니?

해설 4/5마디에서 시간을 나타내는 수식어자리에 의문사(when)가 사용된 후, 문두로 이동하면서 보조동사(is)가 도치되었다.

502
⁴ᐟ⁵**How could** | **you** | **find** | **me?**
     0 | 1 | 2 | 3

해석 어떻게 나를 찾을 수 있었니?

해설 4/5마디에서 방법을 나타내는 수식어자리에 의문사(how)가 사용된 후, 문두로 이동하면서 보조동사(could)가 도치되었다.

503
⁵**Which baseball team do** | **you** | **root** | **for?**
           0 | 1 | 2 | 4

Voca root for ~을 응원하다
해석 너는 어느 야구팀을 응원하니?

해설 5마디 전치사 목적어자리에 의문사(which)가 형용사처럼 사용된 후, 명사와 함께 문두로 이동하면서 보조동사(do)가 사용되었다.

UNIT 51 의문사가 있는 의문문

누가	어디서	무엇을
(그들은)	(베트남에서)	(장난감을) 만든다.

한국어는 의문 대상을 의문사로 바꾸면 의문문이 된다.
(누가) 베트남에서 장난감을 만드나요?
그들이 **(어디에서)** 장난감을 만드나요?
그들이 베트남에서 **(무엇을)** 만드나요?

의문대상	의문대상	의문대상	의문대상	의문대상
1마디	2마디	3마디	4마디	5마디
명사	(동사) + 형용사	명사	전치사	명사
▼	▼	▼	▼	▼
의문사	의문사	의문사	의문사	의문사
who which what whose	how	who(m) which what whose	where when how why	who(m) which What whose

영어에서 의문사가 있는 의문문 생성 방법
① 6하원칙 중 의문의 대상 자리를 파악
② 의문의 대상 자리에 적합한 의문사 선정
③ 의문사가 문두로 도치되면 보조동사 사용, 도치되지 않으면 보조동사 불필요
④ 의문사가 도치된 자리는 생략
(※ how는 형용사, 부사가 있는 다양한 자리를 대신하여 의문문을 만든다.)

0마디	1마디	2마디	3마디	4마디	5마디
-	(They)	make	toys	in Vietnam.	
-	Who	makes	toys	in Vietnam?	

<1마디 : 주어가 궁금할 때>
① 의문의 대상 자리 ➡ 의문사(who)
② 의문사(who)를 문장 앞으로 이동 불필요
③ 의문사 도치 (×) ➡ 보조동사 (×)
④ 의문 대상 자리 생략 (×)

0마디	1마디	2마디	3마디	4마디	5마디
-	They	make	(toys)	in Vietnam.	
-	They	make	what	in Vietnam.	
What do	they	make	-	in Vietnam?	

<3마디 : 목적어가 궁금할 때>
① 의문의 대상 자리 ➡ 의문사(what)
② 의문사(what)를 문장 앞으로 이동
③ 의문사 도치 (○) ➡ 보조동사(do) 사용
의문 대상 자리 ➡ 3마디 생략

0마디	1마디	2마디	3마디	4마디	5마디
-	They	make	toys	in Vietnam.	
-	They	make	toys	where	
Where do	they	make	toys?	-	

<4/5마디 : 부사적 수식어가 궁금할 때>
① 의문의 대상 자리 ➡ 의문사(where)
② 의문사(where)를 문장 앞으로 이동
③ 의문사 도치 (○) ➡ 보조동사(do) 사용
④ 의문 대상 자리 ➡ 4/5마디 생략

---

496 <u>Who</u> | <u>is</u> | <u>your favorite singer?</u>
         1   2   3

Voca favorite 형 매우 좋아하는
해석 네가 가장 좋아하는 가수는 누구니?

해설 1마디 주어자리에 의문사(who)가 올 경우에는 도치 현상이 없어 보조동사를 사용하지 않는다.

Chapter 12 문장의 종류

489 (상태의문)
Are	you	ready?
0	1	2

해설 준비된 '상태'가 궁금해 be동사를 사용했다.

해석 너 준비됐니?

490 (동작의문)
Does	this computer	work?
0	1	2

해설 작동하는 '동작'의 사실 여부가 궁금해 do동사를 사용했다.

Voca work ⑧ 작동하다
해석 이 컴퓨터 작동하니?

491 (동작의문)
Did	you	wear	a school uniform	in high school?
0	1	2	3	4/5

해설 교복을 입은 '동작'의 사실 여부가 궁금해 do동사를 사용했다.

Voca school uniform 교복
해석 너는 고등학교에서 교복을 입었니?

492 (경험의문)
Have	you	finished	your report?
0	1	2	3

해설 끝냈는지 '완료' 여부가 궁금해 have동사를 사용했다.

Voca report ⑲ 보고서
해석 너 보고서를 끝마쳤니?

493 (계속의문)
Has	it	been	10 years	already?
0	1	2	3	4/5

해설 과거부터 10년이 지났는지 '계속' 여부가 궁금해 have동사를 사용했다.

해석 벌써 10년이 되었니?

494 (생각의문)
Could	you	speak slowly	for me?
0	1	2	4/5

해설 정중한 부탁을 위해 조동사 could를 사용했다.

해석 나를 위해 천천히 말해줄 수 있나요?

495 (생각의문)
Should	we	make	a reservation?
0	1	2	3

해설 예약을 해야 하는지의 '의무'를 물어보기 위해 조동사 should를 사용했다.

Voca make a reservation 예약하다
해석 우리는 예약을 해야 하나요?

UNIT 50 의문사가 없는 의문문 (보조동사 의문문)

의문사가 없는 의문문 생성 방법
① 2마디 서술어에 적합한 의문 보조동사를 선택
② 보조동사를 0마디로 보내어 2마디의 서술어 형식을 파괴하여 극적인 효과로 의문 표시
③ 보조동사는 인칭, 시제를 고려하여 선택, 2마디 서술어는 무시제(동사원형, 분사 등)로 표현

한국어 서술어의 의문 종결 어미	영어 서술어를 의문문으로 만드는 "보조동사"들
~ㅂ니까? / 습니까? / ~아(요)? / ~어(요)? / ~지(요)? / ~는가? / ~나? / ~니? 등	(동작)이 궁금 : do 보조동사 (do, does, did)
	(상태)가 궁금 : be 보조동사 (am, are, is, was, were, been)
	(생각)이 궁금 : 조동사 (must, should, will, would, can, could, may, might)
	(경험, 계속, 완료, 결과)가 궁금 : have 시제 보조동사 (have, has, had)

	0마디	1마디	2마디	3마디	4마디	5마디
➡ 배우는 "동작"의 사실 여부가 궁금	Does	he	learn	English	in	school?
➡ 학생이라는 존재로의 "상태"가 궁금	Are	you	-	a student	in	France?
➡ 행복한 "상태"가 궁금	Is	he	happy	-	at	work?
➡ 끝낼 수 있는지 "생각"이 궁금	Can	you	finish	the project	by	tomorrow?
➡ 살았던 적이 있는지 "경험"이 궁금	Have	you	lived	-	in	Jeju-do?

↑ 인칭 / 시제　　↑ 무시제 서술어

---

486 (동작의문)
Do | **they** | **speak** | **English?**
 0　　　1　　　　2　　　　3

해석 그들은 영어를 할 줄 아니?

해설 말하는 '동작'의 사실 여부가 궁금해 do동사를 사용했다.

---

487 (생각의문)
May | **I** | **park** | **here?**
 0　　 1　　 2　　　 4/5

Voca park ⑧ 주차하다
해석 여기에 주차해도 되나요?

해설 주차해도 되는지 '생각'이 궁금해 조동사를 사용했다.

---

488 (경험의문)
Have | **we** | **met** | **before?**
 0　　　 1　　　 2　　　 4/5

해석 우리 전에 만난적이 있나요?

해설 만난 적이 있는지 '경험'이 궁금해 완료시제의 have동사를 사용했다.

Chapter 12

문장의 종류

문장의 종류에는 평서문 외에 '의문문, 감탄문, 기원문, 명령문'이 있습니다.

0마디	1마디	2마디	3마디	4마디	5마디
보조동사 의문문	명사, 대명사 ⊕ 형용사 수식어	수일치	명사, 대명사 ⊕ 형용사 수식어	전치사	명사, 대명사 ⊕ 형용사 수식어
의문사 의문문		조동사		전치사 생략	
감탄문		능동태/수동태	자동사의 보어	비교급	
기원문		시제	타동사의 목적어		
		보조동사/본동사			
		시제동사/준동사			
		일반동사/연결동사			
		타동사/자동사			
		구동사			
		명령문			
부사					

Chapter 12에서는 1/2/3/4/5마디로 구성되는 평서문 외에 0마디를 사용하는 '의문문, 감탄문, 기원문'과 2마디를 사용하는 '명령문'에 대해 학습합니다.

PART 5

기타 마디 훈련 [0마디] [2마디]

Chapter 12 문장의 종류

Chapter 13 가정법

309 Your opinion is beside the point.

313 We planted flowers around the church.

316 I don't know anything about it.

335 We were surprised at his sudden death.

345 Keep off the grass.

B 주어진 우리말과 같은 뜻이 되도록 괄호 안의 말을 바르게 배열해 문장을 완성하고, 마디를 구분하시오.
(정답은 본문의 해당 예문으로 확인)

410 우리는 나쁜 날씨에도 불구하고 동물원에 갔다.
(We / went / the zoo / to / the bad weather / despite)
→

413 시험은 내가 생각한 것보다 더 쉬웠다.
(than / thought / I / The test / was easier)
→

414 가이드가 안내하는 저희 박물관 투어는 1인당 10달러입니다.
(costs / per / $10 / Our guided museum tour / person)
→

420 나는 어제 아침에 나의 스마트폰을 잃어버렸다.
(lost / I / yesterday morning / my smartphone)
→

EXERCISES

A 다음 문장에서 선을 그어 마디를 구분하시오. (정답은 본문의 해당 예문으로 확인)

273 Tim works in education.

275 My parents always pay in cash.

279 There is good inside everyone.

282 You can't park your car outside my house.

284 The sun is rising above the sea.

288 The little dog jumped over the fence.

291 He was wearing a white shirt beneath his jacket.

294 The temperature is currently below zero.

298 A man was singing in front of the fountain.

301 We are ahead of schedule.

480 English is by far the most widely-spoken language in the world.

해설 by far는 최상급을 강조하는 말로 '단연코 ~한'의 뜻이다. 최상급을 강조하는 말에는 much, by far, the very 등이 있다.

해석 영어는 단연코 세계에서 가장 널리 쓰이는 언어이다.

481 Bill Gates is one of the richest men in the world.

해설 「one of the + 최상급 + 복수명사」는 '가장 ~한 …중 하나'의 뜻이다.

해석 빌 게이츠는 세계에서 가장 부유한 사람들 중 한명이다.

482 Busan is the second largest city in Korea.

해설 「the 서수 + 최상급」은 '~번째로 가장 …한'의 뜻이다.

해석 부산은 한국에서 두번째로 큰 도시이다.

483 This skyscraper is the tallest building in Korea.

해설 「the + 최상급 + in + 단수명사」는 '~에서 가장 …한'의 뜻이다.

해석 이 고층빌딩은 한국에서 가장 높은 빌딩이다.

484 This skyscraper is taller than any other building in Korea.

해설 「비교급 + than any other + 단수명사」는 '다른 어떤 ~보다 더 …한'의 뜻으로 최상급의 의미이며, 따라서 위의 문장과 같은 의미이다.

해석 이 고층빌딩은 한국의 다른 어떤 빌딩보다 더 높다.

485 No building in Korea is as tall as this skyscraper.

해설 「No + 명사 + as + 원급 + as ~」는 '어떤 명사도 ~만큼 …하지 않은'의 뜻으로 최상급의 의미이며, 따라서 위의 문장과 같은 의미이다.

해석 한국의 어떤 빌딩도 이 고층빌딩만큼 높지 않다.

UNIT 49 최상급을 이용한 비교

- <가장 ~한(하게)>라는 뜻의 최상급 비교는 형용사/부사의 끝에 -est를 붙이거나 단어 앞에 most를 넣어 나타낸다. 그러나 단어에 따라 불규칙한 형태들도 있다. (부록 4. 비교급/최상급의 형태 변화 참조)
  - 최상급은 비교 대상 중에 가장 높은 등급을 의미함
  - 최상급은 반드시 정해진 범위 내에서의 개념임
  - 최고의 등급을 지목하기 위해 대부분 정관사 'the'를 사용함 (the + 최상급)
  - 'in/of/to'를 사용한 전치사구 또는 최상급을 수식하는 형용사절 사용

one of the + 최상급 + 복수명사	가장 ~한 …중 하나
the + 서수 + 최상급	~번째로 가장 …한
the + 최상급 (no + 명사 + as[so] + 원급 + as)	가장 ~한 (누구도 ~만큼 …하지 않은)
no + 명사 + 비교급 + than ~	누구도 ~보다 …하지 않은
비교급 + than any other + 단수명사	다른 어떤 ~보다도 더 …한
비교급 + than all the other + 복수명사	다른 모든 ~보다도 더 …한

"최상급 비교"의 개념
- 정해진 범위를 기준으로 최고 등급에 있음을 나타냄.

◀ 정해진 범위 中

---

477 The family | is | the most important unit | in society.
　　　　1　　　2　　　　　3　　　　　　　4/5

해설 「the + 최상급 + in + 단수명사」는 '~에서 가장 …한'의 뜻이다.

Voca unit 명 단위
society 명 사회
해석 가족은 사회에서 가장 중요한 단위이다.

---

478 Winter | is the coldest | of all the seasons.
　　　　1　　　2　　　　　　4/5

해설 「the + 최상급 + of + 복수명사」는 '~중에서 가장 …한'의 뜻이다.

해석 겨울은 모든 계절 중 가장 춥다.

---

479 Mother | gets up earliest | in my family.
　　　　1　　　2　　　　　　4/5

해설 부사의 최상급(earliest)은 the를 생략하기도 한다.

해석 어머니가 우리 가족 중에서 가장 일찍 일어나신다.

473 He | saved no less | than 20,000 dollars.

해설 no less than은 '~만큼이나 (많이)'의 뜻이다.

Voca save 통 저축하다, 모으다
해석 그는 2만 달러나 저축했다.

474 She | is not less | than 30 years old.

해설 not less than은 '최소한'의 뜻으로 at least와 같은 뜻이다.

해석 그녀는 최소한 30세는 되었다.

475 Your computer | is superior | to mine.

해설 -or로 끝나는 superior 등의 형용사는 비교급 표현시 뒤에 than 대신 to를 사용한다.

Voca superior 형 우수한, 우월한
해석 너의 컴퓨터는 내 컴퓨터보다 우수하다.

476 You | had better read | the textbook | prior to class.

해설 -or로 끝나는 prior 등의 부사는 비교급 표현시 뒤에 than 대신 to를 사용한다.

Voca had better ~하는 것이 낫다
textbook 교과서
해석 너는 수업 전에 교과서를 읽는 것이 좋겠다.

TIP 라틴계 비교급

- 일반적으로 비교급은 형용사/부사의 어미에 -er 혹은 more를 사용하여 만드는 반면, 라틴계 비교급은 "-or + to"의 형태를 갖는다.
  ① '-or'로 끝나는 라틴어 계열 형용사의 비교급
  ② 비교 대상 A와 B를 '잣대'로 재듯이 비교하며 이 때 'to'를 사용함
  ③ 'to'가 '잣대'에 해당됨
  ④ 라틴계 형용사 : inferior(열등한), superior(우월한), senior(연상의), junior(연하의), exterior(외부의), interior(내부의), major(중대한), minor(중요하지 않은), prior(이전의)

  "라틴계 비교"의 개념
  - to(전치사)를 기준으로 A와 B를 '잣대'로 재듯이 비교하는 것과 같다.

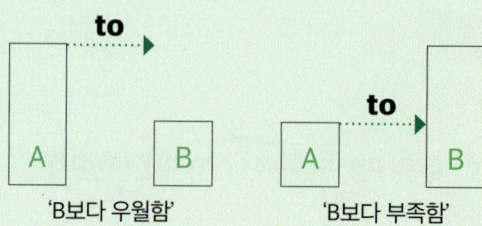

'B보다 우월함' 'B보다 부족함'

466 The concert ticket | was less expensive | than I thought.

Voca less ⓟ 더 적게
해석 콘서트 티켓은 생각보다 덜 비쌌다.

해설 「형용사/부사의 비교급 + than ~」은 '~보다 더 …한(하게)'의 뜻이다.

467 Iron | is much more useful | than gold.

Voca iron ⓝ 철, 쇠
해석 철은 금보다 훨씬 더 쓸모 있다.

해설 비교급을 강조하는 말에는 much, even, still, far, a lot 등이 있으며 이러한 말과 비교급이 함께 쓰이면 '훨씬 더 ~한'이라는 뜻이 된다.

468 The days | get shorter and shorter | in the fall.

Voca day ⓝ 낮, 하루
get + 형용사: ~해지다
get short 짧아지다
해석 가을에는 낮이 점점 더 짧아진다.

해설 「비교급 + and + 비교급」은 '점점 더 ~한'의 뜻이다.

469 The more I learn, | the more humble | I | become.

Voca humble ⓐ 겸손한
해석 나는 더 배울수록, 더 겸손해진다.

해설 「the + 비교급 ~, the + 비교급 …」은 '~하면 할수록 더 …하다'의 뜻이다. 앞에 있는 "the 비교급"은 정도접속사 역할을 하고 뒤에 있는 "the 비교급"은 「부사/형용사」 역할을 한다.

470 No more than 5 friends | came | to my wedding.

해석 단지 5명의 친구만이 나의 결혼식에 왔다.

해설 no more than은 '겨우 ~'라는 뜻으로 only와 같은 뜻이다.

471 He | weighs not more | than 60 kilograms.

Voca weigh ⓥ 무게가 ~이다
해석 그는 체중이 기껏해야 60 킬로그램 나간다.

해설 not more than은 '기껏해야, ~밖에'의 뜻이다.

472 I | have three times | as much money | as him.

해석 나는 그보다 돈이 세 배 많다.

해설 배수사에는 twice(두 배), three times(세 배) 등이 있다. 「배수사 + as + 원급 + as A」는 'A보다 몇 배 ~한(하게)'의 뜻이다. 이 표현은 「배수사 + 비교급 + than」으로 바꿔 쓸 수 있다. 즉 이 문장은 I have three times more money than him.으로 바꿔 표현할 수 있다.

UNIT 48 비교급을 이용한 비교

- 「형용사/부사의 비교급 + than」 형태를 사용하며, than을 기준으로 비교 대상 간에 「정도 차이가 있다」는 것을 나타낸다.
- "비교"의 의미는 둘 이상을 서로 견주어 유사점, 차이점 등을 나타내는 것으로 반드시 "기준"이 필요하다.
- 주어의 상태를 비교급으로 표시하여 우월함 또는 부족함 등을 나타내고, than 이후에 비교 대상을 나타낸다.

형용사/부사의 비교급 + than ~	~보다 더 …한(하게)
배수사(twice, three times 등) + as 원급 as	~보다 몇 배 ~한(하게) (= 배수사 + 비교급 than)
the + 비교급 ~, the + 비교급 …	~할수록 더욱 …하다
비교급 + and + 비교급	점점 더 ~한
no more than ~	겨우 ~ (=only)
not more than ~	기껏해야 (=at most)
no less than ~	~만큼이나
not less than ~	최소한 ~ (=at least)

"비교급 비교"의 개념
- than(접속사, 전치사)을 기준으로 하는 기울어진 저울과 같다.

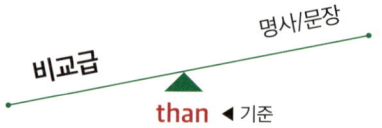

462

Tim | is taller | than me.
  1 | 2 | 4/5

해석 Tim은 나보다 키가 크다.

해설 「형용사/부사의 비교급 + than ~」은 '~보다 더 …한(하게)'의 뜻이다. than 뒤의 대명사는 주로 목적격을 쓰고, 격식체에는 주격으로 쓰기도 한다.

463
Health | is more important | than money.
   1 | 2 | 4/5

해석 건강은 돈보다 더 중요하다.

해설 「형용사/부사의 비교급 + than ~」은 '~보다 더 …한(하게)'의 뜻이다.

464
The pool | was warmer | than | I | expected.
    1 | 2 | ● | ① | ②
                      |←——— 4/5 ———→|

Voca expect 통 예상하다, 기대하다
해석 수영장 물은 예상보다 더 따뜻했다.

해설 「형용사/부사의 비교급 + than ~」은 '~보다 더 …한(하게)'의 뜻이다.

465

Julie | likes | cats more | than dogs.
   1 | 2 | 3 | 4/5

해석 Julie는 개보다 고양이를 더 좋아한다.

해설 「형용사/부사의 비교급 + than ~」은 '~보다 더 …한(하게)'의 뜻이다.

UNIT 47 원급을 이용한 비교

- 형용사/부사의 원래 형태(원급)를 사용해, 비교 대상 간에 「정도의 차이가 없다」는 것을 나타낸다.
- 「S + V + as A as B」 비교구문에서 앞에 있는 as는 부사, 뒤에 있는 as는 접속사 또는 전치사로 쓰인다.
- 품사에 관계 없이 as는 "등호(=)"의 의미로 "S(주어) = A = B"의 논리로 해석된다.

as 원급 as A / so 원급 as A	A만큼 ~한(하게)
not + as 원급 as A / not + so 원급 as A	A만큼 ~아닌(아니게)

"원급 비교"의 개념
- as(접속사, 전치사)를 기준으로 하는 수평 저울과 같다.

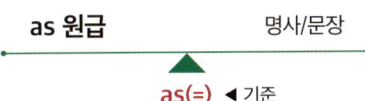

---

457 Failure | is as valuable | as success.

해설 「as + 원급 + as A」는 'A만큼 ~한(하게)'의 뜻이다.

Voca failure 명 실패
valuable 형 가치 있는
해석 실패는 성공만큼 가치 있다.

---

458 The law | doesn't change as fast | as | technology | does.

해설 「as + 원급 + as A」는 'A만큼 ~한(하게)'의 뜻으로, change 다음의 as는 so로 바꿔 쓸 수 있다.

Voca law 명 법
technology 명 기술
해석 법은 기술만큼 빠르게 바뀌지 않는다.

---

459 I | don't eat | as many vegetables | as you.

해설 「as + 원급 + as A」는 'A만큼 ~한(하게)'의 뜻으로, eat 다음의 as는 so로 바꿔 쓸 수 있다.

Voca vegetable 명 야채, 채소
해석 나는 너만큼 많은 채소를 먹지 않는다.

---

460 My work | isn't as easy | as | it | looks.

해설 「as + 원급 + as A」는 'A만큼 ~한(하게)'의 뜻으로, isn't 다음의 as는 so로 바꿔 쓸 수 있다.

해석 나의 일은 보이는 것처럼 쉽지 않다.

---

461 You | should read | as many books | as possible.

해설 「as + 원급 + as possible」은 '가능한 한 ~한(하게)'의 뜻이다.

해석 너는 가능한 한 많은 책을 읽어야 한다.

Chapter 11

기준에 따른 정도표현, 「비교구문」

둘 이상의 사물을 견주어 서로를 비교할 때 비교구문을 사용합니다. 사물을 비교할 때는 반드시 비교의 기준을 정하여 표현해야 합니다.

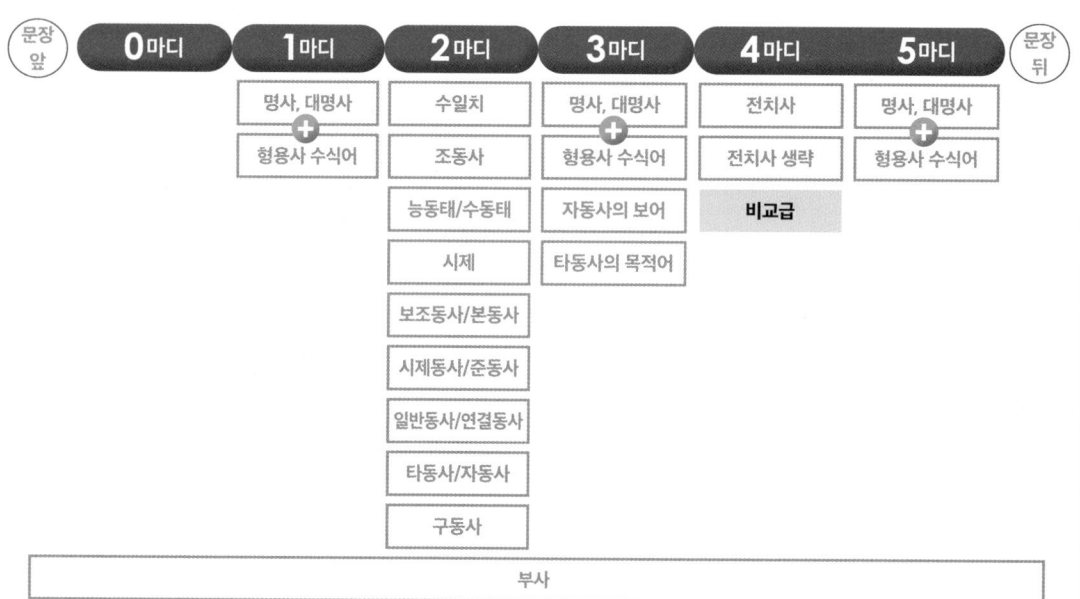

Chapter 11에서는 비교 기준에 따른 원급, 비교급, 최상급에 대한 비교 방법을 학습합니다.

MEMO

Further Study 11 — 접속부사와 접속사 구분

1)에는 접속부사(however), 2)에는 종속접속사(although), 3)에는 in 전치사구(부사구)가 사용되었다. 각각의 정의와 특성에 대해 구분할 수 있도록 연습이 필요하다.

1) All the students went home. However, she is still reading a book. (접속부사)
2) She is still reading a book although all the students went home. (접속사)
3) She is reading a book in the room. (전치사)

접속부사
- 역할 : 문장과 문장, 문단과 문단 연결
- 연결 방식 : A와 B사이의 논리 관계
- 기능 : 부사 역할

'문장과 문장 사이'를 논리로 연결

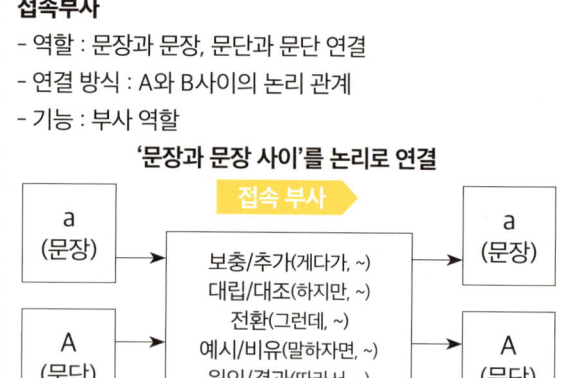

'문단과 문단 사이'를 논리로 연결

접속사절(형용사절, 명사절, 부사절)
- 역할 : 문장과 문장 연결
- 연결 방식 : 자리에 따라 '수식구조/안김구조'로 연결
- 기능 : 형용사 역할, 명사 역할, 부사 역할

'문장과 문장 사이'를 구조적(수식, 안김)으로 연결

접속부사
- 독립적인 두 사건을 접속부사를 사용하여 논리적 관계로 연결시킴
- 2장의 그림을 논리적으로 연결

종속접속사(부사절)
- 반드시 종속적인 배경의 사건속에서 주된 사건이 발생하는 관계를 보여줌
- 1장의 그림 안에서 구조적 관계로 2개 사건을 연결

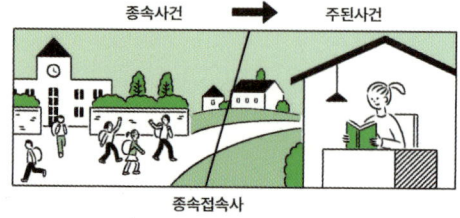

전치사구(부사구)
- 공통점 : 사건에 대한 배경의 역할을 함
- 차이점 : 작은 스케치북에 배경 그리기 (간단한 내용만 담을 수 있음)

종속접속사(부사절)
- 공통점 : 사건에 대한 배경의 역할을 함
- 차이점 : 큰 스케치북에 배경 그리기 (많은 내용을 담을 수 있음)

예문 해석 : 1) 모든 학생들이 집에 갔다. 하지만, 그녀는 여전히 책을 읽고 있는 중이다. 2) 비록 모든 학생들이 집에 갔지만 그녀는 여전히 책을 읽고 있는 중이다. 3) 그녀는 방에서 책을 읽고 있는 중이다.

Further Study 10 — 부사는 '무대 조절 장치'이다.

부사가 없어도 문장은 성립하지만 부사가 없으면 문장이 재미없어진다. 문장을 연극 무대로 비유할 때 부사는 조명장치, 음향시설 등의 무대장치와 같은 역할을 한다. 부사는 동사와 형용사의 강약을 조절하고 문장 전체의 분위기를 조절한다.

부사의 정의
① 사전적 : 용언(동사, 형용사) 또는 다른 말 앞(부사, 문장)에 놓여 그 뜻을 분명하게 하는 품사 (출처, 네이버 사전)
② 직관적 : 문장에서 무대장치 또는 특수효과 역할을 담당하는 품사 (잉글맵)

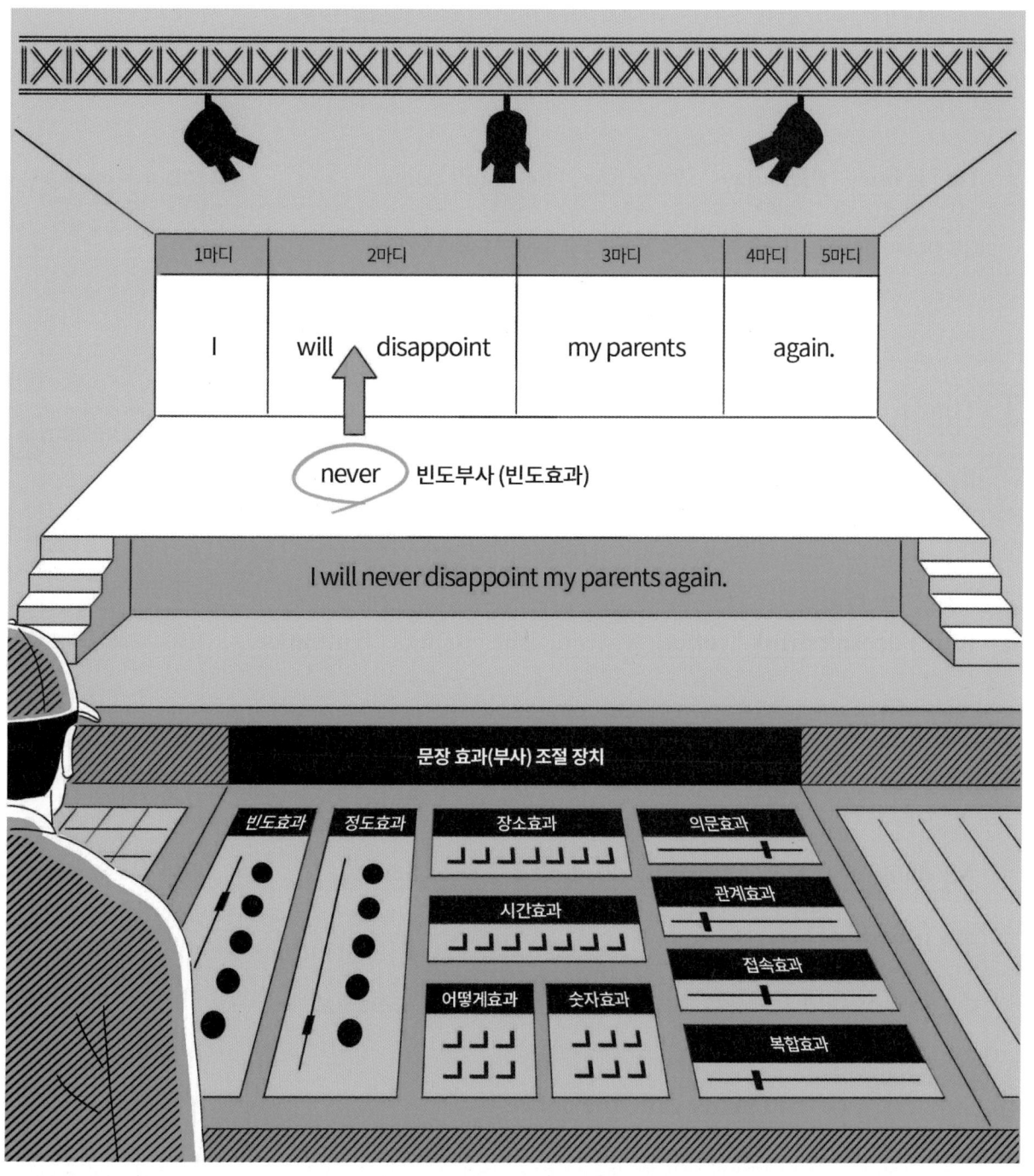

Chapter 10 주변 상황을 나타내는 「부사」

450 Julie | isn't rich. **However,** (대립/대조효과) | she | is happy.
1 / 2 / 4/5 / 1 / 2

해설 접속부사 however는 '그러나, 하지만'의 의미로 '대립, 대조'의 뜻으로 뒷문장을 연결한다.

해석 Julie는 부유하지 않다. 하지만, 그녀는 행복하다.

451 (예시/비유/요약효과) **In short,** | his opinion | was right.
4/5 / 1 / 2

해설 접속부사 In short는 '요컨대, 간단히 말해'의 의미로 '예시, 비유, 요약'의 뜻으로 뒷문장을 연결한다.

Voca opinion 명 의견
해석 간단히 말해, 그의 의견은 옳았다.

452 He | is busy | these days. **Therefore,** (원인/결과효과) | he | can't come.
1 / 2 / 4/5 / 4/5 / 1 / 2

해설 접속부사 Therefore는 '그러므로'의 의미로 '원인, 결과'의 뜻으로 뒷문장을 연결한다.

Voca these days 요즘에는
해석 그는 요즘 바쁘다. 그래서, 그는 올 수 없다.

453 Tim | speaks | English. **In addition,** (보충/추가효과) | he | also speaks | Spanish.
1 / 2 / 3 / 4/5 / 1 / 2 / 3

해설 접속부사 In addition은 '게다가'의 의미로 '보충, 추가'의 뜻으로 뒷문장을 연결한다.

Voca Spanish 명 스페인어
해석 Tim은 영어를 할 줄 안다. 게다가, 그는 스페인어도 한다.

454 Julie | doesn't drink | coffee. **Instead,** (대립/대조효과) | she | drinks | fruit juice.
1 / 2 / 3 / 4/5 / 1 / 2 / 3

해설 접속부사 Instead는 '대신에'의 의미로 '대립, 대조'의 뜻으로 뒷문장을 연결한다.

해석 Julie는 커피를 마시지 않는다. 대신, 그녀는 과일 주스를 마신다.

455 My daughter | has | a learning disability. **Nevertheless,** (대립/대조효과) | I | am proud | of her.
1 / 2 / 3 / 4/5 / 1 / 2 / 4/5

해설 접속부사 Nevertheless는 '그럼에도 불구하고'의 의미로 '대립, 대조'의 뜻으로 뒷문장을 연결한다.

Voca learning disability 학습 장애
be proud of ~을 자랑으로 여기다
해석 나의 딸은 학습 장애가 있다. 그럼에도 불구하고, 나는 그녀를 자랑스럽게 생각한다.

456 (전환효과) **Anyway,** | we | had better call | the police.
4/5 / 1 / 2 / 3

해설 접속부사 Anyway는 '어쨌든'의 의미로 '전환'의 뜻으로 뒷문장을 연결한다.

Voca had better ~하는 것이 낫다
해석 어쨌든, 우리는 경찰을 부르는 것이 좋겠다.

UNIT 46 접속부사 (접속효과)

● **접속부사(구)** : 문장과 문장, 문단과 문단의 관계를 보여주는 부사(구)를 접속부사(구)라 한다.

1) 보충/추가 (게다가, ~)
additionally(추가적으로), again(또 다시), besides(게다가), further(게다가), furthermore(더욱이), in addition(게다가), moreover(더욱이) 등

2) 대립/대조 (하지만, ~)
however(그러나), nonetheless(그렇긴 하지만), nevertheless(그럼에도 불구하고), still(그러나), instead(대신에), on the other hand(반면에), contrarily(대조적으로), conversely(반대로), on the contrary(오히려), in contrast(반대로), in fact(사실상), yet(하지만) 등

3) 전환 (그런데, ~)
anyway(어쨌든), elsewhere(다른 곳에서는), incidentally(그런데), meanwhile(한편), now(이제), then(그렇다면), by the way(그런데), in the meantime(그 사이에), meanwhile(한편으로는) 등

4) 예시/비유/요약 (말하자면, ~)
for example(예를 들면), for instance(예를 들어), likewise(마찬가지로), similarly(유사하게), namely(다시 말해), in short(요컨대), in other words(다시 말해서), that is(즉) 등

5) 원인/결과 (따라서, ~)
accordingly(따라서), consequently(결과적으로), hence(따라서), therefore(그러므로), thus(그래서), finally(마지막으로), as a result(그 결과), next(그리고는) 등

---

448 It | was cold. | **Furthermore,** (보충/추가효과) | it | was very windy.
　　　1　　2　　　　　　4/5　　　　　　　　1　　　2

Voca windy 휑 바람이 많이 부는
해석 추웠다. 게다가 바람도 많이 불었다.

해설 접속부사 furthermore는 '더욱이'의 의미로 further에 more가 붙어서 '보충, 추가'의 뜻으로 뒷문장을 연결한다.

---

449 Salty food | increases | blood pressure. | Exercise, | **meanwhile,** (전환효과) | can reduce | blood pressure.
　　　　1　　　　　2　　　　　　3　　　　　　1　　　　　　4/5　　　　　　2　　　　　3

Voca salty 휑 짠
blood pressure 혈압
reduce 통 줄이다
해석 짠 음식은 혈압을 높인다. 한편, 운동은 혈압을 낮출 수 있다.

해설 접속부사 meanwhile는 '한편으로는'의 의미로 '전환'의 뜻으로 뒷문장을 연결한다.

Chapter 10 주변 상황을 나타내는 「부사」

444
The new employee | **is about** (숫자효과) | **my age.**
1 | 2 | 3

해설 숫자부사 about은 특정 수치에 가까이 있는 형상에서 '대략, ~쯤'의 의미로 사용된다.

Voca employee 명 직원, 근로자
해석 새로 온 직원은 내 나이쯤 된다.

445
What | **do** | **you** | **mean** | **exactly?** (숫자효과)
3 | 0 | 1 | 2 | 4/5

해설 숫자부사 exactly는 '정확하게' 딱 들어맞는 때를 나타낸다.

Voca mean 동 의미하다
해석 정확히 무슨 말이니?

446
The female singer | **sold** | **over 250 million albums** (숫자효과) | **worldwide.**
1 | 2 | 3 | 4/5

해설 숫자부사 over는 '~이상'의 의미로 특정 수치와 접촉되거나 그 위쪽을 나타낸다

Voca female 명 여성
worldwide 부 전세계적으로
해석 그 여가수는 전세계적으로 2억 5천만 장 이상의 앨범을 팔았다.

447
Hiroshima | **was nearly destroyed** (숫자효과) | **during World War 2.**
1 | 2 | 4/5

해설 숫자부사 nearly는 '거의'의 의미로 숫자적으로 가까이 접근한 상태를 나타낸다.

Voca destroy 동 파괴하다
be destroyed 파괴되다
해석 히로시마는 2차 세계대전 중에 거의 파괴되었다.

TIP 부사의 위치

- 부사는 문장마디를 구성하는 대표품사가 아니므로 위치가 비교적 자유롭다. 부사는 수식하는 대상이 있기 때문에 최대한 부사가 꾸며주는 대상(동사, 형용사, 부사, 문장 앞 뒤)과 가까운 곳에 위치한다.

	1마디	2마디		3마디	4마디	5마디
①	명사	조동사 ↓	동사			
②	명사	be ↓	형용사			
③	명사	have ↓	~ed(형)			
④	명사	be ↓	~ed(형)			
⑤	명사	be ↓	~ing(형)			
⑥	명사	동사	↓	형 + 명		
⑦	명사	동사		명사 ↓	전치사	
⑧	명사	동사		명사	전치사 ↓	명사
⑨	명사	동사		명사	전치사	명사 ↓
⑪ ↓	명사	동사		명사	전치사	명사

UNIT 45 정도부사 (정도효과), 숫자부사 (숫자효과)

- **정도부사** : very, too, more처럼 형용사나 부사에 대해 "얼마나 많은(how much)" 정도에 대한 강도, 세기를 나타낸다.

  > completely(완전히), enormously(엄청나게), extremely(극도로), greatly(대단히), relatively(비교적), really(실제로), somewhat(어느 정도), nearly(거의), barely(간신히), almost(거의), enough(충분히), mostly(주로), deeply(대단히), generally(일반적으로), wholly(전적으로), fairly(상당히) 등

- **숫자부사** : 부사들 중 숫자를 수식할 수 있는 것들을 숫자부사라고 한다. 모든 부사들이 숫자를 수식할 수 없기 때문에 숫자부사를 별도로 파악해 두면 유용하게 사용할 수 있다.

  > about(약), around(약), almost(거의), approximately(대략), exactly(정확하게), over(이상), more than(보다 많은), roughly(대략), up to(~까지), just(딱), nearly(거의) 등

---

439 My life | **completely** (정도효과) **changed** | after marriage.
　　　 1　　　　　　　 2　　　　　　　　　 4/5

해설 정도부사 completely는 '완전히'의 의미로 강한 세기를 나타낸다.

Voca marriage 명 결혼
해석 나의 삶은 결혼 후에 완전히 바뀌었다.

---

440 We | **greatly** (정도효과) **appreciate** | your kindness.
　　　1　　　　　　　2　　　　　　　　　3

해설 정도부사 greatly는 '크게, 대단히'의 의미로 강한 세기를 나타내며, 좋은 의미의 동사, 형용사, 분사와 함께 사용된다.

Voca marriage 명 결혼
해석 우리는 당신의 친절에 매우 감사드립니다.

---

441 He | was **somewhat** (정도효과) | an alcoholic | before.
　　　1　　　　2　　　　　　　　　　 3　　　　　　 4/5

해설 정도부사 somewhat은 '어느 정도'의 의미로 약간의 정도를 나타낸다.

Voca alcoholic 명 알코올[술] 중독자
해석 그는 전에 다소 알코올 중독자였다.

---

442 We | **barely** (정도효과) **caught** | the plane | yesterday.
　　　1　　　　　2　　　　　　　　　　 3　　　　　　4/5

해설 정도부사 barely는 '간신히'의 의미로 거의 없는 정도를 나타낸다.

Voca catch 동 (기차 등을 시간 맞춰) 타다
해석 우리는 어제 간신히 비행기를 탔다.

---

443 I | **generally** (정도효과) **drink** | coffee | in the morning.
　　 1　　　　　　2　　　　　　　　　 3　　　　　　4/5

해설 정도부사 generally는 '일반적으로'의 의미로 보통의 정도를 나타낸다.

해석 나는 보통 아침에 커피를 마신다.

Chapter 10 주변 상황을 나타내는 「부사」

432 Julie | always complains | about her boss.
　　　　1　　　2　　　　　　4/5
　　　　　　(빈도효과)

해설 빈도부사 always는 「all(모든) + way(방법) + s(부사형 어미)」의 의미로 '항상, 반드시, 예전부터'의 뜻으로 사용된다.

Voca complain 동 불평[항의]하다
boss 명 (직장의) 상사
해석 Julie는 항상 그녀의 상사에 대해 불평한다.

433 Everybody | thinks | so.
　　　　1　　　　2　　4/5
　　　　　　(어떻게효과)

해설 양태부사 so는 '그와 같이, 그렇게'의 의미로 사용된다.

해석 모두가 그렇게 생각한다.

434 Tim | talks | too fast.
　　　1　　2　　　4/5
　　　　　　(어떻게효과)

해설 fast는 '빠른'이라는 뜻의 형용사이기도 하지만 '빨리'라는 뜻의 부사로도 쓰인다.

해석 Tim은 너무 빠르게 말한다.

435 The country's economy | largely depends | on tourism.
　　　　　1　　　　　　　　　2　　　　　　　4/5
　　　　　　　　　(어떻게효과)

해설 양태부사 largely는 '대량, 많이'의 의미에서 '주로, 대부분'의 뜻으로 쓰인다.

Voca depend on ~에 의존하다
tourism 명 관광업
해석 그 나라의 경제는 대체로 관광에 의존한다.

436 The professor | kindly answered | my questions.
　　　　1　　　　　　2　　　　　　　　3
　　　　　　(어떻게효과)

해설 양태부사 kindly는 행위의 방법과 태도 관점에서 '친절하게'의 뜻으로 쓰인다.

Voca professor 명 교수
해석 그 교수님은 나의 질문에 친절하게 답해주셨다.

437 It | rained heavily | all day.
　　1　　　2　　　　　4/5
　　　　(어떻게효과)

해설 양태부사 heavily는 행위의 방법과 태도 관점에서 '무겁게, 묵직하게, 많이'의 뜻으로 쓰인다.

Voca heavily 부 심하게
해석 하루 종일 비가 많이 내렸다.

438 Tim | was badly injured | in the car accident.
　　　1　　　　2　　　　　　　　4/5
　　　　　(어떻게효과)

해설 양태부사 badly는 행위의 방법과 태도 관점에서 '대단히, 몹시'의 뜻으로 쓰인다.

Voca injured 형 다친
accident 명 사고
해석 Tim은 차 사고로 크게 다쳤다.

빈도부사 (빈도효과), 양태부사 (어떻게효과)

- **빈도부사** : 동사의 동작이 '얼마나 자주'와 같이 동작의 빈도를 나타내는 부사로 주로 조동사와 본동사 사이에 위치한다. 빈도부사가 문장에 제일 앞 또는 뒤에 위치할 때가 있는데 이 경우 의미가 훨씬 더 강해진다.

> never(결코), hardly(드물게), seldom(좀처럼), rarely(때때로), scarcely(이따금), usually(보통), frequently(종종), often(종종), sometimes(언젠가는), regularly(규칙적으로), always(항상), from time to time(때때로), now and again(이따금) 등

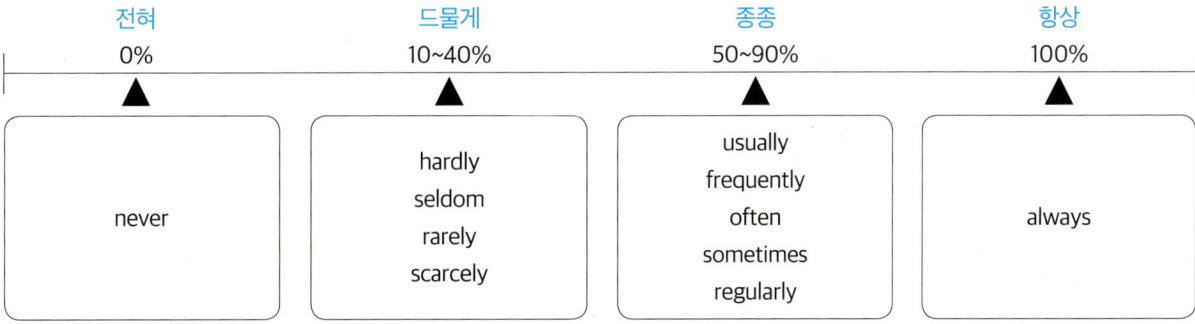

- **양태부사** : 양태의 의미는 '행위의 방법' 또는 '행위의 태도'를 말한다. 대체로 행동을 나타내는 동사와 함께 자주 사용되며 행동이 '어떻게(how)'게 일어났는지를 나타낸다.

> well(잘), safely(안전하게), politely(공손히), so(그렇게), slow(천천히), fast(빠르게), hard(힘껏), right(제대로), largely(대체로), wide(활짝), easily(쉽게), kindly(친절하게), beautifully(아름답게), lightly(가볍게), heavily(심하게), badly(나쁘게), carefully(신중히), foolishly(어리석게) 등

---

429 I | will never disappoint | my parents | again.
　　　1 　　　　　　2　　　　　　　　3　　　　4/5
　(빈도효과)

Voca disappoint ⑧ 실망시키다
해석 나는 결코 다시는 부모님을 실망시키지 않을 것이다.

해설 빈도부사 never는 「빈도가 전혀 없는」의 의미로 '결코, 지금까지 한 번도'의 뜻으로 사용된다.

---

430 This silent boy | rarely laughs.
　　　　　1　　　　　　　　2
　(빈도효과)

Voca silent ⑧ 조용한
해석 이 조용한 소년은 거의 웃지 않는다.

해설 빈도부사 rarely는 「빈도가 전혀 없지는 않지만 부정적 측면에서 조금 있는」의 의미로 '드물게'의 뜻으로 사용된다.

---

431 I | visit | my parents | regularly.
　　　1　　2　　　　3　　　　　4/5
　　　　　　　　　　　(빈도효과)

해석 나는 정기적으로 부모님을 찾아 뵙는다.

해설 빈도부사 regularly는 「정기적인, 규칙적인」의 의미로 '균형 있게, 시간대로'의 뜻으로 사용된다.

Chapter 10 주변 상황을 나타내는 「부사」

425 I | met | her | before.
   1   2   3   4/5 (시간효과)

해석: 나는 전에 그녀를 만난 적이 있다.

해설: 시간부사 before는 「be(~에 존재) + fore(앞)」의 의미로 현시점을 기준으로 '이전'을 뜻한다.

426 Do | you | still live | in Busan?
   0   1   2 (시간효과)   4/5

해석: 너 아직 부산에 사니?

해설: 시간부사 still은 '예상보다 장기간 같은 상태를 유지'할 때 사용하며, 보통 긍정문에 쓰이고, no longer, yet 은 부정문에 쓰인다.

427 Julie | has lost | some weight | recently.
   1   2   3   4/5 (시간효과)

Voca: lose weight 살이 빠지다
해석: Julie는 최근에 살이 좀 빠졌다.

해설: 시간부사 recently는 '최근에'의 의미로, 보통 과거형, 현재완료형과 함께 사용된다. 비슷한 의미의 lately 는 현재형, 현재완료형과 함께 쓰인다.

428 We | don't know | the result | yet.
   1   2   3   4/5 (시간효과)

Voca: result 명 결과
해석: 우리는 아직 결과를 모른다.

해설: 시간부사 yet은 부정문에서 '아직', 의문문에서 '이미, 벌써'의 뜻으로 쓰이고 긍정문에서 '머지 않아, 언젠가는'의 뜻으로 사용된다.

TIP 의문부사와 관계부사를 나타내는 "where, when, how, why"

- 의문사(where, when, how, why)가 4/5마디를 대신하는 의문문을 만들때 "의문부사"라 함

 Where do | you | eat | lunch? 너는 어디에서 점심을 먹니?
  ④⑤
  0   1   2 3

- 관계사(where, when, how, why)가 4/5마디를 대신하는 관계부사절을 만들때 "관계부사"라 함

 Autumn | when leaves turn beautiful colors | is | my favorite season.
  1   ④⑤ ① ② ③   2   3

 (그때 / 나뭇잎이 / 변한다 / 아름다운 색으로)

잎들이 아름다운 색으로 변하는 가을은 내가 가장 좋아하는 계절이다.

UNIT 43 장소부사(장소효과), 시간부사(시간효과)

- **장소부사** : 공간적 위치와 힘의 관계에 따른 방향과 이동성을 나타낼 때 사용된다. above, along 등과 같이 전치사적 부사들 중 장소부사로 사용되는 것들이 많이 있으며 here, there와 같이 원래 장소부사인 것들도 있다.

  > above(위에), along(따라), anywhere(어디서든지), away(떨어져), here(여기), there(거기), far(멀리), down(아래로), up(위로), back(뒤로), by(옆에), elsewhere(다른 곳에), opposite(맞은편에), locally(근처에), somewhere(어딘가에) 등

- **시간부사** : 동사의 동작이 언제 일어났는지, 얼마 동안 지속되고 있는지 등의 시간 개념을 나타낸다.

  > now(지금), before(전에), ago(전에), then(그때), just(그 순간에), already(이미), still(아직), soon(곧), yet(아직), later(나중에), early(일찍), nowadays(요즘), presently(곧), previously(이전에), recently(최근에) 등

---

421 Are | you | coming **along** | with us? (장소효과)

해설: along은 '~와 함께'라는 뜻의 장소부사로 사용되었다. 현재진행형 「be+v-ing」는 가까운 미래를 나타내기도 한다.

Voca: along ⓐ ~와 함께 ⓟ ~을 따라
해석: 너도 우리와 함께 갈 거니?

---

422 They | arrived **there** | before us. (장소효과)

해설: 장소부사 there는 「한 지점, 떨어져 있는 방향」의 의미로 '거기에'의 뜻으로 사용된다.

해석: 그들은 우리보다 먼저 거기에 도착했다.

---

423 I | lost | my car key **somewhere** | in this café. (장소효과)

해설: 장소부사 somewhere는 「정해지지 않은 어딘가」의 의미로 주로 긍정문에 사용된다. 부정문에서는 anywhere를 사용한다.

해석: 나는 이 카페 어딘가에서 나의 자동차 키를 잃어버렸다.

---

424 He | took | one step | **back.** (장소효과)

해설: 장소부사 back은 「뒤로, 뒤쪽에」의 의미로 물러서거나 원래의 장소로 되돌아가는 뜻으로 사용한다.

Voca: step ⓝ (발)걸음 ⓥ (발걸음을 떼어놓아) 움직이다
해석: 그는 한 걸음 뒤로 물러섰다.

Chapter 10

주변 상황을 나타내는 「부사」

문장을 '인물, 사건, 배경'이 있는 연극 무대라 가정할 때, 부사는 사건의 주변 상황적 정보를 제공하기 때문에 연극 무대를 만들고 무대장치를 통해 특수효과를 내는 역할을 합니다. 또한 부사는 문장마디의 거의 모든 곳에 위치할 수 있습니다.

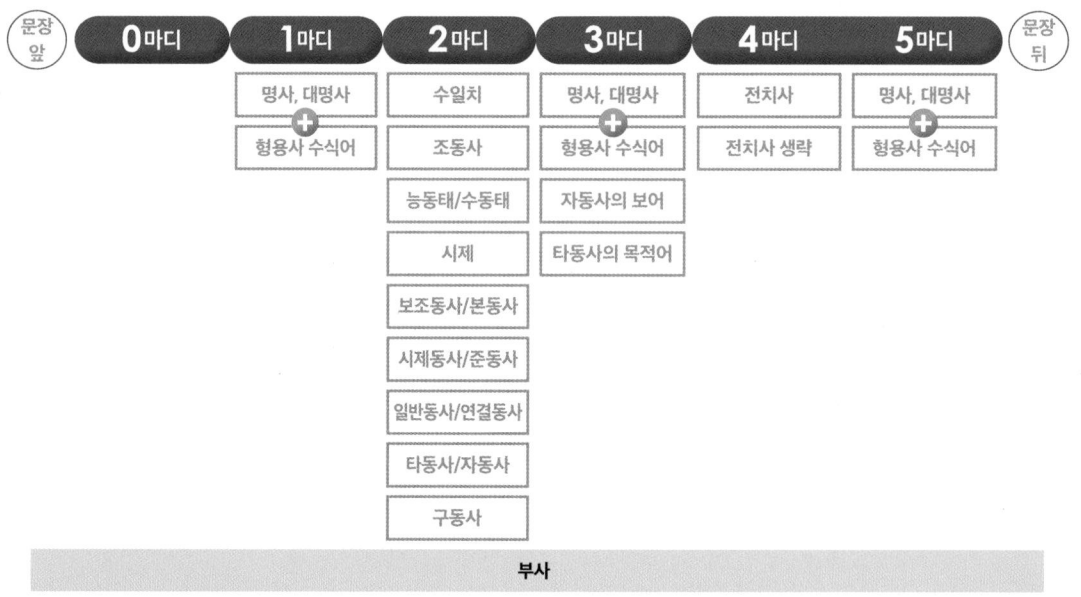

Chapter 10에서는 「동사, 형용사, 다른 부사, 문장」에 대한 표현을 극대화 하는 부사의 다양한 종류와 쓰임에 대해 학습합니다.

MEMO

Further Study 9 — 주요 전치사 60개

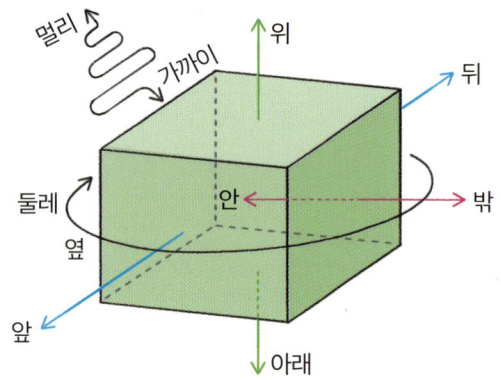

전치사의 「공간적 관계」

전치사의 「힘의 관계」

구분	분류		번호	전치사	대표의미
공간적 관계	안/밖	안	1	amid	한 가운데
			2	in	안에(서)
			3	within	이내에(공간)
			4	inside	안쪽에(방향)
		밖	5	out	바깥에
			6	outside	바깥쪽에(방향)
	위/아래	위	7	over	덮고 있는(지나는)
			8	above	보다 위에
		아래	9	beneath	바로 밑에
			10	under	아래에
			11	below	보다 아래쪽에
	앞/뒤	앞	12	before	앞에/이전에(시간)
			13	in front of	앞에(공간)
			14	ahead of	앞서서(같은 방향에서)
		뒤	15	after	뒤에/지나서(시간)
			16	behind	뒤에(공간)
	옆/둘레	옆	17	beside	옆에
			18	next to	옆(칸)에
		둘레	19	around	(선)둘레에
			20	about	(점)흩어진/관해/대략
		사이	21	between	(둘) 사이에
			22	among	(셋 이상) 둘러 싸여서
	가까이/멀리	가까이	23	with	함께
			24	near	근처에
		멀리	25	without	함께 하지 않는
			26	beyond	넘어(저편)에

구분	분류		번호	전치사	대표의미
힘의 관계	힘의 상태	접촉	27	at	한 지점에 (접한)
			28	along	선을 따라 (접한)
			29	on	면에 (접한)
			30	onto	접하여 쭉
			31	off	떨어져
		분리	32	out of	밖으로
			33	except	제외하고
			34	but	제외하고
			35	save	제외하고
	힘의 유지	연결	36	of	연결된
			37	plus	덧붙여서
		지속	38	during	동안 내내
			39	until	까지
	힘의 방향	가다	40	to	(방향) ~로
			41	for	(목표)로 향해서
			42	toward	(방향)으로 나아가다
			43	up	위로
			44	down	아래로
		오다	45	from	나아오다(출발점에서)
			46	since	지금까지 ~ 쭉(시간)
	힘의 영역	거쳐서 가다	47	into	안으로
			48	past	지나서
			49	across	건너서
			50	through	통과하여
			51	throughout	내내, ~동안 (완전히 통과)
			52	via	경유하여
			53	by	영향권 안에
	힘의 경쟁	같음	54	as	같은(=)
			55	like	처럼(≒)
		대립	56	unlike	다르다(≠)
			57	against	반대하여(경쟁)
			58	despite	불구하고(무시, 극복)
		비교	59	than	보다 더
			60	per	~마다

UNIT 42 전치사 생략

- 측정 가능한 정도의 표현(거리, 시간, 무게, 치수, 가격 등)일 때와 문맥상 그 의미를 파악하는데 무리가 없는 부사적 수식어(부사구)에서 전치사(for, on, at 등)를 생략하고 5마디에 명사만 사용하기도 한다.
  - (거리): They / walked / seven kilometers. (그들은 7킬로미터를 걸었다.)
  - (시간): The watch / gains / 1 minute / a day. (그 시계는 매일 1분씩 빨라진다.)
  - (무게): The table / weighs / 10 kilos. (그 책상은 무게가 10킬로로 나간다.)
  - (치수): The box / measures / two meters / by three meters. (그 상자는 가로 2m에 세로 3m이다.)
  - (가격): The book / cost / 5 dollars. (그 책은 5달러가 들었다.)

416 He / plays / golfs / Saturdays. *(전치사 생략)*

해석: 그는 토요일마다 골프를 친다.

해설: 요일 앞의 전치사 on은 생략할 수 있다.

417 Julie / works late / Friday nights. *(전치사 생략)*

해석: Julie는 금요일 밤에 늦게까지 일한다.

해설: 전치사 on은 「요일 + 하루의 때를 나타내는 말」 앞에서 생략 가능하다.

418 They / have been married / twenty years. *(전치사 생략)*

해석: 그들은 결혼한지 20년이 되었다.

해설: 전치사 for가 「for + 기간」의 표현에 사용될 때 for는 생략할 수 있다.

419 I / don't have / classes / this Friday. *(전치사 생략)*

해석: 나는 이번 금요일에 수업이 없다.

해설: 시간 명사 앞에 every, all, last, this, next 등이 있으면 전치사를 쓰지 않는다.

420 I / lost / my smartphone / yesterday morning. *(전치사 생략)*

해석: 나는 어제 아침에 나의 스마트폰을 잃어버렸다.

해설: yesterday, tomorrow 등과 하루의 때를 나타내는 말이 합쳐진 표현 앞에는 전치사를 쓰지 않는다.

per	① 각[매] ~에 대하여 ② 당[마다]

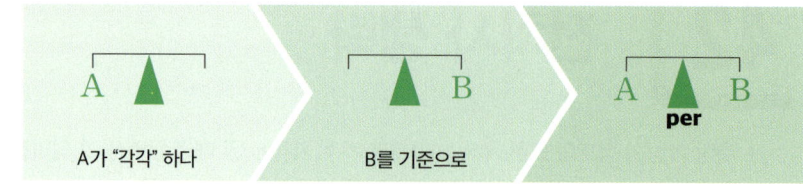

414 Our guided museum tour | costs | $10 | per person.
　　　　　　1　　　　　　　　　2　　3　　4/5

해설 전치사 per는 '~당, ~마다'의 뜻을 나타낸다.

Voca guided 형 가이드가 안내하는
cost 동 비용이 들다
해석 가이드가 안내하는 저희 박물관 투어는 1인당 10달러입니다.

415 This high-speed train | can run | at 400 kilometers | per hour.
　　　　　　1　　　　　　　　　2　　　　4/5　　　　　　4/5

해설 전치사 per는 '~당, ~마다'의 뜻을 나타낸다.

해석 이 고속열차는 시간당 400킬로미터로 달릴 수 있다.

TIP 전치사 「by & until」, 「for & during」의 차이점

전치사 「by & until」		전치사 「for & during」	
by ⇨	시점까지 "동작 완료"	for ⇨	"숫자" 시간명사와 함께
until ⇨	시점까지 "상태 계속"	during ⇨	"기간" 시간명사와 함께

- He will be back **by five**. (그는 5시까지 돌아올 것이다.)
- The meeting lasted **until five**. (회의는 5시까지 계속되었다.)
- Tim worked here **for five months**. (Tim은 여기에서 다섯 달 동안 일했다.)
- You should be quiet **during the lesson**. (너는 수업 중에 조용히 해야 한다.)

410 We | went | to the zoo | despite the bad weather.
　　　1　　2　　　4/5　　　　　　4/5

해설 전치사 despite는 '~에도 불구하고'의 뜻을 나타낸다.

해석 우리는 나쁜 날씨에도 불구하고 동물원에 갔다.

411 My face | turned red | despite myself.
　　　　1　　　　2　　　　　　4/5

해설 전치사 despite가 oneself와 함께 '자신도 모르게'의 뜻을 나타내는 경우이다.

Voca despite oneself 자신도 모르게
해석 내 얼굴이 나도 모르게 붉어졌다.

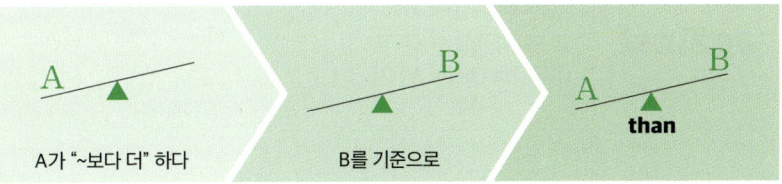

412 Russia | is bigger | than China.
　　　　1　　　2　　　　4/5

해설 전치사 than은 비교급 문장에서 '~보다 더'의 뜻을 나타낸다.

해석 러시아는 중국보다 크다.

413 The test | was easier | than I thought.
　　　　1　　　　2　　　　　4/5

해설 than은 뒤에 문장을 수반해 접속사 역할을 하기도 한다.

해석 시험은 내가 생각한 것보다 더 쉬웠다.

unlike
① 다른 (같지 않은)
② 닮지 않은

A ≠ / ≠ B / unlike A ≠ B
A가 "같지 않다" / B를 기준으로

405 He | doesn't blame | the new law | **unlike** others.
해설 전치사 unlike는 '~와 달리'의 뜻을 나타낸다.

Voca blame 통 비난하다
law 명 법
해석 그는 다른 사람들과 달리 새로운 법을 비난하지 않는다.

406 He | doesn't play | basketball well, | **unlike** his father.
해설 전치사 unlike는 '~와 닮지 않은'의 뜻을 나타낸다.

해석 그는 그의 아버지와 달리 농구를 잘 하지 못한다.

against
① 반대하여 (규칙, 저항)
② 대비하여 (당하지 않도록)
③ 기대어 (향하여, 부딪쳐)

A ← / → ← B / against A → ← B
A가 "대립된다" / B를 기준으로

407 They | are | **against** the death penalty.
해설 전치사 against는 '서로의 힘이 부딪힌다'의 의미로 '~에 반대하여'의 뜻으로 가장 많이 쓰인다.

Voca death penalty 사형 제도
해석 그들은 사형 제도에 반대한다.

408 Our building | is insured | **against** fire.
해설 전치사 against가 '~에 대비하여'의 뜻으로 쓰인 경우이다.

Voca be insured 보험에 들다
해석 우리 건물은 화재보험에 들어 있다.

409 Julie | is leaning | **against** the tree.
해설 전치사 against가 '~에 기대어'의 뜻으로 쓰인 경우이다.

Voca lean 통 기대다
해석 Julie는 나무에 기대 서 있다.

UNIT 41 「같음 & 대립 & 비교」 전치사

- 두 개의 힘이 경쟁을 통해 「같음」, 「대립」, 「비교」가 이루어진다. "같음, 대립, 비교"와 관련한 전치사에는 "as, like, unlike, against, despite, than, per" 등이 있다.

| as | ① 같은(~로서) ② 때에 |

401 The volunteers | were dressed | as Santa Claus.

해설 전치사 as는 기호로 등호(=)의 의미로 '같다'의 뜻을 나타낸다. '~처럼, ~와 같이'의 자격을 의미한다.

Voca volunteer 명 자원봉사자
be dressed 옷을 입다
해석 자원봉사자들이 산타클로스로 분장했다.

402 I | was fat | as a child.

해설 전치사 as는 기호로 등호(=)의 의미로 '같다'의 뜻을 나타낸다. 시간적으로 같은 때를 의미한다.

해석 나는 어렸을 때 뚱뚱했다.

| like | ① 처럼 (같은 방식으로) ② 닮은 |

403 You | are acting | like a child.

해설 전치사 like는 '~처럼, ~같은 방식으로'를 의미한다.

Voca act 동 행동하다
해석 너는 아이처럼 행동하고 있다.

404 Julie | doesn't look | like her mother.

해설 전치사 like가 '~와 닮은'을 의미하는 경우이다.

해석 Julie는 그녀의 어머니와 닮지 않았다.

396 You | can pay | via bank transfer.
　1　　　2　　　　4/5

해설 전치사 via가 '~을 매개로'의 의미를 나타내는 경우이다.

Voca bank transfer 계좌이체
해석 계좌이체를 통해 지불하실 수 있습니다.

by	① 영향권 안에 (위치)
	② 통과하여 (경유, 전달)
	③ 위하여 (수단, 방법)
	④ 까지는 (시간, 기간 한계)

A가 "영향권 안에" 있다.　　B를 기준으로

397 Julie's house | is | by a beautiful lake.
　　　1　　　　　2　　　　4/5

해설 전치사 by가 '~옆에'를 의미하는 경우이다.

해석 Julie의 집은 아름다운 호수 옆에 있다.

398 I | communicate | with them | by email.
　1　　　2　　　　　4/5　　　4/5

해설 전치사 by가 '~통과하여(경유, 전달)'를 의미하는 경우이다.

Voca communicate 통 연락을 주고받다
해석 나는 그들과 이메일로 연락을 주고 받는다.

399 We | went | there | by bus.
　1　　2　　4/5　　4/5

해설 전치사 by가 수단, 방법을 나타내는 경우이다.

해석 우리는 버스로 거기에 갔다.

400 You | should hand in | your report | by this Friday.
　1　　　　2　　　　　3　　　　　4/5

해설 전치사 by가 '~까지는'의 의미로 기간을 나타내는 경우이다.

Voca hand in ~을 제출하다
해석 너는 이번 금요일까지 보고서를 제출해야 한다.

391 I / searched / through my backpack / for my wallet.

해설 전치사 through는 입체적인 대상의 내부를 통과하는 의미로 '~을 통과하여'의 뜻으로 쓰인다. 관통했기 때문에 '샅샅이, 두루'의 뜻으로 쓰인다.

Voca wallet 명 지갑
해석 나는 지갑을 찾기 위해 가방을 샅샅이 뒤졌다.

392 The storm / lasted / through the night.

해설 전치사 through는 입체적인 대상의 내부를 통과하는 의미로 '~을 통과하여'의 뜻으로 쓰인다. 시간 상으로 통과해 '~동안 내내'의 뜻으로 쓰인 경우이다.

Voca storm 명 폭풍
last 동 지속하다
해석 폭풍이 밤새 계속되었다.

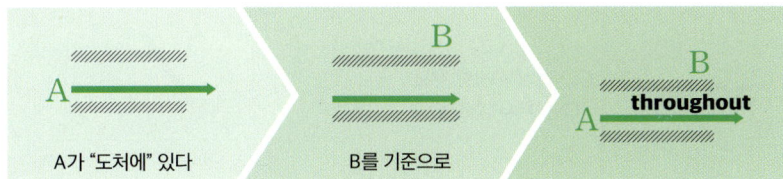

throughout
① 도처에 (장소) (*완전히 통과했다)
② 처음부터 끝까지 (시간)

393 The singer's concert tour / will continue / throughout the world.

해설 전치사 throughout은 「through(통과) + out(바깥의)」의 의미로 장소적으로는 '~도처에, 샅샅이'의 뜻이다.

해석 그 가수의 콘서트 투어는 전세계에서 계속될 것이다.

394 The gym / is open every day / throughout the year.

해설 전치사 throughout은 「through(통과) + out(바깥의)」의 의미로 시간적으로는 '처음부터 끝까지'의 의미로 쓰인다.

Voca gym 명 헬스클럽
해석 그 헬스클럽은 1년 내내 매일 문을 연다.

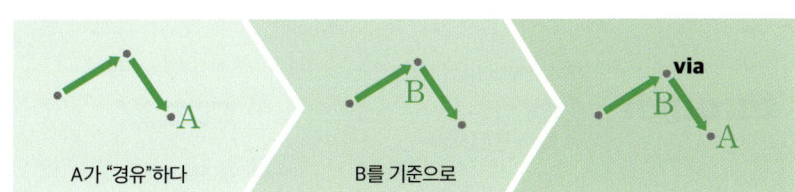

via
① 경유하여 (거쳐, 지나서)
② 매개로 (~의해)

395 My flight / is / via Dubai.

해설 전치사 via는 '~을 경유하여'의 의미이다

Voca flight 명 항공편, 비행
해석 내가 탈 비행기는 두바이를 경유한다.

386 The post office | is just | past the convenience store.

해설 전치사 past가 '(장소를) 지나서'를 의미하는 경우이다.

해석 우체국이 편의점 바로 지나서 있다.

387 The city's population | is now | past one million.

해설 전치사 past가 '(수, 양을) 넘어서'를 의미하는 경우이다.

해석 그 도시의 인구가 이제 백만명이 넘었다.

across
① 건너서 (방향, 운동)
② 걸쳐서 (지역, 범위)

388 My favorite Italian restaurant | is | across the street.

해설 전치사 across가 '~건너서(방향, 운동)'를 의미하는 경우이다.

해석 내가 좋아하는 이탈리아 음식점이 길 건너에 있다.

389 We | drove | across the U.S. | last summer.

해설 전치사 across가 '~걸쳐서(지역, 범위)'를 의미하는 경우이다.

해석 우리는 지난 여름에 미국을 가로질러 운전했다.

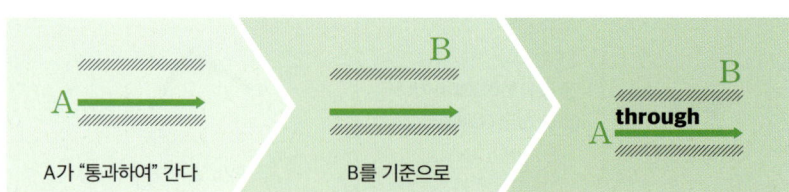

through
① 통과하여 (통과, 관통)
② 샅샅이 (장소)
③ 동안 내내 (시간)

390 The river | flows | through three countries.

해설 전치사 through는 입체적인 대상의 내부를 통과하는 의미로 '~을 통과하여'의 뜻으로 쓰인다.

Voca flow 동 흐르다 (flew - flown)
해석 그 강은 세 나라를 통과해 흐른다.

UNIT 40 「거쳐서 가다 & 영향권」 전치사

- 막혀 있는 대상이나 특정 위치를 통과하여 지나가는 것을 「거쳐서 가다」라고 한다. 작용하여 반응을 보일 수 있는 범위 안에 있는 것을 "영향권"이라고 한다. 이와 관련한 전치사에는 "into, past, across, through, throughout, via, by" 등이 있다.

| into | ① 안으로 (장소, 방향)
② 부딪쳐 (충돌, 우연한 만남)
③ 되다 (상태, 변화) |

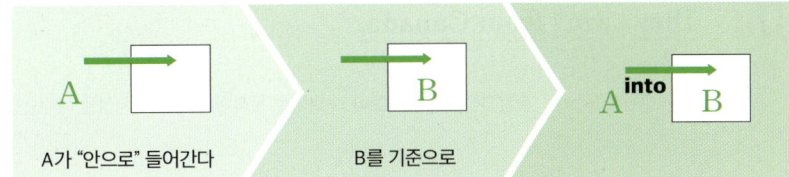

382 He | tiptoed | into the room.

해설 전치사 into는 「in(안) + to(나아가다)」의 의미로 '대상의 안으로 가로질러 들어가다'는 뜻을 나타낸다.

Voca tiptoe 발끝으로 살금살금 걷다
해석 그는 살금살금 걸어 방으로 들어갔다.

383 I | ran | into your mother | yesterday.

해설 전치사 into는 「in(안) + to(나아가다)」의 의미로 '우연한 만남'의 의미를 나타내는 경우이다.

Voca run into 우연히 만나다
해석 나는 어제 너희 어머니를 우연히 만났다.

384 Heat | turns | ice | into water.

해설 전치사 into는 「in(안) + to(나아가다)」의 의미로, turn A into B는 'A를 B로 변화시킨다'의 의미이다.

해석 열은 얼음을 물로 변화시킨다.

| past | ① 지나서 (시간이)
② 지나가서 (장소, 위치)
③ 넘어서 (수, 양, 능력, 한도, 범위) |

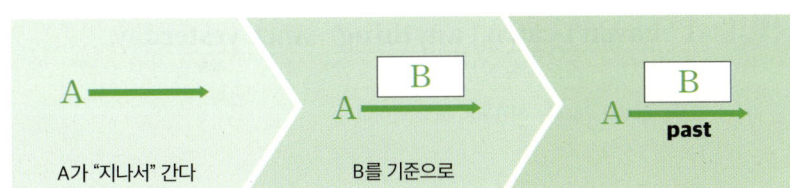

385 It | is | past your bedtime

해설 전치사 past가 '(시간이) 지나서'를 의미하는 경우이다.

해석 너의 취침시간이 지났다.

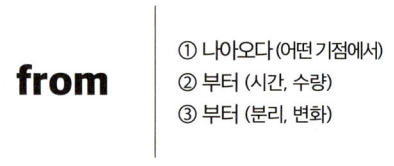

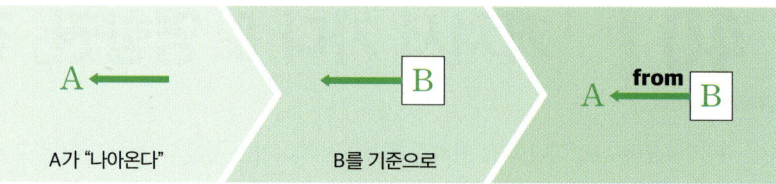

377 They | are | from Canada.
　　　　　 1　　 2　　　 4/5

해설 전치사 from은 '출발지점에서 나아오다'의 의미로 동작이나 상태의 시점을 나타낸다.

해석 그들은 캐나다 출신이다.

378 The train station | will be closed | from next year.
　　　　　　 1　　　　　　　 2　　　　　　 4/5

해설 전치사 from은 '출발지점에서 나아오다'의 의미로 동작이나 상태의 시점을 나타낸다.

해석 그 기차역은 내년부터 폐쇄될 것이다.

379 Cheese | is made | from milk.
　　　　　 1　　　 2　　　　 4/5

해설 전치사 from은 '출발지점에서 나아오다'의 의미로 상태의 변화를 나타낸다. 원재료의 상태가 완전히 달라질 때는 from을, 재료의 모양만 바뀔 때는 of를 사용한다.

해석 치즈는 우유로 만들어진다.

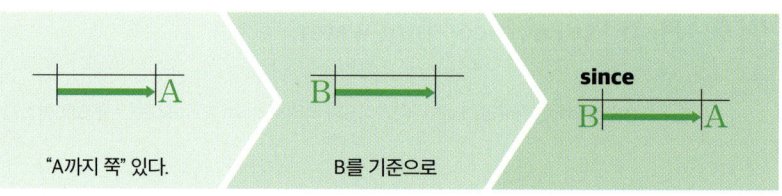

380 I | haven't eaten | anything | since yesterday.
　　　 1　　　 2　　　　　 3　　　　　 4/5

해설 전치사 since는 '지금까지 쭉'의 의미이다.

해석 나는 어제 이후로 아무것도 먹지 않았다.

381 He | has been | in hospital | since a month ago.
　　　　 1　　　 2　　　　 4/5　　　　　 4/5

해설 전치사 since가 '~이후에(지금까지 사이에)'의 의미이다.

Voca in hospital 입원해 있는
해석 그는 한 달 전부터 입원해 있다.

up	① 위로 (높은 곳으로) ② 따라서 (도로, 길 등을)

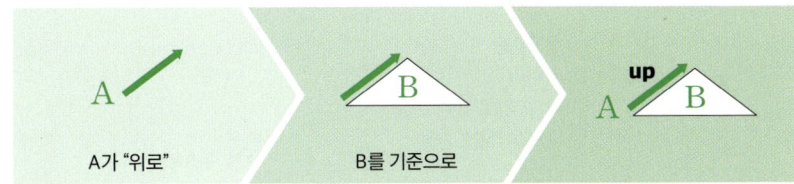

373 The retired actor | lives | up the mountain.
　　　　　1　　　　　　2　　　4/5

해설 전치사 up이 '~위로'의 의미로 쓰인 경우이다.

Voca retired 형 은퇴한
actor 명 배우
해석 그 은퇴한 배우는 산 위에 산다.

374 The elderly couple | are walking | up the street.
　　　　　1　　　　　　　2　　　　　　4/5

해설 전치사 up이 '(도로, 길 등을) 따라서'의 의미로 쓰인 경우이다.

Voca elderly 형 연세가 드신
해석 노부부가 길을 걸어 올라가고 있다.

down	① 아래로 (낮은 곳으로) ② 따라서 (흐름, 풍향에)

375 A monk | came | down the mountain.
　　　1　　　　2　　　　4/5

해설 전치사 down이 '~아래로, ~낮은 곳으로'의 의미로 쓰인 경우이다.

Voca monk 명 수도승
해석 한 스님이 산을 내려왔다.

376 My house | is just | down this street.
　　　　1　　　　2　　　　4/5

해설 전치사 down이 '~을 따라서'의 의미로 쓰인 경우이다.

해석 나의 집은 바로 이 길 아래에 있다.

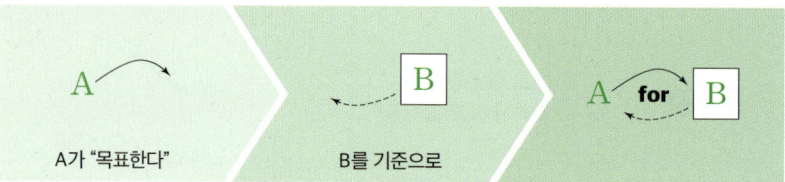

368 Tim | is saving | money | for his future.
　　　1　　　2　　　3　　　4/5

해설 전치사 for가 '~을 목표하는'의 뜻으로 쓰이는 경우이다.

해석 Tim은 자신의 미래를 위해 돈을 모으고 있다.

369 He | called | me | for some advice.
　　　1　　2　　3　　4/5

해설 전치사 for가 '~을 위하여'의 뜻으로 쓰이는 경우이다.

해석 그는 조언을 얻기 위해 나에게 전화했다

370 Switzerland | is famous | for its scenic beauty.
　　　　1　　　　　2　　　　4/5

해설 전치사 for가 '~에 대하여'의 뜻으로 쓰이는 경우이다.

Voca scenic 형 경치가 좋은
해석 스위스는 아름다운 경치로 유명하다.

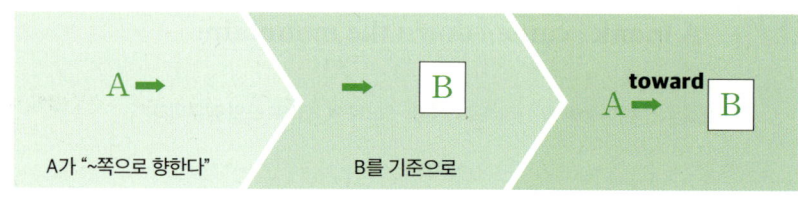

371 The hurricane | is heading | toward Hawaii.
　　　　1　　　　　2　　　　4/5

해설 전치사 toward는 나아가는 방향을 의미하며, to와 달리 반드시 목적지에 도착을 뜻하지는 않는다. '~의 쪽으로 향하여'의 뜻으로 사용된다.

Voca hurricane 명 허리케인
head 동 ~로 향하다
해석 허리케인이 하와이로 향하고 있다.

372 The politician | worked | toward world peace.
　　　　1　　　　　2　　　4/5

해설 전치사 toward는 나아가는 방향을 의미하며, '~을 위해서'의 뜻으로 사용된 경우이다.

Voca politician 명 정치인
해석 그 정치인은 세계 평화를 위해서 일했다.

UNIT 39 「가다 & 오다」 전치사

- 한 곳에서 다른 곳으로 이동하는 것을 「가다」라고 하고, 기준 쪽으로 위치를 이동하는 것을 「오다」라고 한다. "가다, 오다"와 관련한 전치사에는 "to, for, toward, up, down, from, since" 등이 있다.

| to | ① 나아가다(목표지점까지)
② 위하여(목표, 의도)
③ 상태가 되다(정도, 비교)
④ 에게(소유, 포함)
⑤ 대하여(상대, 구성) |

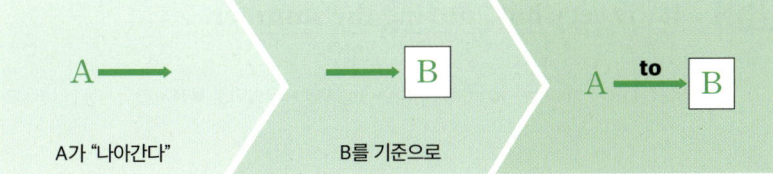

A가 "나아간다" | B를 기준으로

---

363 The plastic cups | fell | to the ground.

해석: 플라스틱 컵들이 바닥에 떨어졌다.

해설: 전치사 to는 '목표지점까지 나아가다'의 의미로 '~로, ~에게'의 의미로 사용된다.

---

364 To your success!

해석: 여러분의 성공을 위하여!

해설: 전치사 to는 '목표지점까지 나아가다'의 의미로 목표, 의도를 나타낼 때는 '~위하여'의 뜻으로 사용된다.

---

365 The meat | has been cooked | to perfection.

Voca: perfection 명 완전, 완벽
해석: 고기가 완전히 익었다.

해설: 전치사 to는 '목표지점까지 나아가다'의 의미로 어떤 특정 상태나 정도에 이르게 된 것을 뜻하기도 한다.

---

366 My children | never lie | to me.

해석: 나의 아이들은 나에게 절대 거짓말하지 않는다.

해설: 전치사 to는 '목표지점까지 나아가다'의 의미로 '~로, ~에게'의 의미로 사용된다.

---

367 Our school | won | by three | to one.

해석: 우리학교가 3대 1로 이겼다.

해설: 전치사 to는 '~에 대하여'의 의미를 나타내기도 한다.

during	① 동안 내내 (특정한 시간의 지속) ② 중에

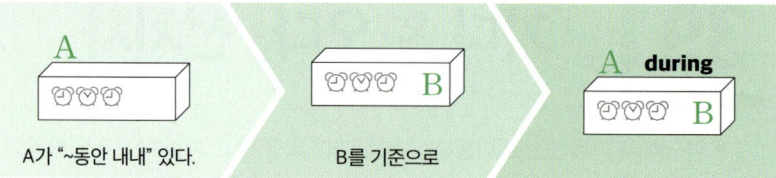

359 It | is very hot | during the summer.
　　　1　　　2　　　　　4/5

해석 여름에는 매우 덥다.

해설 전치사 during은 「dur(계속하다) + ing(진행)」의 의미로 특정시간의 '~동안 내내'의 지속을 나타낸다.

360 Many civilians | died | during the Korean War.
　　　　1　　　　　2　　　　4/5

Voca civilian 명 민간인
해석 많은 민간인들이 한국 전쟁 중에 죽었다.

해설 전치사 during은 「dur(계속하다) + ing(진행)」의 의미로 특정시간의 '~동안 내내'의 지속을 나타낸다.

until	① 까지 (끝나는 시간, till) ② 되어서야 겨우 (부정어와 함께)

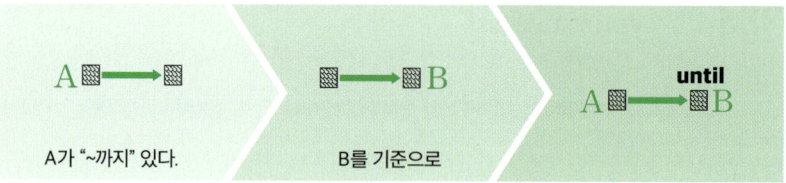

361 I | worked | until 10 p.m. | last night.
　　1　　2　　　　4/5　　　　　4/5

해석 나는 지난밤 10시까지 일했다.

해설 전치사 until은 「끝나는 시간」의 의미로 till로 대체할 수 있다. until 10 p.m.은 계속되거나 반복되는 사건이 끝나는 시간을 나타낸다.

362 Tim | doesn't usually come | home | until 8 p.m.
　　　1　　　　　2　　　　　　4/5　　　　4/5

해석 Tim은 보통 저녁 8시까지 집에 오지 않는다. (8시가 지나서야 집에 온다.)

해설 전치사 until이 부정어와 함께 쓰여 '~되고 나서야'의 의미로 쓰인 경우이다.

UNIT 38 「연결 & 지속」 전치사

- 이어지는 것을 「연결」이라고 하고, 오래 계속되는 것을 「지속」이라고 한다. "연결, 지속"과 관련한 전치사에는 "of, plus, during, until" 등이 있다.

| of | ① 연결된 (전체와 부분 관계)
 ② 원인이 되는 (상태의 원인) |

A가 "연결되어" 있다. → B를 기준으로 → of B

355 Julie | is | the owner | of the restaurant.

해설 전치사 of는 전체와 부분의 연결 관계를 의미한다. of 앞에는 '부분'이 오며, of를 따라가면 '전체'에 해당되는 것을 볼 수 있다.

Voca owner 명 주인, 소유주
해석 Julie는 그 식당의 주인이다.

356 My grandfather | died | of cancer.

해설 전치사 of가 '원인'을 나타내는 경우이다.

Voca cancer 명 암
해석 나의 할아버지는 암으로 돌아가셨다.

| plus | ① 더하기
 ② ~뿐만 아니라, 또한 |

A가 "더해진"다. → B를 기준으로 → A plus B

357 Five | plus five | equals | ten.

해설 전치사 plus가 '더하기'를 나타내는 경우이다.

Voca equal 동 (수, 가치 등이) 같다, ~이다
해석 5 더하기 5는 10이다.

358 The book | is | $20 | plus tax.

해설 전치사 plus가 '~뿐만 아니라'를 나타내는 경우이다.

Voca tax 명 세금
해석 그 책은 20달러에 세금이 추가됩니다.

but	① 제외하고 (no, nothing 등과 함께) ② 포함하지 않고

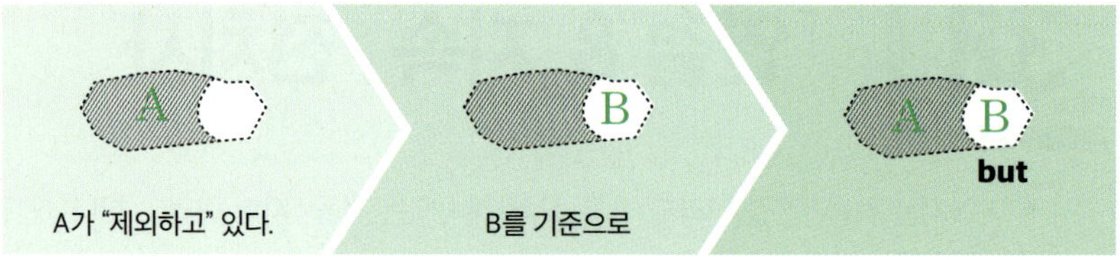

A
A가 "제외하고" 있다.
B
B를 기준으로
A
B
but

351 Everyone here (1) | is (2) | from Seoul (4/5) | **but** me. (4/5)

해설 전치사 but은 '~이외에'의 의미이다.

해석 여기 있는 모두가 나를 제외하고 서울 출신이다.

352 It (1) | is (2) | the last day (3) | **but** one (4/5) | in December. (4/5)

해설 전치사 but은 '~이외에'의 의미이다.

해석 12월 끝에서 두번째 날이다.

save	① 제외하고 ② 별도로 하고

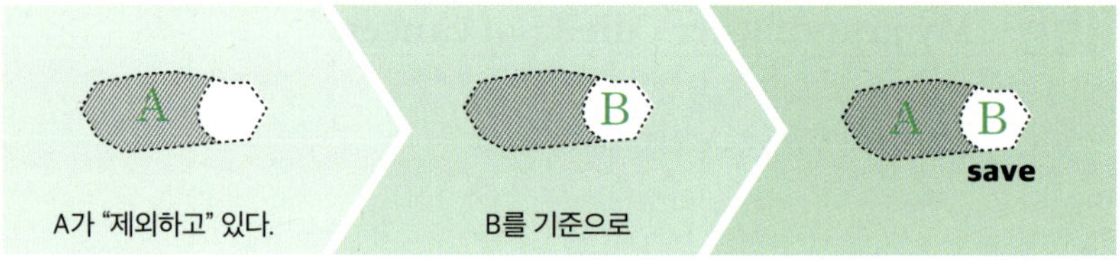

A
A가 "제외하고" 있다.
B
B를 기준으로
A
B
save

353 I (1) | don't know (2) | anything (3) | about her (4/5) | **save** her age. (4/5)

해설 전치사 save는 '~이외에'의 의미이다.

해석 나는 그녀의 나이를 제외하고 그녀에 관해 아무것도 모른다.

354 They (1) | are all (2) | Germans (3) | **save** Tim. (4/5)

해설 전치사 save는 '~이외에'의 의미이다.

해석 그들은 Tim을 제외하고 모두 독일인이다.

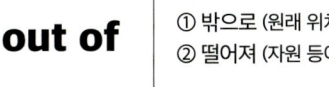

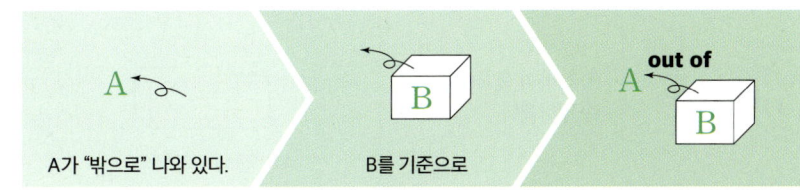

347 Get | out of here.

해석 여기서 나가.

해설 전치사 out of는 '~밖으로'의 의미이다.

348 I | am | out of money.

해석 나는 돈이 없다.

해설 전치사 out of는 '(필요한 것이) 떨어져서'의 의미이다.

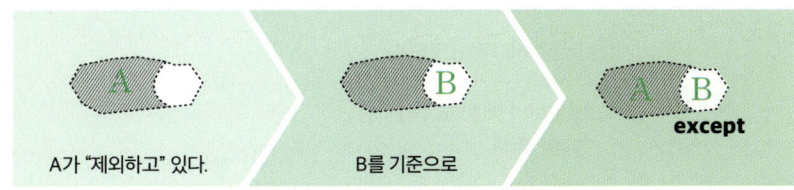

349 Everyone | laughed | at his jokes | except Julie.

Voca laugh at ~을 비웃다
해석 Julie를 제외하고 모두가 그의 농담을 비웃었다.

해설 전치사 except는 명사(Julie)와 명사(Everyone)의 대립관계에서 '제외하고'의 의미를 나타낸다.

350 I | would go out | except for the rain.

해석 비가 오지 않는다면 외출 할텐데.

해설 전치사 except for는 대립관계가 없는 상황에서의 '제외하고'의 의미를 나타낸다.

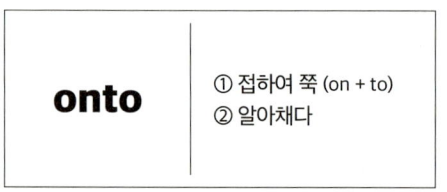
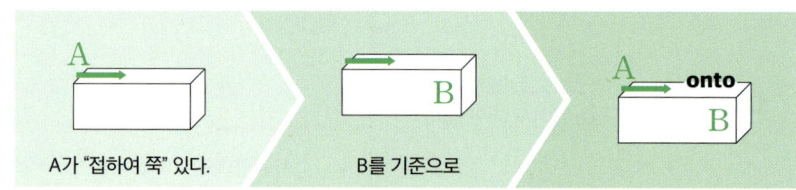

onto
① 접하여 쭉 (on + to)
② 알아채다

A가 "접하여 쭉" 있다.   B를 기준으로

342 A magpie | flew up | onto the roof.

해설 전치사 onto는 「on(위) + to(나아가다)」의 의미로 '접촉하여 쭉~'의 뜻을 나타낸다.

Voca magpie 명 까치
해석 까치 한 마리가 지붕 위로 날아올랐다.

343 She | is | onto me.

해설 비격식의 말투에서 onto는 '~을 알아채고'의 의미가 있다.

해석 그녀는 내 속(마음)을 잘 알고 있다.

off
① 떨어져 (고정된 것으로부터)
② 벗어나 (기준으로부터)
③ 할인하여

A가 "떨어져" 있다.   B를 기준으로

344 The boy | fell | off the horse.

해설 전치사 off는 연결을 나타내는 of에 분리를 나타내는 「선」인 f가 추가되어 고정, 부착된 상태에서 '떨어져 있는 관계'를 나타낸다.

해석 소년이 말에서 떨어졌다.

345 Keep | off the grass.

해설 전치사 off는 연결을 나타내는 of에 분리를 나타내는 「선」인 f가 추가되어 고정, 부착된 상태에서 '떨어져 있는 관계'를 나타낸다.

해석 잔디밭에 들어가지 마시오.

346 All the items here | are | 30 percent | off the regular price.

해설 전치사 off는 '~에서 할인 중인'의 의미를 나타내기도 한다.

Voca item 명 품목, 물품
regular price 정가
해석 여기 있는 모든 품목들은 정가에서 30퍼센트 할인되어 있습니다.

337 I | lost | my passport somewhere | along the trip.
　　　 1　　2　　　　　3　　　　　　　　4/5

해설 전치사 along은 '~도중에'의 뜻이 있다.

Voca passport 명 여권
　　　　trip 명 여행
해석 나는 여행 중에 어딘가에서 여권을 잃어버렸다.

| on | ① 표면에 접한 (위, 옆, 밑)
② 때에 (시간으로 접한)
③ 속하다 (소속)
④ 중에 (상태, 경과) |

338 There is | a mirror | on the wall.
　　　　 2　　　　　 1　　　　 4/5

해설 전치사 on은 표면에 닿아 있는 접촉의 상태를 의미한다.

해석 벽에 거울이 하나 있다.

339 I | get up late | on Saturdays.
　　　 1　　　2　　　　　 4/5

해설 전치사 on은 표면에 닿아 있는 접촉의 상태를 의미한다. 시간과 함께 사용하여 on은 시간으로 쭉 접한 상태로 'on Saturdays'는 '토요일마다'의 의미를 내포한다.

해석 나는 토요일에 늦게 일어난다.

340 Julie | is | the best player | on that volleyball team.
　　　　 1　　2　　　　 3　　　　　　　　4/5

해설 전치사 on이 소속을 의미하는 경우이다.

해석 Julie는 그 배구팀에서 최고의 선수이다.

341 All these shoes | are | on sale.
　　　　　 1　　　　　 2　　 4/5

해설 전치사 on이 상태, 경과 등을 의미하는 경우이다.

Voca on sale 할인[세일] 중인
해석 이 모든 신발들이 할인중이다.

UNIT 37 「접촉 & 분리」 전치사

• 맞닿아 있는 것을 「접촉」이라고 하고, 떨어져 있는 것을 「분리」라고 한다. "접촉, 분리"와 관련한 전치사에는 "at, along, on, onto, off, out of, except, but, save" 등이 있다.

at
① 한 지점 (목표, 위치)
② 시간상의 한 지점
③ 상태에 (상황)

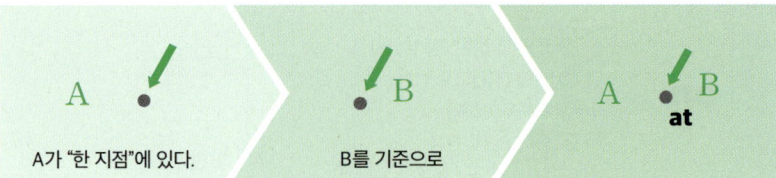

333 Many people | were present | at the meeting.
　　　　　1　　　　　　2　　　　　　　4/5

해설 전치사 at은 특정 장소를 나타낸다.

Voca present 형 참석한
해석 많은 사람들이 회의에 참석했다.

334 My school | starts | at 9 a.m.
　　　　1　　　　　2　　　4/5

해설 전치사 at은 특정 '선'상에서의 지점, 위치로서의 '한 점'을 의미한다. 24시간의 시간의 선상에서 특정 시간은 '점'으로 표현된다.

해석 우리 학교는 오전 9시에 시작한다.

335 We | were surprised | at his sudden death.
　　　1　　　　2　　　　　　　4/5

해설 전치사 at은 자극과 반응의 상호작용 관계에서도 사용된다. '우리가 놀라게 된' 반응은 '그의 갑작스런 죽음'의 자극에 따른 것이다.

Voca sudden 형 갑작스런
해석 우리는 그의 갑작스런 죽음에 놀랐다.

along
① 선을 따라 (선과 나란히)
② 도중에

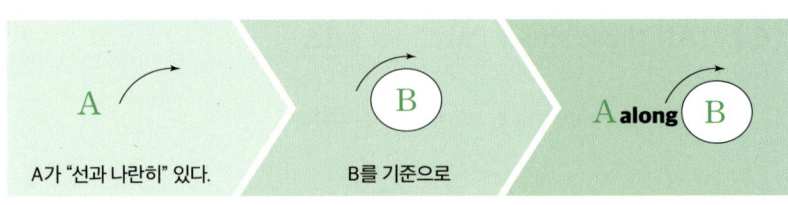

336 There are | many delicious restaurants | along this street.
　　　　2　　　　　　　　1　　　　　　　　　　　4/5

해설 전치사 along은 기준이 되는 선과 '나란히'의 의미를 나타낸다.

해석 이 거리를 따라 많은 맛있는 식당들이 있다.

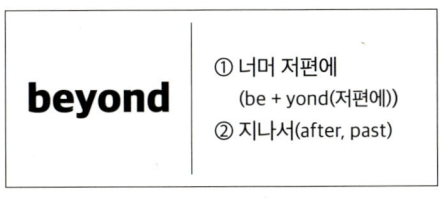
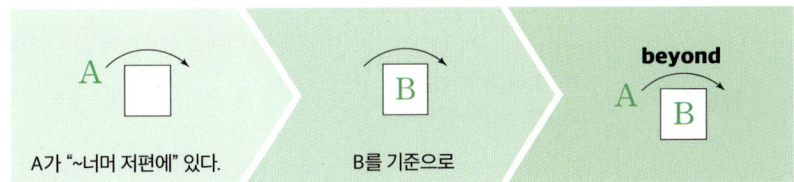

331 The sun | disappeared | beyond the horizon.
  1   2   4/5

해설 전치사 beyond는 「be(~에 존재) + yond(맞은 편)」의 의미로 장소적으로 '~너머 저편에'의 뜻을 갖는다.

Voca disappear ⑧ 사라지다
horizon ⑧ 수평선, 지평선
해석 태양이 수평선 너머로 사라졌다.

332 Convenience stores | are open | beyond midnight.
  1   2   4/5

해설 전치사 beyond는 「be(~에 존재) + yond(맞은 편)」의 의미로 시간적으로 '~을 지나서'의 뜻으로 쓰인 경우이다.

Voca convenience store 편의점
midnight ⑲ 자정
해석 편의점은 자정이 넘어서도 문을 연다.

TIP 전치사 뒤에 오는 「시점」을 나타내는 시간명사 & 「기간」을 나타내는 시간명사

- 전치사 뒤 시간명사 구분
  - 「시점」을 나타내는 시간 명사 : 전체 중 특정한 지점을 가리키는 시간 (예 : 2시 45분, 10월 1일, 월요일 등)
  - 「기간」을 나타내는 시간 명사 : 일정한 범위로 묶을 수 있는 시간 (예 : 24시간, 2주, 365일 등)

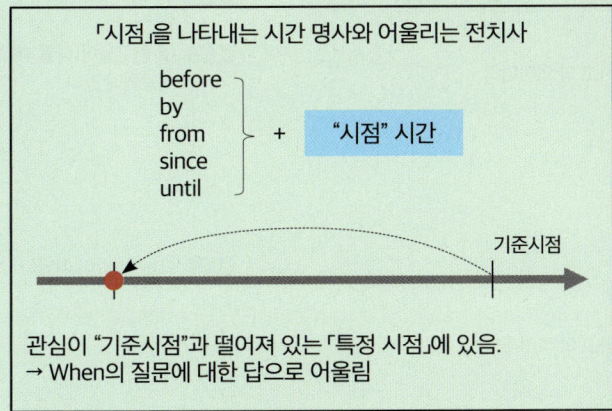
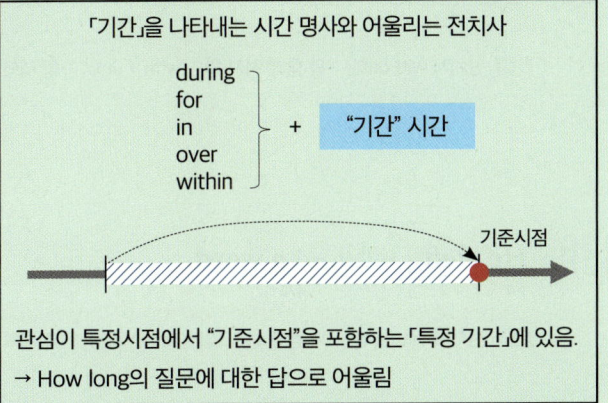

- 퀴즈
  1) We'll call you [before / within] 24 hours. (24시간 내로 전화드리겠습니다.)
  2) You should finish the work [before / within] Friday. (너는 그 일을 금요일 전에 끝내야 한다.)

• 정답: 1) within 2) before

near	① 근처에 (가까이 접근하여) ② (상황, 상태가) 될 듯하여

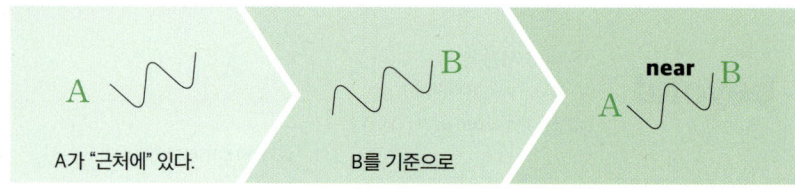

327 She | was standing | near the entrance.
　　　1　　　　2　　　　　4/5

Voca entrance ⑲ (출)입구
해석 그녀는 입구 근처에 서 있었다.

해설 전치사 near는 공간적, 시간적으로 모두 '~가까이' 접근한 것을 의미한다.

328 The new bridge | is | near completion.
　　　　1　　　　　2　　　4/5

Voca completion ⑲ 완성
해석 새 다리가 거의 완성되었다.

해설 전치사 near는 공간적, 시간적으로 모두 '~가까이' 접근한 것을 의미한다. 상황, 상태가 '~될 듯하여'의 뜻으로도 사용된다.

without	① 함께 하지 않는 (with+out) ② 제외하고

329 My friends | went | to an amusement park | without me.
　　　　1　　　　2　　　　　4/5　　　　　　　　4/5

Voca amusement park 놀이공원
해석 내 친구들이 나를 빼고 놀이공원에 갔다.

해설 전치사 without은 '~와 함께 하지 않는(with + out)', '~를 제외하고'의 의미이다.

330 He | left | without a word.
　　　1　　2　　　4/5

해석 그는 말 없이 떠났다.

해설 전치사 without은 '~와 함께 하지 않는(with + out)', '~를 제외하고'의 의미이다.

UNIT 36 「원 & 근」 전치사

- 주체에서 멀리 있는 것을 「원」이라고 하고, 가까이 있는 것을 「근」라고 한다. "원, 근"과 관련한 전치사에는 "with, near, without, beyond" 등이 있다.

with
① 함께 (동반, 동거)
② 함께 (일치되는 생각)
③ 상태로 (부가상황)
④ 사용하여 (도구, 재료)
⑤ 때문에 (이유, 원인)

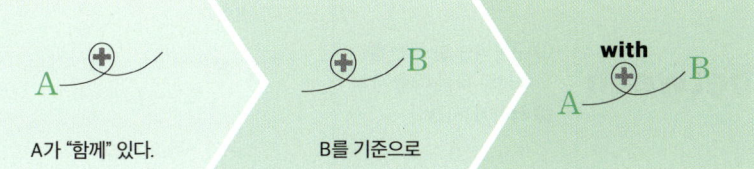

A가 "함께" 있다.   B를 기준으로

---

322 I | live | with my cat.
　　1　　2　　4/5

해석: 나는 고양이와 함께 산다.

해설: 전치사 with는 '상호작용 관계'가 있음을 나타내어 '함께, 더불어'의 뜻이 된다.

---

323 She | agreed | with me.
　　1　　　2　　　4/5

Voca: agree with ~에 동의하다
해석: 그녀는 내 말에 동의했다.

해설: 전치사 with는 '상호작용 관계'가 있음을 나타내어 '함께, 더불어'의 뜻이 된다.

---

324 Tim | woke up | with a hangover.
　　1　　　2　　　　4/5

Voca: hangover 명 숙취
해석: Tim은 숙취와 함께 잠에서 깼다.

해설: 전치사 with는 '상호작용 관계'가 있음을 나타내어 '함께, 더불어'의 뜻이 된다.

---

325 We | can't buy | happiness | with money.
　　1　　　2　　　　3　　　　　4/5

해석: 우리는 돈으로 행복을 살 수 없다.

해설: 전치사 with가 '수단, 방법, 재료, 도구' 등의 의미로 사용되는 경우이다.

---

326 He | was shaking | with cold.
　　1　　　2　　　　　4/5

Voca: shake 동 (몸을) 떨다
해석: 그는 추위로 떨고 있었다.

해설: 전치사 with가 '상호작용 관계'에서 원인, 이유를 나타내어 '~때문에'의 의미를 가질 수 있다.

317 The trip | will cost | about one thousand dollars.
  1   2   4/5

해설 전치사 about은 기준이 되는 대상 주변에 흩어져 있는 관계를 나타내는데, 특정 수치에 가까이 있는 형상에서 '대략'의 의미가 만들어진다.

Voca cost ⑧ 비용이 들다
해석 그 여행은 약 1,000달러가 들 것이다.

---

between
① 구분되는 둘 또는 둘 이상의 특정 다수 사이
② 사이에 (시간)

A가 "사이에" 있다. / B와 C를 기준으로 / between

318 You | must choose | between quality and quantity.
  1   2   4/5

해설 전치사 between이 '(장소, 물건 등) 사이에'를 의미하는 경우이다.

Voca choose ⑧ 선택하다
quality ⑲ (품)질
quantity ⑲ 양
해석 너는 품질과 수량 중 하나를 선택해야 한다.

319 I | usually get up | between 6 and 7 a.m.
  1   2   4/5

해설 전치사 between이 '(시간) 사이에'를 의미하는 경우이다.

해석 나는 주로 아침 6시에서 7시 사이에 일어난다.

---

among
① 불특정 다수 사이
② 각자에게 (분배의 개념)

A가 "둘러 싸여서" 있다. / B를 기준으로 / amomg

320 A beautiful house | is nestled | among the trees.
  1   2   4/5

해설 전치사 among은 '~에 둘러싸인, ~의 가운데에'를 의미한다.

Voca be nestled 자리잡고 있다
해석 나무들 사이에 한 아름다운 집이 자리잡고 있다.

321 I | divided | the pizza | among three people.
  1   2   3   4/5

해설 전치사 among이 '(셋 이상이 관련된 분배·선택 시) ~간에, ~중에서'를 의미하는 경우이다.

Voca divide 나누다
해석 나는 피자를 세 사람 몫으로 나눴다.

312 My favorite basketball team | finished | **next to** last | in the league.

Voca: next to last 끝에서 두번째
해석: 내가 좋아하는 농구팀이 리그에서 꼴찌에서 두번째를 했다.

해설: 전치사 next to는 「next(옆에) + to(나아가다)」의 의미로 '거의(almost)'를 의미한다.

around
① 둘레에 (a + round)
② 도처에 (여기저기)

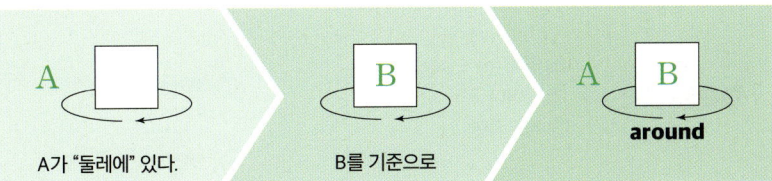

313 We | planted | flowers | **around** the church.

해석: 우리는 교회 주변에 꽃을 심었다.

해설: 전치사 around는 「a(~에) + round(원)」의 의미로 '~둘레에'의 뜻을 갖는다.

314 Julie | is traveling | **around** Korea.

해석: Julie는 한국 곳곳을 여행하고 있다.

해설: 전치사 around는 '~둘레에'의 뜻을 갖으며, 이 의미가 발전하여 '도처에, 여기저기'의 뜻으로도 쓰인다.

about
① 흩어진 (장소 여기저기)
② 관해/대해 (속성에)
③ 대략 (수치에 가까이)

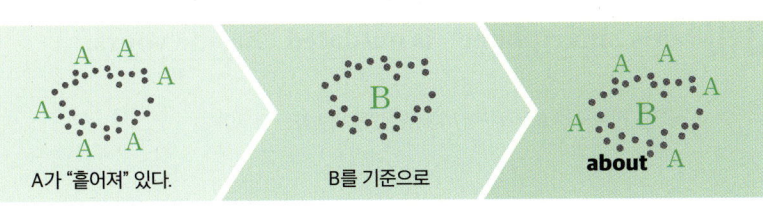

315 We | walked | **about** downtown Chicago | yesterday.

해석: 우리는 어제 시카고 시내 이곳저곳을 돌아다녔다.

해설: 전치사 about은 기준이 되는 대상 주변에 흩어져 있는 관계를 나타낸다.

316 I | don't know | anything | **about** it.

해석: 나는 그것에 관해 어떤 것도 모른다.

해설: 전치사 about은 기준이 되는 대상 주변에 흩어져 있는 관계를 나타내는데, 흩어져 있는 여러 속성에서 '~에 관해, 대하여'의 의미가 생겨났다.

UNIT 35 「옆 & 둘레」 전치사

- 주체의 왼쪽, 오른쪽을 「옆」이라고 하고, 주체를 감싸고 있는 테두리를 「둘레」라고 한다. "옆, 둘레"와 관련한 전치사에는 "beside, next to, around, about, between, among" 등이 있다.

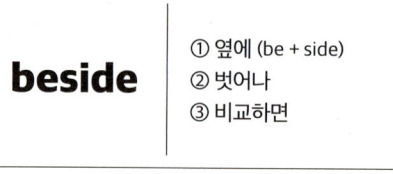

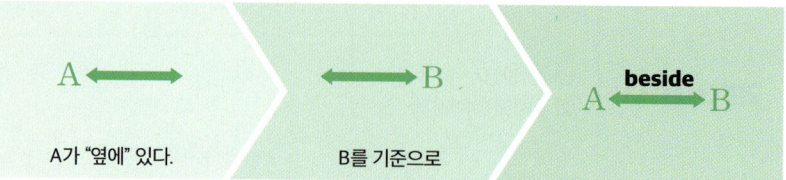

308 Some kids | ran | beside me.
　　　　1　　　 2　　　4/5

해설 전치사 beside가 '~옆에'를 의미하는 경우이다.

해석 몇몇 아이들이 내 옆에서 뛰었다.

309 Your opinion | is | beside the point.
　　　　1　　　　　 2　　4/5

해설 전치사 beside가 '~을 벗어난'을 의미하는 경우이다.

Voca opinion 명 의견
beside the point 요점을 벗어난
해석 너의 의견은 요점을 벗어났다.

310 My smartphone | is outdated | beside yours.
　　　　1　　　　　　 2　　　　　　 4/5

해설 전치사 beside가 '~에 비해[견줘]'를 의미하는 경우이다.

Voca outdated 형 구식인
해석 나의 스마트폰은 네 것에 비하면 구식이다.

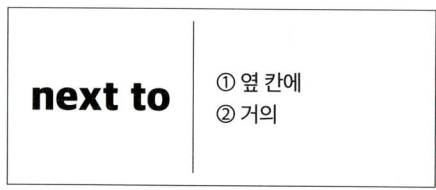

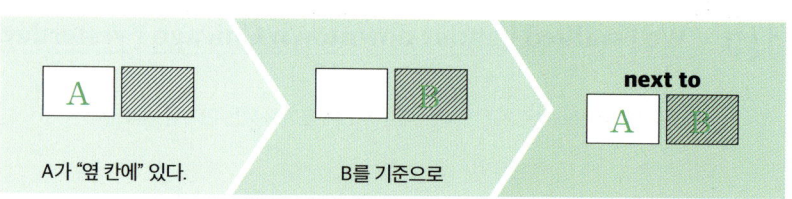

311 Tim | is sitting | next to Julie.
　　　　1　　 2　　　　　4/5

해설 전치사 next to는 「next(옆에) + to(나아가다)」의 의미로 '~옆에'를 의미한다.

해석 Tim은 Julie 옆에 앉아 있다.

303
Don't close | **the door** | **after you.**
2 | 3 | 4/5

해설 전치사 after가 공간적으로 '~뒤에'를 나타내는 경우로 behind와 유사하다.

해석 너 뒤에 문닫지 마라.

304
We | **will play** | **soccer** | **after school.**
1 | 2 | 3 | 4/5

해설 after가 시간적으로 '~이 끝나고 나서'를 나타내는 경우이다.

해석 우리는 방과 후에 축구를 할 것이다.

---

behind
① 뒤에(공간적 장소) (↔ in front of)
② 너머에
③ 뒤진 (경쟁/비교 에서)

305
A cat | **hid quickly** | **behind the curtain.**
1 | 2 | 4/5

해설 behind는 「be(~에 존재) + hind(뒤쪽)」의 의미로 공간적으로 '뒤, 너머'의 의미이다.

Voca hide ⑧ 숨다 (hid - hidden)
해석 고양이 한 마리가 재빨리 커튼 뒤에 숨었다.

306
The sun | **is setting** | **behind the snowy mountain.**
1 | 2 | 4/5

해설 전치사 behind는 「be(~에 존재) + hind(뒤쪽)」의 의미로 공간적으로 '뒤, 너머'의 의미이다.

Voca snowy ⑱ 눈에 덮인, 눈이 많이 내리는
해석 해가 눈 덮인 산 뒤로 지고 있다.

307
The design | **is** | **behind the times.**
1 | 2 | 4/5

해설 전치사 behind는 「be(~에 존재) + hind(뒤쪽)」의 의미로, 경쟁/비교의 추상적 의미의 '뒤쳐진'을 의미한다.

Voca behind the times 시대에 뒤떨어진
해석 그 디자인은 시대에 뒤떨어져 있다.

299

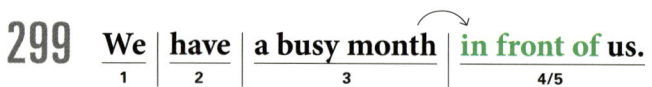
We | have | a busy month | in front of us.
1 | 2 | 3 | 4/5

해설 전치사 in front of는 시간적 개념으로 사용되어 '~ 앞길에'를 의미한다.

해석 우리 앞에 바쁜 한 달이 기다리고 있다.

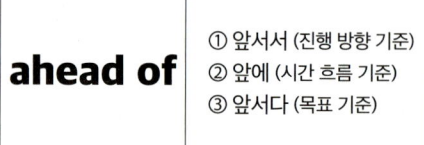

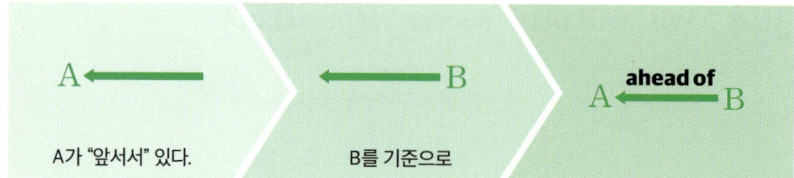

300

Tim | is running | ahead of all other runners.
1 | 2 | 4/5

해설 전치사 ahead of는 「a(~방향에) + head(머리)」의 의미를 갖는 ahead와 of가 합쳐진 전치사이다. 주로 진행 방향의 동일한 기준에서 '~에 앞서, 앞에' 등의 의미를 나타낸다.

해석 Tim은 다른 모든 주자들보다 앞서 달리고 있다.

301

We | are | ahead of schedule.
1 | 2 | 4/5

해설 전치사 ahead of는 「a(~방향에) + head(머리)」의 의미를 갖는 ahead와 of가 합쳐진 전치사이다. 이 문장의 ahead of는 '(일정, 예정에) 앞서, 앞에'를 의미한다.

Voca schedule 일정, 스케줄
해석 우리는 예정보다 앞서 있다.

302

Europe | is | ahead of the U.S. | in electric car sales.
1 | 2 | 4/5 | 4/5

해설 전치사 ahead of는 「a(~방향에) + head(머리)」의 의미를 갖는 ahead와 of가 합쳐진 전치사이다. 이 문장의 ahead of는 '(목표, 기준에) 앞서, 앞에'를 의미한다.

Voca electric car 전기차
해석 유럽은 전기차 판매에 있어 미국에 앞서 있다.

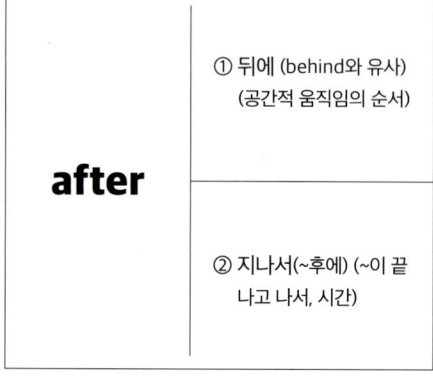

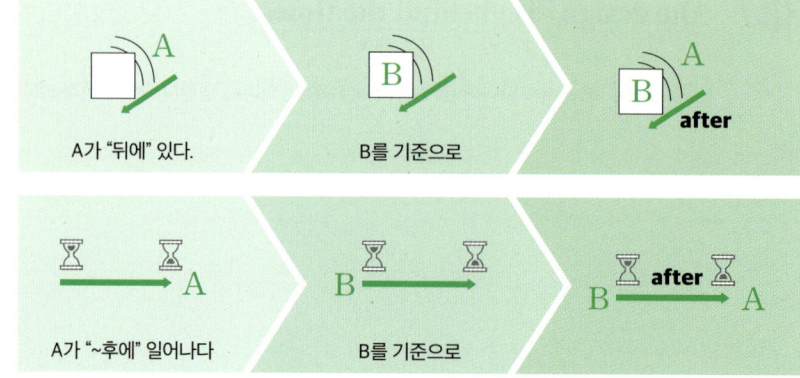

UNIT 34 「앞 & 뒤」 전치사

- 주체가 향하는 쪽을 「앞」이라고 하고, 앞과 반대되는 쪽을 「뒤」라고 한다. "앞, 뒤"와 관련한 전치사에는 "before, in front of, ahead of, after, behind" 등이 있다.

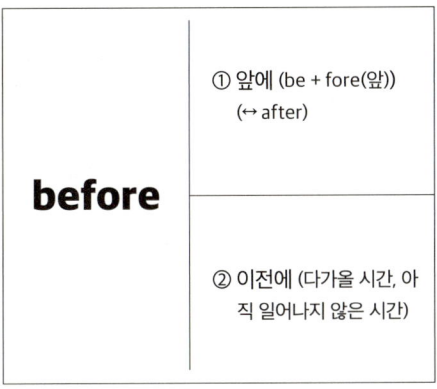

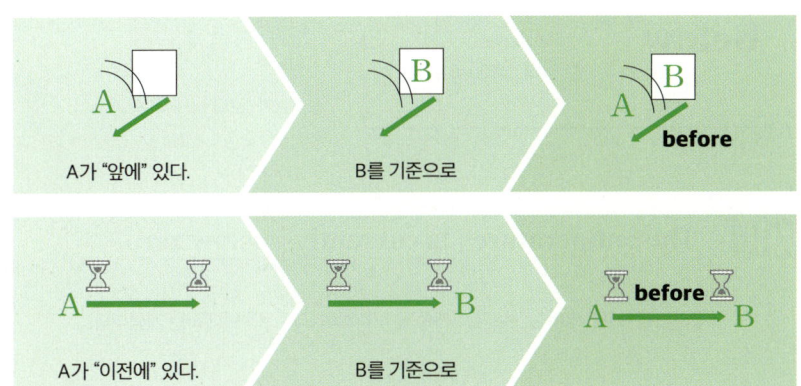

296
Five people | are waiting | before me.
1 | 2 | 4/5

해설 전치사 before가 '(위치가 ~의) 앞에'를 의미하는 경우이다.

해석 다섯 사람이 내 앞에서 기다리고 있다.

297
Julie | finished | her homework | before dinner.
1 | 2 | 3 | 4/5

해설 전치사 before가 '(시간상으로 ~의) 이전에'를 의미하는 경우이다.

해석 Julie는 저녁 식사 전에 숙제를 끝마쳤다.

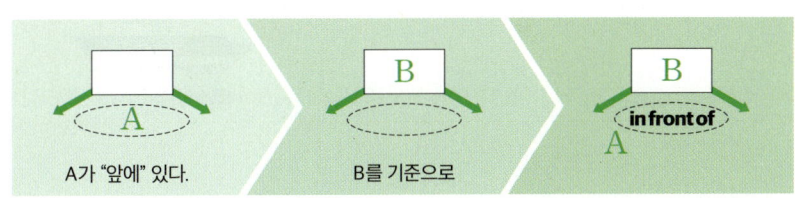

298
A man | was singing | in front of the fountain.
1 | 2 | 4/5

해설 전치사 in front of는 주로 공간적인 개념의 '앞'을 나타낼 때 사용된다.

Voca fountain 명 분수
해석 한 남자가 분수 앞에서 노래 부르고 있었다.

293 You | shouldn't drive | under the influence.

해설 전치사 under는 보호, 억제, 지배 등의 추상적 과정이나 진행의 상태를 나타낸다.

Voca under the influence 과음한 상태에서
해석 음주운전을 해서는 안 된다.

below
① 보다 아래쪽에 (↔ above)
② 적다, 낮다 (비유적)

A가 "보다 아래에" 있다. | B를 기준으로 | A below

294 The temperature | is currently | below zero.

해설 전치사 below는 '~보다 아래쪽'을 의미하며 above와 반대되는 개념이다.

Voca temperature ⑲ 기온
currently ⑭ 현재
해석 현재 기온이 영하이다.

295 CFO | is | below CEO.

해설 전치사 below는 '~보다 (지위, 중요성 등이) 아래쪽'을 의미하며 above와 반대되는 개념이다.

Voca CFO 최고 재무책임자
CEO 최고 경영자
해석 최고 재무책임자는 최고 경영자보다 지위가 낮다.

TIP 전치사 「above > over > beneath > under > below」의 상대적 높낮이 구분

Part 4 수식어 마디 훈련 [4/5마디]

288 The little dog | jumped | over the fence.
　　　　1　　　　　2　　　　4/5

해설 전치사 over는 대상물과 접촉되거나 그 위쪽을 나타내며, 접촉하여 전체를 덮고 있는 상황을 나타낸다.

해석 작은 개가 울타리를 뛰어 넘었다.

289 We | talked | about our new plan | over the phone.
　　　　1　　　2　　　　　4/5　　　　　　　4/5

해설 전치사 over는 대상물과 접촉되거나 그 위쪽을 나타내며, 접촉하여 전체를 덮고 있는 상황을 나타낸다.

해석 우리는 전화로 우리의 새 계획에 대해 얘기했다.

beneath
① 바로 밑에
② 안쪽 (안과 겉 개념)

A가 "바로 밑에" 있다. | B를 기준으로 | A beneath

290 I | found | a beautiful beach | beneath a cliff.
　　　　1　　2　　　　　3　　　　　　　　4/5

해설 전치사 beneath는 '안에, 밑에'의 뜻을 나타낸다.

Voca cliff 명 (흔히 바닷가) 절벽
해석 나는 절벽 아래에서 아름다운 해변을 발견했다.

291 He | was wearing | a white shirt | beneath his jacket.
　　　　1　　　　2　　　　　　3　　　　　　　4/5

해설 전치사 beneath는 '안에, 밑에'의 뜻을 나타낸다.

해석 그는 재킷 안에 하얀 셔츠를 입고 있었다.

under
① 아래에 (↔ over)
② 과정/진행 중 (추상적)
③ 지배하에 (억압)

A가 "아래에" 있다. | B를 기준으로 | A under

292 My dog | was sleeping | under my bed.
　　　　　1　　　　　2　　　　　　　4/5

해설 전치사 under는 over와 반대되는 개념으로 대상물과 접촉되거나 그 아래쪽을 나타낸다.

해석 나의 개는 내 침대 밑에서 자고 있었다.

UNIT 33 「위 & 아래」 전치사

- 높은 쪽 공간을 「위」라고 하고, 낮은 쪽 공간을 「아래」라고 한다. "위, 아래"와 관련한 전치사는 위에서부터 순차적으로 "above > over > beneath > under > below" 등이 있다.

above
① 보다 위에 (↔ below)
② 위에 있다 (가치, 능력)

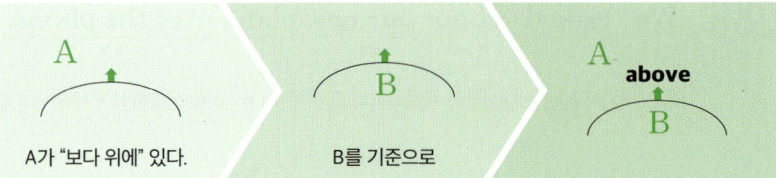

284 The sun | is rising | above the sea.

해설 전치사 above는 대상물과 접촉하지 않은 위나 위쪽을 나타낸다. '~보다 위로, ~보다 높게' 등의 의미로 사용된다.

해석 해가 바다 위로 떠오르고 있다.

285 My boyfriend | is | three years | above me.

해설 전치사 above가 가치, 능력 등이 위에 있다는 것을 의미하는 경우이다.

해석 내 남자친구는 나보다 3살 위다.

over
① 덮고 있는 (↔ under)
② 흩어져 있는 (전체에)
③ 넘어서 (뛰어넘는 동작)
④ 통해서 (매체, 수단으로)

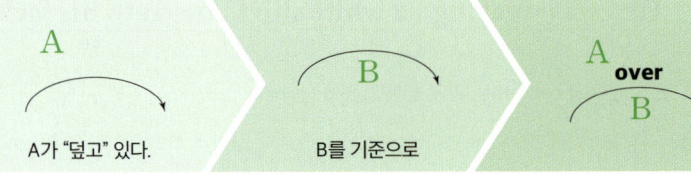

286 English | is spoken | all over the world.

해설 전치사 over는 대상물과 접촉되거나 그 위쪽을 나타내며, 접촉하여 전체를 덮고 있는 상황을 나타낸다.

해석 영어는 전세계적으로 통용된다.

287 He | has | mosquito bites | all over his arms.

해설 전치사 over는 대상물과 접촉되거나 그 위쪽을 나타내며, 접촉하여 전체를 덮고 있는 상황을 나타낸다.

Voca mosquito 명 모기
bite 명 물린 자국
해석 그는 온 팔에 모기 물린 자국들이 있다.

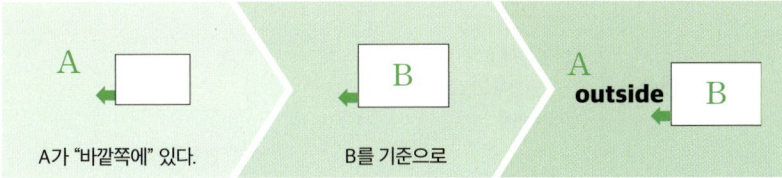

282 You | can't park | your car | outside my house.
　　　　1　　　2　　　　3　　　　4/5

해설 전치사 outside는 「out(바깥의) + side(쪽)」의 의미로 바깥쪽, 외부, 바깥면의 방향을 가지는 영역을 나타낸다.

Voca park ⑤ 주차하다
해석 당신은 나의 집 밖에 차를 주차할 수 없다.

283 I | won't call | you | outside working hours.
　　　　1　　　2　　　3　　　　4/5

해설 전치사 outside는 「out(바깥의) + side(쪽)」의 의미로 바깥쪽, 외부, 바깥면의 방향을 가지는 영역을 나타낸다.

Voca working hours 근무 시간
해석 근무 시간 이외에는 전화하지 않겠다.

TIP 전치사 「at / on / in」의 '시간 & 장소' 표현 구분

- 시간 표현 전치사 구분
  - at : 특정 시각 (연속적인 시간 속에서 특정한 지점을 콕 집어서 가리키는 개념) → '점'의 시간 개념
  - on : 날짜, 요일 (하루 전체의 지속적인 시간을 가리키는 개념) → '선'의 시간 개념
  - in : 월, 계절, 년도, 세기 (같은 단위로 그룹을 만들어 가리키는 시간 개념) → '면'의 시간 개념(둘러 쌓인)

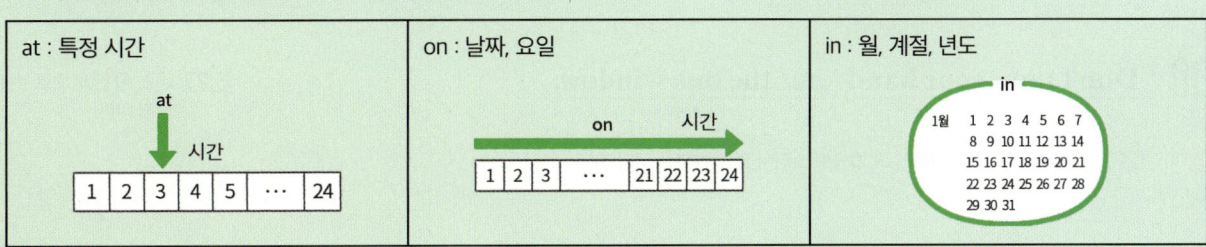

- 장소 표현 전치사 구분
  - at : 특정 지점 (넓은 공간에서 특정한 지점을 콕 집어서 가리키는 개념) → '점'의 시간 개념(한 점의)
  - on : 표면 위 ('상하좌우'의 특정 표면에 지속적으로 붙어 있는 공간을 가리키는 개념) → '선'의 시간 개념(면과 면이 닿은)
  - in : 마을, 도시, 나라, 대륙 등 (같은 단위로 둘러쌓여 만들어진 공간 개념) → '면'의 시간 개념(둘러 쌓인)

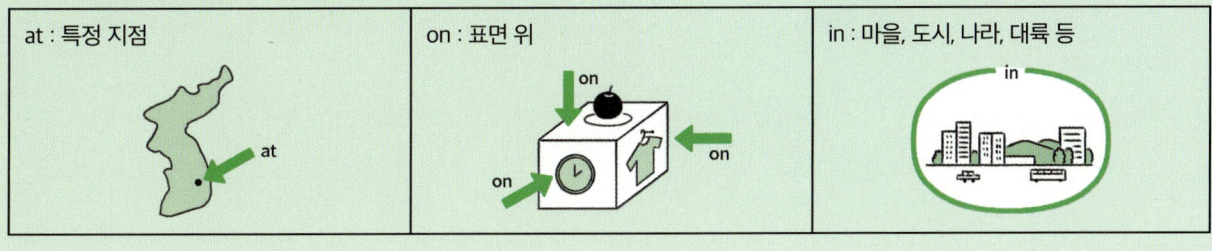

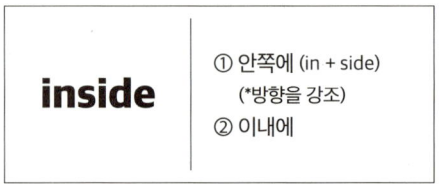
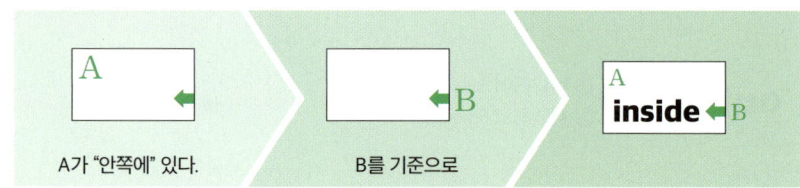

278 Wait | inside the car.
　　　　2　　　4/5

해설 전치사 inside는 안쪽, 내부를 나타내며, 비교적 작은 범위나 장소와 함께 쓰인다.

해석 차 안에서 기다려라.

279 There is | good | inside everyone.
　　　　2　　　1　　　4/5

해설 전치사 inside는 안쪽, 내부를 나타내며, 비교적 작은 범위나 장소와 함께 쓰인다.

Voca good 명 선, 미덕
해석 모든 사람의 내면에는 선함이 있다.

280 Don't put | your hand | out the bus window.
　　　　2　　　　3　　　　4/5

해설 전치사 out은 영역 안에서 그 밖으로 벗어나 있는 상황을 나타낸다.

해석 버스 창문 밖으로 손을 내밀지 마라.

281 I | looked | out my bedroom window.
　　　1　　2　　　4/5

해설 전치사 out은 영역 안에서 그 밖으로 벗어나 있는 상황을 나타낸다.

해석 나는 내 침실 창 밖을 내다보았다.

273
Tim | works | in education.
1 | 2 | 4/5

해설 전치사 in이 활동 분야를 의미하는 경우이다.

해석 Tim은 교육계에서 일한다.

274
I | was born | in 2000.
1 | 2 | 4/5

해설 전치사 in이 범위가 있는 시간(when)의 의미를 나타내는 경우이다.

해석 나는 2000년에 태어났다.

275
My parents | always pay | in cash.
1 | 2 | 4/5

해설 전치사 in이 수단을 나타내는 경우이다.

Voca cash 명 현금
해석 나의 부모님은 항상 현금으로 지급하신다.

---

within
① 안쪽에 (with + in) (*범위를 강조)
② 이내에

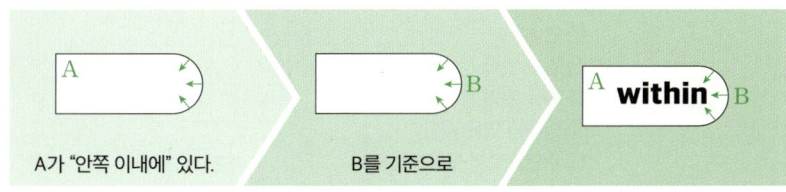

A가 "안쪽 이내에" 있다.　　B를 기준으로

276
People | should live | within their means.
1 | 2 | 4/5

해설 전치사 within은 「with(함께) + in(안)」의 의미로 거리, 범위, 시간 등에서 예상보다 짧은 상황을 나타낸다.

Voca means 명 (개인이 가진) 돈, 재력, 수입
해석 사람은 분수에 맞게 살아야 한다.

277
We | will contact | you | within a week.
1 | 2 | 3 | 4/5

해설 전치사 within은 「with(함께) + in(안)」의 의미로 거리, 범위, 시간 등에서 예상보다 짧은 상황을 나타낸다.

Voca contact 동 연락하다
해석 저희가 일주일 이내에 연락드리겠습니다.

UNIT 32 「안 & 밖」 전치사

- 둘러싸인 공간을 「안」이라고 하고, 둘러싸인 경계를 넘어선 쪽을 「밖」이라고 한다. "안, 밖"과 관련한 전치사에는 "amid, in, within, inside, out, outside" 등이 있다.

amid	① 한 가운데(중간에) ② 한 창 ~할 때

A가 "한 가운데" 있다.   B를 기준으로

269 Well-dressed Tim | stands out | amid the crowd.

해설 전치사 amid는 한 복판에 둘러싸여 있는 상황을 나타낸다.

Voca well-dressed 잘 차려 입은 / stand out 눈에 띄다 / crowd 명 군중
해석 잘 차려 입은 Tim이 군중들 사이에서 눈에 띈다.

270 The singer | finished | her concert | amid great applause.

해설 전치사 amid는 '한창 ~할 때', '~하는 동안 내내'의 의미로 사용된다.

Voca applause 명 박수 (갈채)
해석 그 가수는 큰 박수 갈채를 받으며 콘서트를 마쳤다.

in	① 안에(서) ② 입고 있다 ③ 활동 분야 ④ 범위가 있는 시간 ⑤ 수단으로서 도구

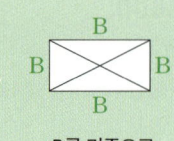

A가 "안에" 있다.   B를 기준으로

271 Julie | usually reads | books | in the library.

해설 전치사 in이 범위가 있는 공간(where)의 의미를 나타내는 경우이다.

해석 Julie는 주로 도서관에서 책을 읽는다.

272 I | look better | in black.

해설 전치사 in이 '~을 착용한[입은]'의 의미를 나타내는 경우이다.

해석 나는 검은색 옷이 더 잘 어울린다.

전치사 Preview

전치사는 배경이다.
앞서 영어 문장에는 최소한의 이야기 구성요소(인물, 사건, 배경)가 포함되어 있다고 언급한 바 있다. 전치사는 이야기 구성요소 중 "배경"에 해당하는 역할을 담당한다. 6하 원칙으로 말하면, 인물(who), 사건(what)을 제외한 장소(where), 시간(when), 방법(how), 이유(why)를 나타낼 때 전치사를 사용한다. 흔히 전치사를 명사 앞에 사용하는 품사 정도로 정의하는데, 이러한 정의는 학습자에게 영어 구문에 대한 통찰력을 제공하지 못한다. 이에 반해 전치사의 역할이 "배경(장소, 시간, 방법, 이유)을 담당한다"는 통찰은 앞으로 영어 문장을 읽고, 말하고, 쓰는 과정에서 요긴한 길잡이가 되어 줄 것이다.

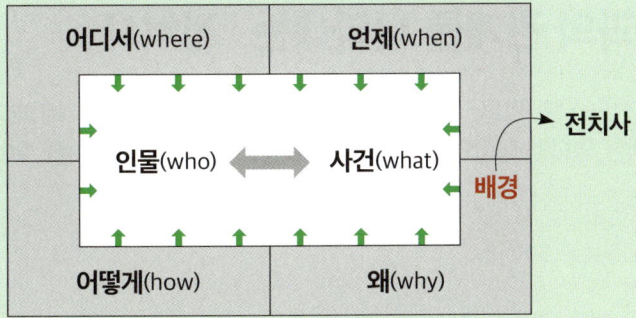

전치사는 A와 B의 관계로 해석한다.
"배경"은 혼자서 독립적으로 존재하지 않는다. 반드시 '인물/사건'과 관련이 있다. 그래서 배경 역할을 하는 전치사를 해석할 때는 반드시 전치사 앞뒤에 놓인 A와 B의 관계 속에서 해석해야 한다. 이 때 A는 전치사 앞에 있는 명사일 수도 있고, 동사를 중심으로 하는 전체 상황일 수도 있다. 둘 중 무엇이든 전치사는 반드시 A와 B의 관계를 통해 해석되어야 한다. 기존 문법에 익숙한 학습자들의 경우 흔히 전치사가 포함되면 뒤에서부터 해석하는 경향이 있는데, 이는 전치사의 의미를 모르고 접근하는 방식이다. 전치사를 해석할 때에는 전치사의 앞에 놓인 A의 의미를 이해한 후 전치사 뒤에 나오는 B와의 관계를 고려하여 해석하는 훈련이 필요하다.

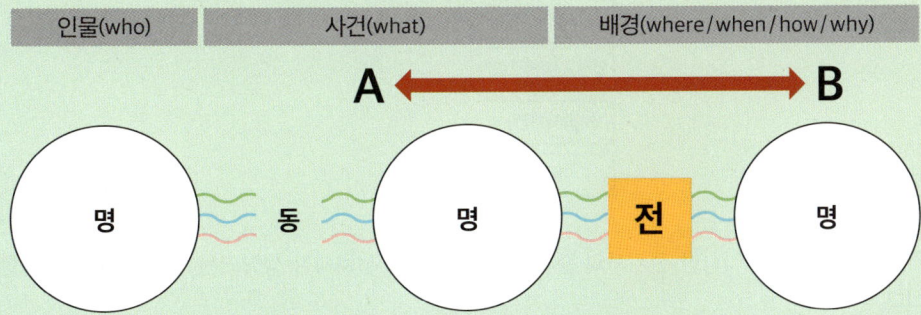

전치사는 그림이다.
대부분의 전치사는 두 가지 이상의 뜻을 가지고 있다. 그 이유는 전치사가 특정 사물이나 상황만 의미하지 않기 때문이다. 전치사는 「A와 B의 관계」를 나타내는 그림이다. 그래서 전치사를 해석할 때에는 그림을 보듯 처음에는 공간적으로 그 뜻을 해석하고, 이후 개념을 발전시켜 추상화하는 과정을 통해 그 다양한 의미에 도달할 수 있어야 한다. 요컨대 전치사를 익힐 때에는 무작정 사전적 뜻을 암기할 것이 아니라 '그림으로서' 이해해보려는 게 바람직하다. 「전치사 = 그림」이라는 훈련이 잘 되면 비로소 전치사의 의미가 보이게 될 것이다.

Chapter 09

배경과의 관계를 나타내는 「전치사」

문장 구성요소를 '인물, 사건, 배경'으로 구분할 때 전치사는 '배경(어디서, 언제, 어떻게, 왜)'에 대한 역할을 담당하며, 전치사를 중심으로 A와 B의 관계를 통해 전치사의 '뜻'이 결정된다.

Chapter 09에서는 다양한 전치사의 종류와 해석 방법과 전치사가 생략되는 경우에 대해 학습합니다.

PART 4

수식어 마디 훈련 4/5마디

Chapter 09   배경과의 관계를 나타내는 「전치사」

Chapter 10   주변 상황을 나타내는 「부사」

Chapter 11   기준에 따른 정도표현, 「비교구문」

264 **We reached Seoul yesterday.**

265 **We discussed the new plan.**

266 **Please send us more information.**

267 **My dog brings me happiness.**

268 **My teacher asked me a tricky question.**

B 주어진 우리말과 같은 뜻이 되도록 괄호 안의 말을 바르게 배열해 문장을 완성하고, 마디를 구분하시오.
(정답은 본문의 해당 예문으로 확인)

255 많은 한국인들이 아파트에 산다.
(live / apartments / in / Many Koreans)
→

256 아이들은 빨리 자란다.
(quickly / grow / Children)
→

260 너는 나이에 비해 젊어 보인다.
(for / your age / You / look young)
→

264 우리는 어제 서울에 도착했다.
(Seoul / yesterday / reached / We)
→

EXERCISES

A 다음 문장에서 선을 그어 마디를 구분하시오. (정답은 본문의 해당 예문으로 확인)

254 Nothing happened.

255 Many Koreans live in apartments.

256 Children grow quickly.

257 First impressions matter.

258 Julie is a good neighbor.

259 This food smells rotten.

260 You look young for your age.

261 Dreams come true.

262 I eat a lot of vegetables for my health.

263 The bookstore sells used books.

Chapter 08 타동사와 함께 하는 「목적어」

예문 3

Don't hesitate (to call us.) (to-v구)

해설 hesitate는 목적어로 to부정사를 취한다.

Voca hesitate 동 주저하다
해석 주저하지 말고 저희에게 전화하세요.

예문 4
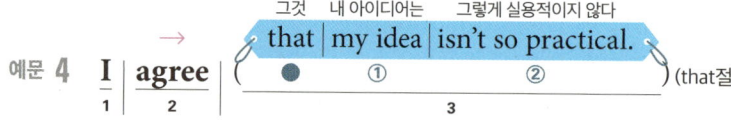
I agree (that my idea isn't so practical.) (that절)

해설 3마디 that절이 동사 agree의 목적어로 쓰였다.

Voca agree 동 동의하다
practical 형 실용적인
해석 나는 내 아이디어가 그렇게 실용적이지 않다는 것에 동의한다.

예문 5
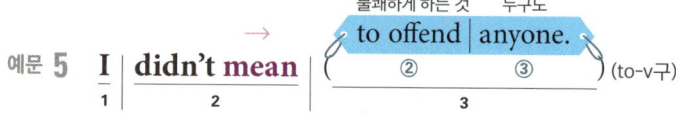
I didn't mean (to offend anyone.) (to-v구)

해설 mean은 목적어로 to부정사를 취한다.

Voca mean 동 의도하다
offend 동 기분 상하게 하다
해석 나는 누구도 불쾌하게 하려고 한 것이 아니었다.

예문 6
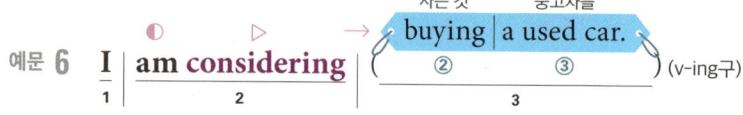
I am considering (buying a used car.) (v-ing구)

해설 consider는 목적어로 동명사를 취한다.

Voca consider 동 고려하다
used 형 중고의
해석 나는 중고차를 사는 것을 고려하고 있다.

예문 7

She finished (reading the novel.) (v-ing구)

해설 finish는 목적어로 동명사를 취한다.

Voca novel 명 소설
해석 그녀는 소설을 읽는 것을 끝마쳤다.

예문 8
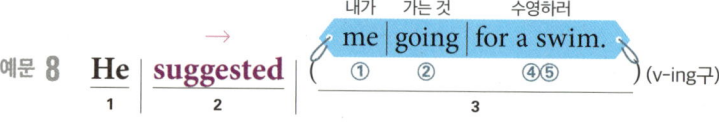
He suggested (me going for a swim.) (v-ing구)

해설 suggest는 목적어로 동명사를 취한다.

Voca suggest 동 제안하다
go for a swim 수영하러 가다
해석 그는 내게 수영하러 가자고 제안했다.

예문 9
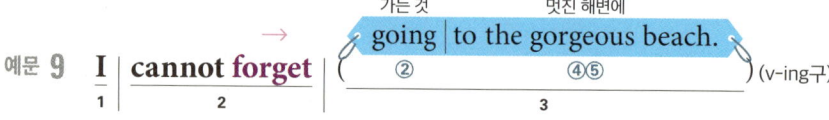
I cannot forget (going to the gorgeous beach.) (v-ing구)

해설 forget의 목적어가 동명사일 경우 '~했던 것을 잊다'의 뜻이다.

Voca forget 동 잊다 (forgot - forgotten)
gorgeous 형 아주 아름다운
해석 나는 그 멋진 해변에 갔던 것을 잊을 수 없다.

잉글맵 고급편 미리보기

※ 잉글맵 고급편 "#14, #18, #19, #22, #23, #24, #25" 등에서 상세히 설명
(한 번 읽어보고 그냥 넘어가도 됩니다.)

〈타동사와 목적어 유형3 : 「S + V + C(구/절)」〉

- 유형3은 3마디 명사자리에 목적어덩어리(구, 절)가 필요한 동사 유형이다.

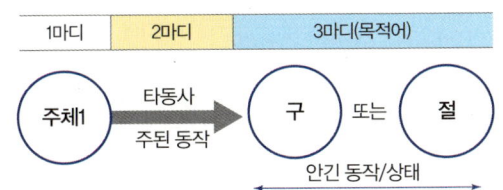

1) 3마디 목적어 자리에 안긴 구조가 올 때
2) 「의미상 주어 + (to-v/원형동사/v-ing/p.p./형/명)」등의 유형도 올 수 있음

- 「to-v」를 3마디에 취하는 타동사들
  - 희망, 기대: hope(희망하다), wish(바라다), want(원하다), expect(예상하다), ask(요청하다), promise(약속하다), offer(제공하다), need(필요로 하다), swear(맹세하다), would like(~하고 싶다), yearn(갈망하다) 등
  - 계획, 결심: plan(계획하다), decide(결정하다), determine(결정하다), choose(선택하다), attempt(시도하다), help(돕다), mean(의도하다), prepare(준비하다), struggle(투쟁하다) 등
  - 동의, 거절: agree(동의하다), refuse(거절하다), hesitate(주저하다), neglect(방치하다) 등
  - 기타 : learn(배우다), pretend(~척하다), afford(여유가 되다), fail(실패하다) 등

- 「v-ing」를 3마디에 취하는 타동사들
  - 사실관계: admit(인정하다), avoid(피하다), can't help(~하지 않을 수 없다), consider(고려하다), delay(미루다), deny(부인하다), enjoy(즐기다), escape(피하다), feel like(~하고 싶다), finish(끝내다), mention(언급하다), mind(꺼리다), postpone(연기하다), quit(그만두다), suggest(제안하다) 등

- 「to-v, v-ing」를 3마디에 모두 가능한 타동사들
  - **forget**(잊다), **regret**(후회하다), **remember**(기억하다), **try**(시도하다), begin(시작하다), can't stand(참을 수 없다), continue(계속하다), hate(싫어하다), like(좋아하다), love(매우 좋아하다), **stop**(중지하다), prefer(선호하다), start(시작하다) 등
  (볼드 표시는 to/ing일 때 뜻이 달라짐)

예문 1

해설 want는 목적어로 to부정사를 취한다.

Voca wealthy 형 부유한
해석 모두가 부유해지길 원한다.

예문 2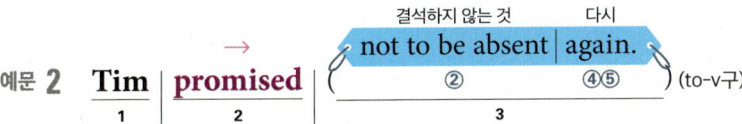

해설 promise는 목적어로 to부정사를 취한다. to부정사의 부정형은 to 앞에 not이나 never를 붙인다.

Voca promise 동 약속하다
absent 형 결석한
해석 Tim은 다시는 결석하지 않겠다고 약속했다.

UNIT 31 타동사와 목적어 유형2 : 「S + V + IO + DO」

- 유형2는 3마디 명사자리에 목적어가 2개(간접목적어, 직접목적어)가 필요한 동사 유형이다. 수여동사의 힘에 의해 결과적으로 간접목적어가 직접목적어를 갖게 되는 구조이다.

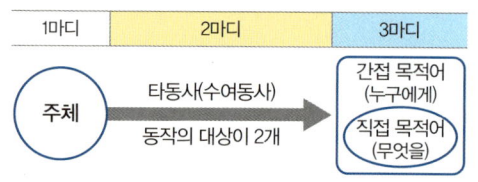

| 간접목적어 | have | 직접목적어 | 3마디의 심층구조

1) 동사의 힘에 의해 주어에서 간접목적어로 대상(직접목적어)이 이동할 때
2) 주어가 사물일 때도 간접목적어와 직접목적어 관계가 올 수 있음

- 직접적으로 주는 유형 (to형) : 한 번의 동작으로 동사의 의미(이동, 만듦, 가르침, 말하기, 약속, 허가 등)가 완성
  - give(주다), show(보여주다), lend(빌려주다), send(보내다), hand(건네주다), pay(지불하다), offer(제안하다), tell(말하다), teach(가르치다), promise(약속하다), wish(바라다), read(읽다), pass(건네주다) 등

- 간접적으로 주는 유형 (for형) : 두 번의 동작으로 동사의 의미(사서 주다, 만들어 주다, 얻어 주다 등)가 완성
  - buy(사다), make(만들다), get(얻어 주다), find(알아내다), call(부르다), cook(요리하다), bake(굽다), order(주문하다), choose(선택하다), prepare(준비하다), bring(가져오다, to도 가능) 등

- 요청 유형 (of형) : 묻다, 요청하다의 의미
  - ask(묻다), inquire(묻다), require(요청하다), beg(요청하다)

※ explain 유형 : "의미상" 수여동사지만 간접목적어가 바로 올 수 없고, 「전치사 + 명사」의 형태로 4/5마디에 나타남.
explain(설명하다), announce(발표하다), introduce(소개하다), propose(제안하다), mention(언급하다), describe(묘사하다), state(말하다), suggest(제안하다), say(말하다), confess(자백하다), mean(의미하다), donate(기부하다), construct(건설하다), create(만들다), design(디자인하다), select(선택하다), demonstrate(보여주다), communicate(의사소통하다) 등

---

266 Please **send** | us more information.
　　　　　　2　　(3)　　3

해설 「send + 간접목적어 + 직접목적어」는 '~에게 …을 보내다'의 뜻이다.

Voca send 동 보내다 (sent - sent)
information 명 정보
해석 저희에게 더 많은 정보를 보내주세요.

---

267 My dog | **brings** | me happiness.
　　1　　　2　　(3)　　3

해설 「bring + 간접목적어 + 직접목적어」는 '~에게 …을 가져오다'의 뜻이다.

Voca bring 동 가져오다 (brought - brought)
해석 나의 개는 나에게 행복을 가져다 준다.

---

268 My teacher | **asked** | me a tricky question.
　　1　　　　2　　(3)　　3

해설 「ask + 간접목적어 + 직접목적어」는 '~에게 …을 묻다'의 뜻이다.

Voca tricky 형 까다로운, 곤란한
해석 선생님이 나에게 까다로운 질문을 했다.

UNIT 30 타동사와 목적어 유형1 : 「S + V + O」

- 유형1은 3마디에 목적어가 1개 필요한 동사 유형이다.

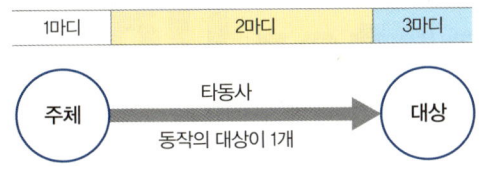

1) 주어의 동작이 대상(목적어)에 영향을 미칠 때
  - 동사에 의해 생성, 이동, 변화의 대상이 3마디 목적어 자리에 옴
2) 목적어가 '~을/를'의 의미로 해석되지 않는 경우에도 목적어로 사용될 때
  - 「동사 + 전치사」로 비슷하게 표현될 수 있지만 전치사 없이 주어의 동작이 바로 목적어에 영향을 미침

- 대표적인 타동사
  - make(만들다), buy(사다), sell(팔다), take(취하다), have(가지다), eat(먹다), write(쓰다), read(읽다), speak(말하다) 등

- 자동사로 착각하기 쉬운 타동사 : 전치사 없이 목적어를 취함
  - enter(들어가다), reach(도착하다), marry(결혼하다), answer(대답하다), discuss(토론하다), suit(어울리다), attend(참석하다), mention(언급하다), approach(접근하다), resemble(닮다), address(연설하다), obey(따르다), call(부르다), explain(설명하다) 등

---

262 I | eat → | a lot of vegetables (명사덩어리) | for my health.
  1   2   3   4/5

해설 eat은 '먹다'라는 뜻의 타동사이고 a lot of vegetables는 목적어이다.

Voca vegetable 명 야채
     health 명 건강
해석 나는 건강을 위해 많은 야채를 먹는다.

---

263 The bookstore | sells → | used books. (명사덩어리)
         1   2   3

해설 sell은 '팔다'라는 뜻으로 쓰인 타동사이고 used books는 목적어이다.

Voca used 형 중고의
해석 그 서점은 중고책을 판다.

---

264 We | reached → | Seoul (명사) | yesterday.
        1   2   3   4/5

해설 reach는 전치사 없이 '~에 도착하다'의 뜻을 가지는 타동사이다.

Voca reach 동 ~에 도착하다
해석 우리는 어제 서울에 도착했다.

---

265 We | discussed → | the new plan. (명사덩어리)
        1   2   3

해설 discuss는 전치사 없이 '(목적어에 대해) 토론하다'의 뜻을 가지는 타동사이다.

Voca discuss 동 토론하다
해석 우리는 새로운 계획에 대해 토론했다.

Chapter 08

타동사와 함께 하는 「목적어」

2마디 타동사의 동작을 보충해 주는 역할을 「목적어」라 합니다.

Chapter 08에서는 2마디 타동사의 종류에 따른 다양한 목적어 유형에 대해 학습합니다.

MEMO

예문 4

He | is believed | to be | a police officer.

해설 생각동사 believe의 수동태 be believed 다음에 to-v가 온 경우이다.

해석 그는 경찰관으로 생각된다.

예문 5

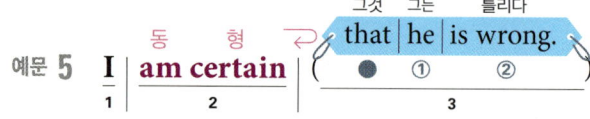

I | am certain | that | he | is wrong.

해설 3마디 보충어로 that절이 온 경우이다.

Voca certain 형 확실한
해석 나는 그가 틀렸다고 확신한다.

예문 6

The gossip | proved | to be false.

해설 「prove + to-v」는 '~하는 것이 증명되다'의 뜻이다.

Voca gossip 명 소문, 험담
false 형 틀린
해석 그 소문은 거짓으로 판명되었다.

예문 7

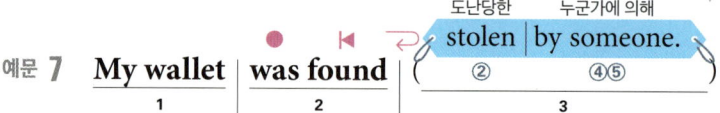

My wallet | was found | stolen | by someone.

해설 find의 수동형 be found의 보어로 과거분사구(stolen by someone)가 온 경우이다.

Voca wallet 명 지갑
steal 동 훔치다 (stole - stolen)
해석 나의 지갑이 누군가에 의해 도난당한 것을 알게 되었다.

예문 8

It | might be possible | to meet | the deadline.

해설 「be possible + to-v」는 '~하는 것은 가능하다'의 뜻이다.

Voca meet the deadline 마감에 맞추다
해석 마감에 맞추는 게 가능할 수도 있다.

예문 9

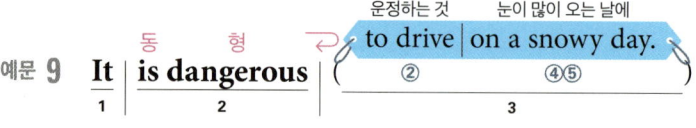

It | is dangerous | to drive | on a snowy day.

해설 「be dangerous + to-v」는 '~하는 것은 위험하다'의 뜻이다.

Voca snowy 형 눈이 많이 내리는, 눈 덮인
해석 눈이 많이 오는 날에 운전을 하는 것은 위험하다.

예문 10

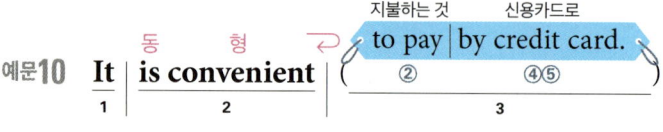

It | is convenient | to pay | by credit card.

해설 「be convenient + to-v」는 '~하는 것은 편리하다'의 뜻이다.

Voca convenient 형 편리한
credit card 신용카드
해석 신용카드로 지불하는 것은 편리하다.

잉글맵 고급편 미리보기

※ 잉글맵 고급편 "#15, #21, #26"에서 상세히 설명
(한 번 읽어보고 그냥 넘어가도 됩니다.)

〈자동사와 보어 유형3 : 「S + V + C(구/절)」〉

- 유형3은 3마디 명사자리에 "보어덩어리(구, 절)"가 올 수 있는 동사 유형이다.

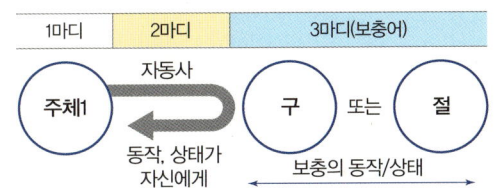

1) 서술형용사에 대한 판단의 대상
2) 타동사의 수동태로 인한 보충서술어
3) 3마디 보충어 자리에서 주어의 상승으로 인한 보충서술어

- 「be + 형용사 + to-v」 유형 형용사들
  - 난이도형용사 : easy(쉬운), convenient(편리한), comfortable(편안한), safe(안전한), possible(가능한), hard(힘든), difficult(어려운), dangerous(위험한), impossible(불가능한) 등
  - 확신/정도형용사 : certain(확실한), sure(확실한), likely(~할 것 같은) 등

- 「be + p.p + (to-v / v-ing / p.p.)」 유형 수동 동사들
  - 지각동사 수동태 : see(보다), watch(보다), look at(보다), observe(보다), catch(보다), feel(느끼다), hear(듣다), listen to(듣다), notice(알다) 등
  - 상태동사 수동태 : make(~하게 하다), get(~하게 하다), find(알아내다), turn(바꾸다), leave(남겨두다), keep(유지하다), drive(몰아가다), paint(그리다) 등
  - 생각동사 수동태 : think(생각하다), believe(믿다), consider(간주하다), suppose(추측하다) 등

- 「자동사 + to-v」 유형 자동사들
  - seem(~인 것 같다), appear(~인 것 같다), get(~하게 되다), grow(~하게 되다), come(~하게 되다), chance(우연히 ~하다), happen(우연히 ~하다), remain(남아 있다), prove(드러나다), turn out(드러나다) 등

예문 1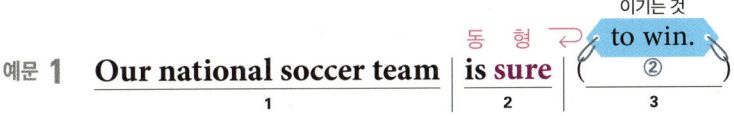

해설 「be + 확신정도형용사 + to-v」 유형의 문장으로 to부정사구(to win)는 형용사에 대한 판단의 대상이다.

Voca national team 국가대표 팀
해석 우리 국가대표 축구팀이 반드시 이길 것이다.

예문 2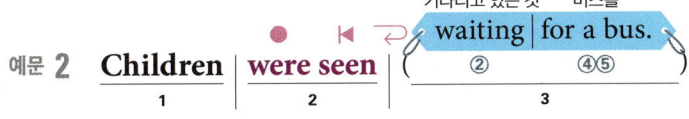

해설 지각동사 see의 수동태 be seen 다음에 v-ing가 온 경우이다.

Voca be seen 보이다
해석 아이들이 버스를 기다리고 있는 것이 보였다.

예문 3

해설 사역동사 make의 수동태 be made 다음에 to-v가 온 경우이다.

해석 그는 진실을 말하게 되었다

UNIT 29 자동사와 보어 유형2 : 「S + V + C(형/명)」

- 유형2는 2마디에 '형용사' 또는 3마디에 '명사'를 보어로 필요로 하는 자동사 유형이다.

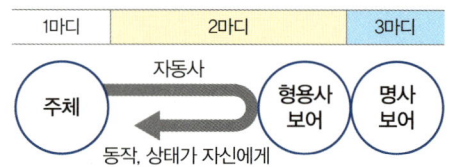

1) 주어가 감각을 내는 주체가 될 때
2) 주어의 행동으로 인해 상태에 변화가 생길 때
3) 주어의 상태를 계속 유지할 때
4) 주어의 존재 상태(명사보어)를 나타낼 때

- 「상태 지속」 유형 자동사
  - 상태 유지 : be(~이다), continue(계속 있다), lie(있다), remain(계속 ~이다), stay(머무르다), stand(상황에 있다) 등
  - 감각 유지 : smell(냄새가 나다), taste(맛이 나다), sound(~처럼 들리다), feel(느끼다) 등
  - 인지 지속 : seem(~인 것 같다), look(~해 보이다), appear(~인 것 같다), prove(판명되다) 등

- 「상태 이동」 유형 자동사
  - 상태 변화(~해지다) : become, come, get, fall, go, grow
  ※ come : 주체를 향해 다가옴 → 긍정적 개념 (come true : 실현되다)
  ※ go : 주체에서 멀어짐 → 부정적 개념 (go mad : 미치다)

> 잉글맵에서 3마디 보어로써 보충어를 말할 때는 '명사보어'만을 말한다. 형용사보어는 2마디 서술어에 포함된 개념으로 정의한다.

258 Julie | is | a good neighbor.
(명사)

Voca neighbor 명 이웃
해석 Julie는 좋은 이웃이다.

해설 be동사가 명사 보어를 취한 경우이다.

259 This food | smells rotten.
(형용사)

Voca smell 동 냄새가 나다
rotten 형 썩은
해석 이 음식은 썩은 냄새가 난다.

해설 smell이 형용사 보어를 취해 '~한 냄새가 나다'의 뜻을 나타내는 경우이다.

260 You | look young | for your age.
(형용사)

해석 너는 나이에 비해 젊어 보인다.

해설 look이 형용사 보어를 취해 '~하게 보이다'의 뜻을 나타내는 경우이다.

261 Dreams | come true.
(형용사)

Voca come true 실현되다
해석 꿈은 실현된다.

해설 come이 형용사 보어를 취한 경우이다. come true는 '이루어지다, 실현되다'의 뜻이다.

UNIT 28 자동사와 보어 유형1 : 「S + V」

- 유형1은 보어의 도움 없이도 독자적으로 많이 사용되는 자동사 유형들이다.

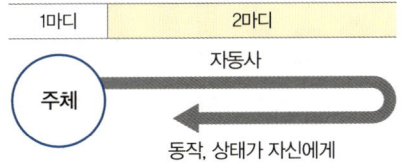

1) 주어가 의도적인 행동의 주체가 될 때
2) 사물이 주체가 될 때
3) 목적어가 생략된 타동사일 때
   (목적어보다 과정에 관심이 있을 때 목적어를 생략. 타동사를 자동사처럼 사용)

- 대표적인 자동사
  come(오다), go(가다), stop(멈추다), happen(발생하다), grow(자라다), run(달리다), exist(존재하다), fall(떨어지다), jump(뛰어오르다), gather(모이다), stand up(일어나다), wake up(깨다) 등

- 4/5마디(수식어)를 주로 취하는 자동사
  be(am, are, is, was ,were), stand(서 있다), live(살다), lie(눕다; 놓여 있다), stay(머무르다) 등

- 해석할 때 주의가 필요한 자동사
  manage(그럭저럭 지내다), count(중요하다), pay(이익이 되다), work(효과가 있다, 작동하다), matter(중요하다), do(충분하다), last(계속되다), read(~라고 쓰여 있다), sell(팔리다) 등

---

254 Nothing | happened.
  1   2

해설 happen은 보어의 도움 없이도 독자적으로 많이 사용되는 자동사이다.

Voca happen 동 발생하다
해석 아무 일도 일어나지 않았다.

---

255 Many Koreans | live | in apartments.
  1   2   4/5

해설 live는 자동사로 4/5마디에 수식어(in apartments)를 취하는 경우가 많다.

Voca apartment 명 아파트
해석 많은 한국인들이 아파트에 산다.

---

256 Children | grow | quickly.
  1   2   4/5

해설 grow는 자동사이며 4/5마디에 부사를 취한 경우이다.

Voca quickly 부 빨리
해석 아이들은 빨리 자란다.

---

257 First impressions | matter.
  1   2

해설 matter가 자동사로 '중요하다'라는 뜻으로 쓰인 경우이다.

Voca impression 명 인상
   matter 동 중요하다
해석 첫인상은 중요하다.

Chapter 07

자동사와 함께 하는 「보어」

2마디 자동사의 동작을 보충해 주는 역할을 「보어」라 합니다.

Chapter 07에서는 2마디 자동사의 종류에 따른 다양한 보어 유형에 대해 학습합니다.

PART 3

보충어 마디 훈련 [3마디]

Chapter 07   자동사와 함께 하는 「보어」

Chapter 08   타동사와 함께 하는 「목적어」

196 She is being followed by someone.

198 You have been chosen for a job interview.

203 The votes are being counted now.

205 Julie has been promoted to manager.

212 You should have come earlier.

D 주어진 우리말과 같은 뜻이 되도록 괄호 안의 말을 바르게 배열해 문장을 완성하고, 마디를 구분하시오.
(정답은 본문의 해당 예문으로 확인)

174 나는 영어를 10년 동안 배웠다.
(have learned / for / ten years / English / I)
→

183 나는 어제까지 수영을 한 적이 없었다.
(I / yesterday / until / had never swum)
→

204 Tim의 병원비는 내가 지불했다.
(Tim's hospital bill / me / by / has been paid)
→

210 Julie는 늦을 거라고 말했다.
(Julie / that / she / said / would be late)
→

EXERCISES

C 다음 문장에서 선을 그어 마디를 구분하시오. (정답은 본문의 해당 예문으로 확인)

134   Happiness can't be bought with money.

135   Wild animals must be protected.

144   The earth moves around the sun.

148   Your train leaves in 20 minutes.

162   Space travel will boom in the future.

170   I will eat lunch at the buffet tomorrow.

173   I have never eaten insects.

179   Julie has been writing a novel since last month.

180   I had been on a diet for three months.

188   The city's population will have doubled by 2050.

234 She remains calm even under pressure.

243 Julie always brushes her teeth after meals.

247 We should look after our environment.

252 Sheep provide us with wool.

253 I prefer the cold winter to the hot summer.

B 주어진 우리말과 같은 뜻이 되도록 괄호 안의 말을 바르게 배열해 문장을 완성하고, 마디를 구분하시오.
(정답은 본문의 해당 예문으로 확인)

110 그는 늦을지도 모른다고 생각했다.
(that / he / He / might be late / thought)
→

122 나는 지금 그것에 관해 말하지 않겠다.
(I / it / about / would rather not talk / now)
→

123 나는 나의 미래에 대해 생각하지 않을 수 없다.
(thinking / my future / about / I / cannot help)
→

127 Julie는 그녀의 할머니 밑에서 길러졌다.
(Julie / by / was raised / her grandmother)
→

EXERCISES

A 다음 문장에서 선을 그어 마디를 구분하시오. (정답은 본문의 해당 예문으로 확인)

101 An earthquake can happen anytime.

104 There could be life on Mars.

111 This information might be useful for you.

116 I am going to watch a movie tonight.

125 We cannot live a day without our smartphones.

128 The skyscraper was built in the early 1970s.

130 French is spoken in over 50 countries.

131 The decision was made by her boss.

219 Tim must have misunderstood me.

222 We have been friends since high school.

Further Study 8

동사의 힘 + 전치사/부사 힘 = 구동사

동사 힘과 전치사, 부사 힘이 만나 새로운 힘이 만들어진다.

247

We | **should look after** | **our environment.**
1 | 2 (동/전) | 3

해설 look after는 '~을 돌보다'의 뜻으로 「동사 + 전치사」 형태의 구동사로 look과 after를 갈라놓을 수 없다.

Voca look after ~을 돌보다
environment (명) 환경
해석 우리는 우리의 환경을 돌봐야 한다.

248

We | **turned** | **their offer** | **down.**
1 | 2 (동) | 3 | 4/5 (부)

해설 turn down은 '~을 거절하다'의 뜻으로 「동사+부사」 형태의 구동사이다. turned는 타동사라서 그 뒤에 바로 목적어 their offer가 온 뒤 부사인 down을 문미에 둘 수 있다.

Voca turn down ~을 거절하다
offer (명) 제안
해석 우리는 그들의 제안을 거절했다.

249

I | **can't put up with** | **such insults.**
1 | 2 (동/부/전) | 3

해설 put up with는 '~을 참다, 견디다'의 뜻으로 「동사+부사+전치사」 형태의 동사구이다.

Voca put up with ~을 참다, 견디다
such (형) 그런
insult (명) 모욕
해석 나는 그런 모욕을 참을 수 없다.

250

Asia | **will catch up with** | **the West** | **in the future.**
1 | 2 (동/부/전) | 3 | 4/5

해설 catch up with는 '~을 따라잡다'의 뜻으로 「동사+부사+전치사」 형태의 동사구이다.

Voca catch up with ~을 따라잡다
the West 서양
해석 아시아는 장차 서양을 따라잡을 것이다.

251

You | **shouldn't make fun of** | **others' appearances.**
1 | 2 (동/명/전) | 3

해설 make fun of는 '~을 놀리다'의 뜻으로 「동사+명사+전치사」 형태의 동사구이다.

Voca make fun of ~을 놀리다
appearance (명) 외모
해석 너는 다른 사람들의 외모를 놀려서는 안 된다.

252

Sheep | **provide** | **us** | **with wool.**
1 | 2 | 3 | 4/5

해설 provide는 전치사 with와 짝을 이루어 '~에게 …를 제공하다'의 뜻으로 사용된다. Sheep의 복수형은 단수형과 동일한 sheep이다.

Voca sheep 양
provide A with B A에게 B를 제공하다
해석 양은 우리에게 양털을 제공해준다.

253

I | **prefer** | **the cold winter** | **to the hot summer.**
1 | 2 | 3 | 4/5

해설 prefer는 전치사 to와 짝을 이루어 '~보다 …를 좋아하다'의 뜻으로 사용된다.

Voca prefer A to B B보다 A를 좋아하다
해석 나는 뜨거운 여름보다 추운 겨울을 좋아한다.

UNIT 27 구동사(동사 + 전치사/부사)와 전치사 수반동사

- 구동사(Phrasal Verbs) : 「동사(Verb) + 전치사/부사」로 이루어진 동사 덩어리
  - 동사 다음에 특정 부분(전치사/부사)이 추가되어 「동사 원래의 의미와 다른 뜻」을 갖는 동사 덩어리를 말함
  - 구동사는 자동사, 타동사로 모두 쓰일 수 있음
  - 구동사의 동사덩어리는 마치 하나의 동사처럼 간주하는 것이 좋음

- 다양한 구동사들
  - blow up(터뜨리다), break out(발생하다), carry on(계속 가다), catch on(유행하다), find out(발견하다), get along(사이좋게 지내다), get on(꾸려 나가다), give up(포기하다), grow up(성장하다), hand in(제출하다), hand out(나누어 주다), hang on(계속 버티다), hold on(기다리다), pick on(괴롭히다), pick up(집다), put on(입다, 바르다), put off(연기하다), shut up(입 다물다), take on(떠맡다), turn off(끄다), throw up(토하다), turn up(나타나다) 등

- 분리형 구동사
  I turned off the light. (○) / I turned the light off. (○)
  I turned it off. (○) / I turned off it. (×) → 목적어가 대명사일 때는 반드시 분리형으로만 써야 함.

- 전치사 수반 동사(Prepositional Verb) : 구동사처럼 동사가 전치사와 함께 원래의 의미와 다른 의미로 사용되지는 않지만 동사와 항상 잘 어울리는 전치사가 있는 경우로 짝을 이루어 학습하면 도움이 됨.
  - ask for(요청하다), call for(필요로 하다, 요청하다), call on(요청하다, 방문하다), care for(돌보다, 좋아하다), come by(얻다, 들르다), go through(경험하다, 검토하다), look at(보다), look after(돌보다), run into(우연히 만나다), stand for(상징하다) 등

- 전치사 수반 동사구문

타동사(동사 + 명사 + 전치사) + 목적어	catch sight of + O (보다) / make use of + O (이용하다) / make fun of + O (놀리다) 등
동사 + 목적어(명사) + 전치사(of)	accuse + O + of (고발하다) / convince + O + of (납득시키다) / assure + O + of (보증하다) 등
동사 + 목적어(명사) + 전치사(with)	help + O + with (돕다) / provide + O + with / supply + O + with (제공하다, 공급하다) 등
동사 + 목적어(명사) + 전치사(as)	think of + O + as / look upon + O + as / regard + O + as (~를 …로 생각하다, 여기다, 간주하다) 등
동사 + 목적어(명사) + 전치사(from)	prevent + O + from / keep + O + from / stop + O + from (~가 …하는 것을 막다) 등
동사 + 목적어(명사) + 전치사(for)	blame + O + for / criticize + O + for / scold + O + for (~에 대해 …를 비난하다, 꾸짖다) 등
동사 + 목적어(명사) + 전치사(to)	owe + O + to (~는 …의 덕분이다) / prefer + O + to (~보다 …를 선호하다) / attribute + O + to (~를 …의 탓으로 돌리다) 등
동사 + 동사	I made believe that I was sick. (believe의 의미상 주어 생략) 나는 아픈척 했다.
be + 형용사 + 전치사	Your opinion is quite different from mine. 너의 의견은 나의 의견과 많이 다르다.
be + 형용사 + 부사 + 전치사	I'm fed up with this cold weather. 나는 이 추운 날씨로 인해 진저리가 난다.

240
Spring | **came.**
1 | 2

해설 보어, 목적어가 필요 없는 「S + V」 형태의 문장이다.

해석 봄이 왔다.

241
We | **became** | **best friends.**
1 | 2 | 3

해설 3마디 명사를 보충어로 취하는 「S + V + C」 형태의 문장이다.

해석 우리는 가장 친한 친구가 되었다.

242
My dream | **is** | ② ③ **to run | my own bakery.**
1 | 2 | 3

해설 3마디 명사구(to부정사구)를 보충어로 취하는 「S + V + C」 형태의 문장이다.

Voca run ⑧ 운영하다, 경영하다
own ⑲ 자신의
bakery ⑱ 빵집
해석 나의 꿈은 내 빵집을 운영하는 것이다.

243
Julie | **always brushes** | **her teeth** | **after meals.**
1 | 2 | 3 | 4/5

해설 3마디에 목적어가 필요한 「S + V + O」 형태의 문장이다.

Voca brush ⑧ 칫솔질하다
tooth ⑱ 이(빨)
(pl. teeth)
해석 Julie는 식사 후에 항상 이를 닦는다.

244
Cows | **give** | **us milk.**
1 | 2 | (3) 3

해설 3마디에 간접목적어(us)와 직접목적어(milk)가 필요한 「S + V + IO + DO」 형태의 문장이다.

해석 소는 우리에게 우유를 제공한다.

245
My parents | **enjoy** | ② ③ **hiking | a mountain.**
1 | 2 | 3

해설 3마디 목적어가 명사구(동명사구)인 「S + V + O」 형태의 문장이다.

Voca hike ⑧ 하이킹[도보 여행]을 가다
해석 나의 부모님은 등산을 즐기신다.

246
I | **think** | ① ② ③ **that | he | hates | us.**
1 | 2 | 3

해설 3마디 목적어가 명사절인 「S + V + O」 형태의 문장이다.

해석 나는 그가 우리를 싫어한다고 생각한다.

UNIT 26 타동사와 자동사 – 동사 보충어에 의한 분류(2)

- 구문에서 동사의 종류를 말할 때는, 일반적으로 「자동사와 타동사」의 종류를 묻는 것이다. 2마디 동사가 어떤 것이 오느냐에 따라 뒤에 오는 3/4/5마디의 구문이 결정된다. 그래서 반드시 동사의 종류와 뒤에 오는 문장 패턴을 연결해서 학습해야 한다.
  1) 자동사 : 주체의 동작/상태가 「자신」에게 영향을 미치는 동사 ⇨ 보어가 필요할 수도 있고, 필요 없을 수도 있음
  2) 타동사 : 주체의 동작/상태가 「대상」에게 영향을 미치는 동사 ⇨ 목적어가 반드시 필요(목적어는 1개 또는 2개)

* 많은 동사들이 자동사, 타동사로 동시에 사용된다. 그러므로 3마디를 보어, 목적어로 구분하지 말고 2마디 서술어의 내용을 보충해 주는 「보충어」의 자리로 이해하는 것이 훨씬 바람직하다. 보충어는 보어와 목적어를 모두 포함하는 개념이다.
(* 잉글맵에서 3마디 보충어로써 '보어'를 말할 때는 '명사보어'만을 말한다. 형용사보어는 2마디 서술어에 포함된 개념으로 정의한다.)

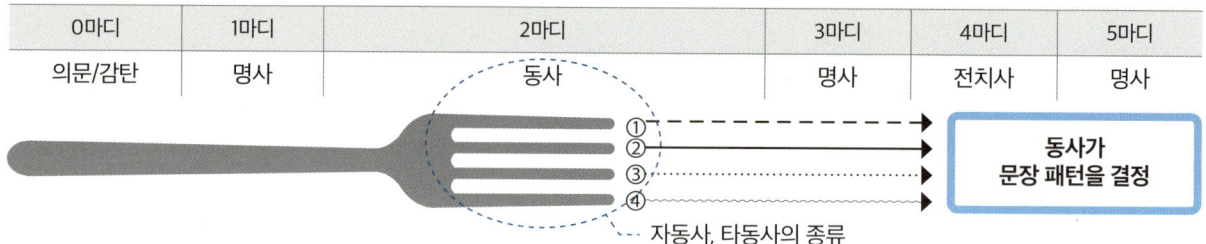

자동사와 보어 유형(1) : S + V (보어 없음)
보어, 목적어가 필요 없는 동사 유형

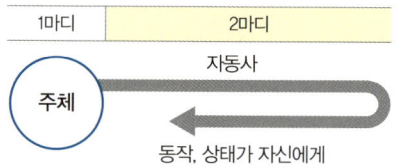

자동사와 보어 유형(2) : S + V + C(형/명)
'2마디 형용사' 또는 '3마디 명사'가 보어로 필요한 동사 유형

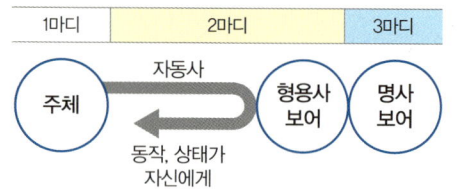

자동사와 보어 유형(3) : S + V + C(구, 절)
3마디 명사자리에 보충어로서 '보어(덩어리)'가 올 수 있는 동사 유형

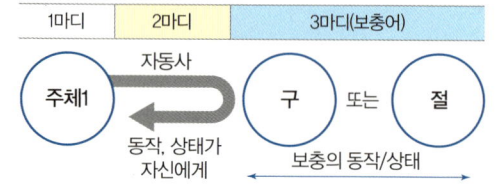

(⤴ 자동사, ⟶ 타동사)

타동사와 목적어 유형(1) : S + V + O
3마디에 목적어가 필요한 동사 유형

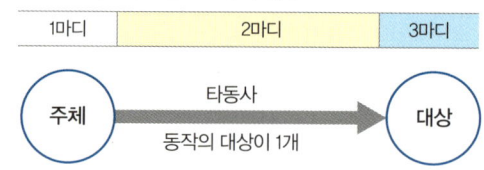

타동사와 목적어 유형(2) : S + V + IO + DO
3마디에 간접목적어, 직접목적어가 필요한 동사 유형

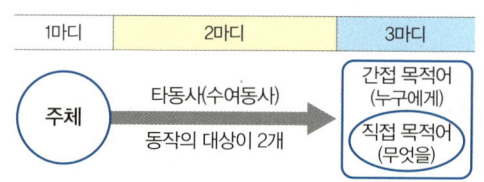

타동사 목적어 유형(3) : S + V + O(구, 절)
3마디 명사자리에 보충어로서 '목적어(덩어리)'가 있는 동사 유형

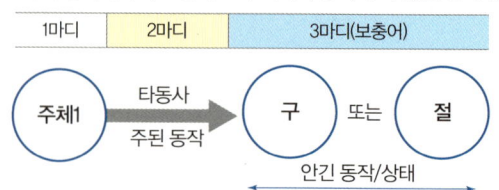

* 5형식에서 「목적어(O) + 목적보어(O·C)」는 일종의 명사구로써 유형 3에 해당됨.

233 Please keep healthy.
(연결동사) (형)
2

해설 keep healthy는 '건강을 유지하다'라는 뜻의 서술어로 「keep + 형용사」 형태의 연결동사이다. 연결동사 keep 대신 be로 교체해도 비슷한 뜻이 된다.

Voca keep ⑧ ~을 유지하다
healthy ⑲ 건강한
해석 건강히 지내세요.

234 She | remains calm | even under pressure.
(연결동사) (형)
1 · 2 · 4/5

해설 remain calm은 '침착을 유지하다'라는 뜻의 서술어로 「remain + 형용사」 형태의 연결동사이다. 연결동사 remains 대신 be동사 is로 교체해도 비슷한 뜻이 된다.

Voca remain ⑧ 계속 ~이다, 유지하다
calm ⑲ 침착한, 고요한
pressure ⑲ 압박(감), 스트레스
해석 그녀는 압박감 속에서도 침착하다.

235 Your idea | sounds good.
(연결동사) (형)
1 · 2

해설 sound good은 '좋은 것 같다'라는 뜻의 서술어로 「sound + 형용사」 형태의 연결동사이다. 연결동사 sounds 대신 be동사 is로 교체해도 비슷한 뜻이 된다.

Voca sound ⑧ ~하게 들리다
해석 네 생각은 좋은 것 같다.

236 The trashcan | smells bad.
(연결동사) (형)
1 · 2

해설 smell bad는 '안 좋은 냄새가 나다'라는 뜻의 서술어로 「smell + 형용사」 형태의 연결동사이다. 연결동사 smells 대신 be동사 is로 교체해도 비슷한 뜻이 된다.

Voca trashcan ⑲ 쓰레기통
smell ⑧ 냄새가 나다
해석 쓰레기통에서 안 좋은 냄새가 난다.

237 This pizza | tastes good.
(연결동사) (형)
1 · 2

해설 taste good은 '맛이 좋다'라는 뜻의 서술어로 「taste + 형용사」 형태의 연결동사이다. 연결동사 taste 대신 be동사 is로 교체해도 비슷한 뜻이 된다.

Voca taste ⑧ 맛이 나다
해석 이 피자는 맛이 좋다.

238 All my dreams | will come true | someday.
(연결동사) (형)
1 · 2 · 4/5

해설 come true는 '실현되다'라는 뜻의 서술어로 「come + 형용사」 형태의 연결동사이다. 연결동사 come 대신 be동사 be로 교체해도 비슷한 뜻이 된다.

Voca come true 실현되다, 이루어지다
someday ⑨ 언젠가
해석 내 모든 꿈들은 언젠가 이루어질 것이다.

239 I | turn | 30 | next year.
(연결동사) (명)
1 · 2 · 3 · 4/5

해설 turn은 뒤에 형용사나 명사가 와 '~한 상태가 되다'라는 뜻을 갖는 연결동사이다. turn 대신 be동사 am으로 교체해도 비슷한 뜻이 된다.

Voca turn ⑧ (~한 상태가) 되다
해석 나는 내년에 서른 살이 된다.

UNIT 25 일반동사와 연결동사 – 동사 보충어에 의한 분류(1)

● 일반동사는 「단어 하나」로 서술어가 완성되지만, 연결동사는 「보충하는 단어와 연결」을 통해 서술어의 내용을 완성한다. 주로 「동사 + 형용사」의 결합구조를 갖는 동사를 연결(연계)동사라 한다. 대부분의 연결동사는 be 또는 become으로 교체해도 비슷한 의미가 된다.

구분	일반동사(완전자동사, 타동사)	연결(연계)동사
특징	- 주어에 대해 무언가를 직접 말해주는 역할을 하는 동사(흔히, 보어가 필요없는 동사) - 주어에 대한 「사건」을 직접 나타냄	- 주어에 대해 무언가를 직접 말해주지 못하고 불완전하며 뒤에 실제 서술어가 오는 것을 알려줌 - 보어 역할을 하는 「형용사 또는 명사」가 추가적으로 필요한 동사
형태	동사	동사 + 형용사(보어), 동사 + 명사(보어)
종류	- 연결동사가 아닌 동사(*일부 연결동사 중 일반동사로 사용되기도 함)	- be동사 : am, is, are, was, were, was being 등 - 상태(지속)동사: <유지> keep, lie, stay, remain, stand 등 　　　　　　　　<감각> smell, taste, sound, feel, look 등 　　　　　　　　<인지> seem, appear, prove 등 - 상태(이동)동사 : <변화> become, come, get, fall, go, turn, grow, make 등

* 잉글맵에서는 '형용사 보어'는 2마디에, '명사 보어'는 3마디에 위치시킨다. (참조 「5. 문장마디 분석도구」 p.12)

229
　　　　(연결동사) (명사덩어리)
Today | was | a hard day.
　1　　　2　　　3

해석 오늘은 힘든 날이었다.

해설 a hard day는 보어로 「be동사 + 명사(보어)」 형태로 서술어가 된다.

230
　　　　　(연결동사) (형)
Everyone | stayed quiet.
　　1　　　　　2

Voca stay 동 유지하다, 머무르다
해석 모두가 조용히 있었다.

해설 stay quiet는 '조용한 상태를 유지하다'라는 뜻의 서술어로 「stay + 형용사」 형태의 연결동사이다. 연결동사 stayed 대신 be동사 was로 교체해도 비슷한 뜻이 된다.

231
　　(연결동사) (형)
They | look tired.
　1　　　2

해석 그들은 피곤해 보인다.

해설 look tired는 '피곤해 보이다'라는 뜻의 서술어로 「look + 형용사」 형태의 연결동사이다. 연결동사 look 대신 be동사 are로 교체해도 비슷한 뜻이 된다.

232
　　　(연결동사)　　(명사덩어리)
He | will make | a great husband.
　1　　　2　　　　　3

Voca make (성장[발달]하여) ~이 되다
해석 그는 훌륭한 남편이 될 것이다.

해설 「make + 명사」는 '성장[발달]하여 ~이 되다'라는 뜻의 서술어로 연결동사이다. 연결동사 make 대신 become으로 교체해도 비슷한 뜻이 된다.

UNIT 24. 시제동사와 무시제동사(준동사) – 동사 형태에 의한 분류(2)

● 문장에서 동사가 갖는 기능에 의해 시제동사와 무시제동사(준동사)로 구분할 수 있다. 중심문장에서 시제동사는 기능적(품사적)으로 「동사」이고 무시제동사는 동사가 아닌 「다른 품사(형용사, 명사, 부사)」의 역할을 한다. (단, 무시제동사는 꼬리표 안에서는 동사 역할을 한다.) 의미적으로는 둘 다 「주어(또는 의미상 주어)에 대한 서술어」로써 내용의 중심핵을 이룬다.

구분	시제동사	무시제동사(준동사)
특징	- 완전한 동사형태로 중심문장에서 「동사」 역할을 함 - 조동사를 취할 수 있음 - 인칭, 수, 시제, 태 등에 제약을 받고 진짜 주어를 가지며 서술어의 의미를 가짐	- 중심문장에서는 「다른 품사(형, 명, 부)」의 역할을 하고 꼬리표(구) 안에서는 동사 역할을 함 - 인칭, 수에 제약이 없고, 태와 일부 시제는 있으며 의미상 주어를 가지고 서술어의 의미를 가짐(조동사 불가)
형태	현재형, 과거형, 조동사 + 동사원형	부정사(to + 동사원형), 동명사(v-ing), 분사(v-ing, p.p.)
인칭, 수	수일치 적용	수일치 미적용
시제	모든 시제 적용	시제 일부 적용(to have p.p., having p.p. 등)
태	수동태 적용	수동태 일부 적용(to be p.p., / being p.p. 등)
주	동사에 대한 실제 주어 존재	준동사에 대한 의미상 주어 존재

225 You | should keep | your promise.
　1　　　　2　　　　　3
(should keep: 시제동사)

해설 동사 keep은 조동사 should와 함께 쓰일 수 있다.

Voca keep one's promise 약속을 지키다
해석 너는 약속을 지켜야 한다.

226 She | pretended | to work hard.
　1　　　2　　　　　②
　　　　　　　　└── 3 ──┘
(pretended: 시제동사 / to work hard: 준동사(명사적))

해설 to work는 동사 pretended의 목적어로써 명사 역할을 하면서, 파란색 꼬리표 안에서는 여전히 동사 역할을 한다.

Voca pretend 동 ~인 척하다
해석 그녀는 열심히 일하는 척했다.

227 The puppy | swimming | in the pool | is | mine.
　　1　　　　　②　　　　④⑤　　　2　　3
(swimming in the pool: 준동사(형용사적) / is: 시제동사)

해설 swimming은 명사 The puppy를 수식하는 형용사 역할을 하면서, 노란색 꼬리표 안에서는 여전히 동사 역할을 한다.

Voca puppy 명 강아지
해석 수영장에서 수영하고 있는 강아지는 내 것이다.

228 She | spent | all afternoon | reading | a novel.
　　1　　2　　　　3　　　　　②　　　　③
　　　　　　　　　　　　　└── 4/5 ──┘
(spent: 시제동사 / reading a novel: 준동사(부사적))

해설 reading은 문장 전체에 대한 부사 역할을 하면서, 분홍색 꼬리표 안에서는 여전히 동사 역할을 한다.

Voca spend + 시간 + v-ing ~하면서 시간을 보내다
해석 그녀는 오후 내내 소설을 읽으며 보냈다.

218
You | must not smoke | here.
(보조)(부)(본)
1 · 2 · 4/5

해설 조동사 must는 보조동사이며 본동사는 smoke이다.

Voca smoke 동 담배를 피우다
해석 너는 여기에서 담배를 피워서는 안 된다.

219
Tim | must have misunderstood | me.
(보조)(보조)(본)
1 · (조동사)(시제동사)(형용사) · 3

해설 must와 have는 보조동사이며 misunderstood는 본동사이다. 기능적으로 볼 때 한 문장에 동사의 수는 1개이어야 하므로 must는 보조동사, have는 동사, misunderstood는 과거분사로 형용사 역할을 한다.

Voca misunderstand 동 오해하다 (misunderstood - misunderstood)
해석 Tim은 나를 오해한 것이 분명하다.

220
The boy | must have been stealing | some bread | every week.
(보조)(보조)(보조)(본)
1 · (조동사)(시제동사)(형용사)(형용사) · 3 · 4/5

해설 must, have, been은 보조동사이며 stealing은 본동사이다. 기능적으로 볼 때 한 문장에 동사의 수는 1개이어야 하므로 must는 보조동사, have는 동사, been은 과거분사로 형용사, stealing은 현재분사로 형용사 역할을 한다.

해석 그 남자 아이가 매주 빵을 좀 훔치고 있었던 게 분명해.

221
I | have | two sons.
(본)
1 · 2 · 3

해설 have는 본동사이다.

해석 나는 아들이 둘 있다.

222
We | have been | friends | since high school.
(보조)(본)
1 · (시제동사)(형용사) · 3 · 4/5

해설 기능적으로 볼 때 한 문장에 동사의 수는 1개이어야 하므로 have는 동사, been은 과거분사로 형용사 역할을 한다.

Voca since 전 ~이래로
해석 우리는 고등학교 때부터 친구였다.

223
Julie | has been learning | piano | for 5 years.
(보조)(보조)(본)
1 · (시제동사)(형용사) · 3 · 4/5

해설 기능적으로 볼 때 한 문장에 동사의 수는 1개이어야 하므로 has는 동사, been은 과거분사로 형용사, learning은 현재분사로 형용사 역할을 한다.

해석 Julie는 피아노를 5년간 배우고 있다.

224
He | may have been tipsy | yesterday.
(보조)(보조)(본)(형)
1 · (조동사)(시제동사)(형용사)(형용사) · 4/5

해설 기능적으로 볼 때 한 문장에 동사의 수는 1개이어야 하므로 may는 보조동사, have는 동사, been은 과거분사로 형용사, tipsy는 형용사 역할을 한다.

Voca tipsy 형 술이 약간 취한
해석 그는 어제 약간 술이 취했는지도 모른다.

UNIT 23 보조동사와 본동사 – 동사 형태에 의한 분류(1)

- 두 개 이상의 단어가 단일 동사구를 형성하여 서술어의 기능을 할 수 있다. 이 때 동사구의 앞부분에 있는 것을 "보조동사"라 하고, 뒷부분에 있는 것을 "본동사"라 한다. 본동사는 주된 「의미」를 전달하는 반면 보조동사는 본동사를 도와 「시제, 태, 법, 상」의 차이를 보여주고, 「의문문, 감탄문, 기원문, 부정문, 도치」 등 문장 구조를 결정짓는 문법적 역할을 한다.

본동사	He studies English. / He bought some books.	그는 영어를 공부한다. / 그는 책을 좀 샀다.
보조동사(1개) + 본동사	He will exercise every day.	그는 매일 운동할 것이다.
보조동사(2개) + 본동사	He has been avoiding Julie.	그는 Julie를 피해왔다.
보조동사(3개) + 본동사	He may have been cheating us.	그는 우리를 속이고 있었는지도 모른다.

- 보조동사들 중에 본동사로 쓰일 수 있는 동사(be, do, have)도 있고 반드시 본동사와 함께 사용해야 하는 보조동사(조동사: must, should, shall, will, would, can, could, may, might)도 있다.

be 보조동사	be, am, are, is, was, were, been	본동사도 가능
do 보조동사	do, did, does, done	본동사도 가능
조동사	must, should, shall, will, would, can, could, may, might 등	보조동사만 가능
have 보조동사	have, has, had	본동사도 가능

- 동사덩어리를 바라볼 때, 시제를 표현할 수 있는 동사는 하나이고 나머지는 형용사의 기능으로 생각할 수 있다. 「have + p.p.」「be + ~ing」「be+p.p.」 등의 동사덩어리에서 "p.p., ~ing"가 의미적으로는 '본동사'이고 "have, be"가 보조동사에 해당되지만, 시제동사 관점에서 바라보면 "have, be"가 시제동사이고 "p.p., ~ing"는 모두 형용사의 기능으로 볼 수 있다. 이처럼 동사를 관점에 따라 유연하게 볼 수 있어야 한다.

---

215 She | is(본) | a doctor.
　　　1　　2　　　3

해석 그녀는 의사이다.

해설 is는 본동사로 쓰였다.

---

216 He | didn't say(보조)(본) so.
　　　1　　　2

Voca so (부) 그렇게
해석 그는 그렇게 말하지 않았다.

해설 didn't(did not)은 부정문을 만들며 보조동사로 쓰였고 본동사는 say이다.

---

217 He | did(본) | it | for money.
　　　1　　2　　3　　4/5

해석 그는 그것을 돈 때문에 했다.

해설 did는 본동사로 쓰였다.

Chapter 06

동사의 종류와 서술어

문장 안에서 동사는 2마디의 대표품사 역할을 합니다.

영어의 「시제(Tense), 태(Voice), 서법(Mood), 상(Aspect)」에 대한 문법적 자질을 동사가 표현한다. 동사는 문장을 구성하기 위해 반드시 필요한 요소입니다. 동사의 종류에 따라 문장의 기본 구조가 결정되기 때문에 체계적인 학습이 필요합니다. Chapter 06에서는 동사에 대한 다양한 분류 방법과 동사의 종류에 따른 역할에 대해 학습합니다.

MEMO

Further Study 7 — 서술어 해석 연습하기

서술어는 동작의 시점(과거, 현재, 미래), 동작의 상태(진행형, 완료형), 동작의 방향(수동태)의 조합이다.

| | 동작(시제) | 동작(시제) + 상태(진행, 완료) | 동작(시제) + 상태(진행, 완료) + 방향(수동) |

굴절어인 영어의 동사 어형변화표를 이해하면 한 문장을 가지고 21개 유형으로 서술어를 표현할 수 있다. 어떤 형태의 어형변화를 만나더라도 "과거, 현재, 미래의 시점"에서 "완료형(▶∣)", "진행형(▷)", "수동태(∣◀)"의 조합으로 이뤄진다는 점을 잊지 말자. 그리고 해석할 때도 "완료형(▶∣)", "진행형(▷)", "수동태(∣◀)"의 의미를 조합하여 서술어를 만들 수 있을 때까지 연습하자.

구분	과거 ●	현재 ◐	미래 ○
완전형	I played the piano. 나는 피아노를 쳤다.	I play the piano. 나는 피아노를 친다.	I will play the piano. 나는 피아노를 칠 것이다.
완료형 ▶∣	I had played the piano. 나는 이전에 피아노를 쳤었다. (그래서~)	I have played the piano. 나는 피아노를 쳐 왔다. (그래서~)	I will have played the piano. (이전에) 나는 피아노를 쳤을 거다. (그래서~)
진행형 ▷	I was playing the piano. 나는 피아노를 치고 있었다.	I am playing the piano. 나는 피아노를 치고 있다.	I will be playing the piano. 나는 피아노를 치고 있을 것이다.
완료 진행형 ▶∣,▷	I had been playing the piano. 나는 (이전부터) 피아노를 치고 있었다.	I have been playing the piano. 나는 (이전부터 지금까지) 피아노를 치고 있다.	I will have been playing the piano. (이미 이전에) 나는 (계속해서) 피아노를 치고 있었을 것이다.
수동태 ∣◀	The piano was played by me. 피아노는 나에 의해 연주되었다.	The piano is played by me. 피아노는 나에 의해 연주된다.	The piano will be played by me. 피아노는 나에 의해 연주될 것이다.
진행 수동태 ▷,∣◀	The piano was being played by me. 피아노는 나에 의해 연주되고 있었다.	The piano is being played by me. 피아노는 나에 의해 연주되고 있다.	The piano will be being played me. 피아노는 나에 의해 연주되고 있을 것이다.
완료 수동태 ▶∣,∣◀	The piano had been played by me. 피아노는 나에 의해 연주되었었다. (그래서)	The piano has been played by me. 피아노는 나에 의해 연주되었다. (그래서)	The piano will have been played by me. 피아노는 나에 의해 연주될 것이다. (그래서)

Further Study 6 · 동사의 '동작'과 '상태'

동사를 바라보는 관점에 따라 "완전형, 진행형, 완료형"으로 구분할 수 있다.

동사 변형의 이해

"throw - throws - threw - throwing - thrown"처럼 굴절어인 영어는 단어 형태에 변화를 줌으로써 그 단어의 문법성을 나타낸다. "throws(현재형), threw(과거형)"은 둘 다 완전형으로서 「시작과 끝이 있는 '동작'」을 나타낸다. 반면 "throwing(진행형), thrown(완료형)"은 「특정 동작의 '상태'」를 표현한 것이다. "throwing(진행형)"은 동작이 '끝나지 않은 상태'를, "thrown(완료형)"은 동작이 '끝난 상태'를 나타낸다.

동사가 진행형과 완료형으로 사용되면 품사 성질이 형용사적으로 변한다. 이로 인해 동사만이 가질 수 있는 '시제'의 특성을 제대로 나타낼 수 없게 되어 '보조동사(be, have)'의 도움을 받아 완전한 문장을 만든다. 그래서 동사와 관련된 단어들을 학습할 때에는 동사의 원래 모습(동사원형)과 굴절된 형태(현재형, 과거형, 진행형, 완료형)를 함께 익혀야 한다. 동사의 굴절 형태에는 일정한 규칙이 있긴 하지만 불규칙한 경우도 많아 세심한 주의가 필요하다. (* 부록. 불규칙 변화 동사 참조)

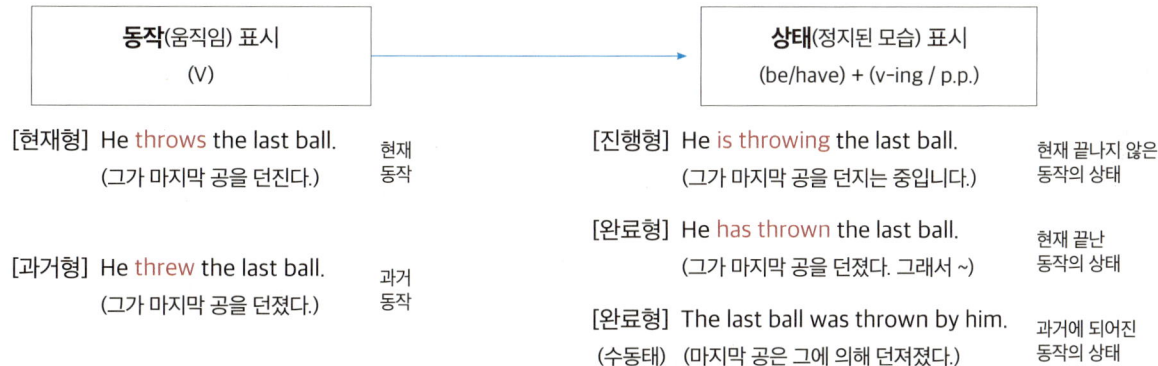

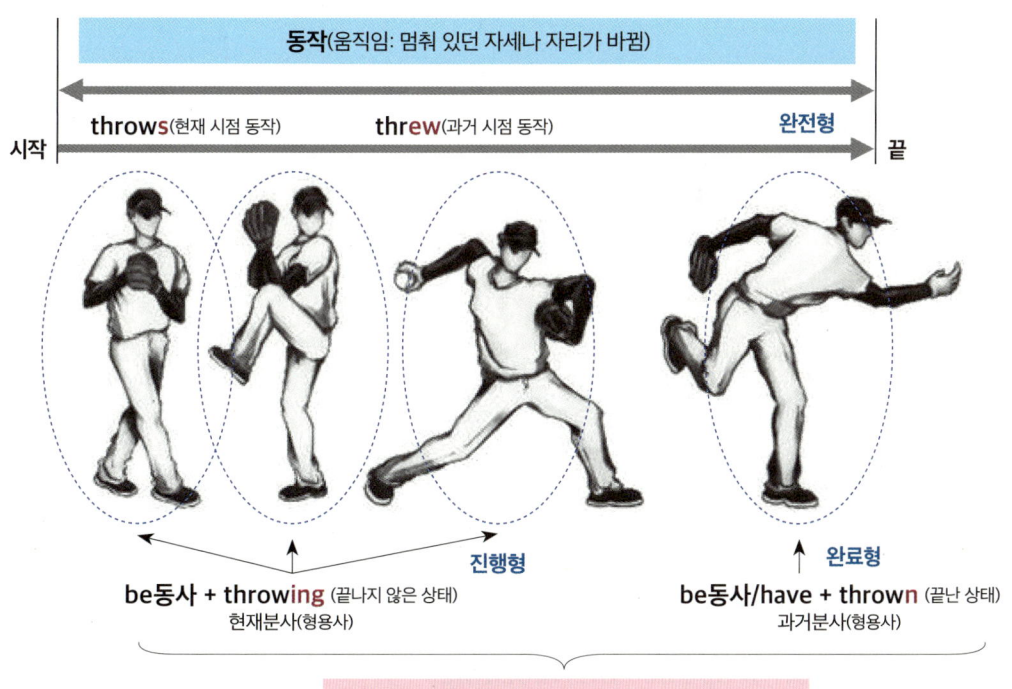

208 They | will have been | in Korea | for ten years next year.

해설 「will have p.p.」는 미래완료시제로 미래 특정 시점(next year)까지 계속될 상태를 나타낸다.

해석 그들은 내년이면 한국에 10년 동안 있게 될 것이다.

209 Tim | will be working | now.

해설 will은 현재를 나타내는 표현(now)과 함께 쓰여 현재에 대한 추측을 나타내기도 한다.

해석 Tim은 지금 일하고 있을 것이다.

210 Julie | said | that | she | would be late.

해설 will이 과거시제 일치를 위해 would로 전환되었다.

해석 Julie는 늦을 거라고 말했다.

211 You | would have enjoyed | Julie's birthday party.

해설 「would have p.p.」는 '~했을 것이다'의 뜻이다.

해석 너는 Julie의 생일 파티를 즐겼을 것이다.

212 You | should have come | earlier.

해설 「should have p.p.」는 '~했어야만 했다'의 뜻이다.

Voca earlier 더 일찍(early의 비교급)
해석 너는 더 일찍 왔어야 했다.

213 I | could have been hurt.

해설 「could have p.p.」는 '~할 수도 있었다'의 뜻이다.

Voca hurt 형 다친
해석 나는 다칠 수도 있었다.

214 Julie | must have gotten up late | this morning.

해설 「must have p.p.」는 '~했음에 틀림없다'의 뜻이다.

해석 Julie는 오늘 아침에 늦게 일어난 것이 틀림없다.

would have p.p. (완료형)	I would have done the same thing. (나도 그랬을 거야.)
should have p.p. (완료형)	I should have booked the concert ticket. (콘서트 티켓을 예약했어야 했어.)
could have p.p. (완료형)	I could have attended the meeting. (회의에 참석할 수도 있었다.) (그런데 못 했다.)

- **G형 「현재/과거 사건」에 대한 추측** : 조동사 현재/과거형(must, may, might) + 완료시제(have p.p.)
  - 조동사 현재/과거형 뒤에 과거의 일을 언급함으로써 일어나지 못한 일에 대한 「추측」을 나타낸다.
  - 「조동사 + 동사원형」처럼 조동사 뒤에는 동사 「과거형」을 쓸 수 없어서 「have p.p.」의 동사 완료형을 사용한다.
  - might have p.p.의 경우 If절과 함께 가정법으로 사용될 수도 있다

might have p.p (완료형)	It might have been true. (그것은 사실이었는지도 모른다)
must have p.p (완료형)	You must have been busy these days. (요즘 바쁘셨겠네요.)
may have p.p (완료형)	Julie may have already left. (Julie는 이미 떠났을지도 모른다.)

- **H형 「바로 이전 사건」에 대한 생각** : 조동사 1보후퇴형/현재형 + 완료시제(have p.p.)
  - 1보후퇴형(would, should, could, might) 조동사로 완료시제 사건에 대한 약한 생각(추측)을 나타낸다.
  - 현재형(must, may) 조동사로 완료시제 사건에 대한 비교적 강한 생각(확신)을 나타낸다.

would have p.p. (+현재시점)	I would have finished my homework by now. (지금쯤 나의 숙제를 마쳤을 텐데.)
should have p.p. (+현재시점)	The game should have started by now. (경기는 지금쯤 시작했을 거야.)
could have p.p. (+현재시점)	She could have become a principal by now. (그녀는 지금쯤 교장이 되었을지도 몰라.) (현재의 추측)
might have p.p. (+현재시점)	Tim might have been sleeping by now. (Tim은 지금쯤 자고 있을지도 몰라.)
must have p.p. (+현재시점)	He must have escaped from home by now. (그는 지금쯤 집에서 도망쳤을 거야.)
may have p.p. (+현재시점)	He may have read my email by now. (그는 지금쯤 내 이메일을 읽었을지도 몰라.)

- **I형** : 기타 유형
  - will have p.p. : [미래] 미래 완료에 대한 추측을 나타내는 "미래완료시제"이며, 미래 시간 표시와 주로 함께 사용된다.
  - can have p.p. : [현재] can과 have p.p.는 함께 사용되지 않지만 "의문문"에서 강한 의심을 나타낼 때는 사용된다.
  - can't have p.p. : [과거] can't와 have p.p는 함께 사용할 수 있으며 과거 일에 대한 강한 불신을 나타낼 때 사용된다.

206 They | would have known | the results | by now.
  1   2   3   4/5

해석 그들은 지금쯤 결과를 알고 있을 것이다.

해설 현재완료 시제의 사건에 대한 생각을 나타내기 위해 조동사 과거형을 사용했다.

207 Julie | can't have bought | that expensive house.
  1   2   3

해석 Julie는 그 비싼 집을 샀을 리가 없다.

해설 「can't have p.p.」는 '~했을 리가 없다'의 뜻으로 과거의 일에 대한 강한 부정적 추측을 나타낸다.

will (현재형) (+현재시점)	She will be studying math now. (그녀는 지금 수학을 공부하는 중일 것이다.) (현재 추측)
must (현재형)	We must pay taxes. (우리는 세금을 내야 한다.)
can (현재형)	I can swim well. (나는 수영을 잘 할 수 있다.)
may (현재형)	You may be right. (네 말이 맞는지도 모른다.)

● **C형 「과거 사건」에 대한 생각** : 조동사 과거형 + 과거시점 표현
- 조동사 과거형 would, should, could, might를 과거시점 표현(부사, 부사구, 부사절)과 함께 사용하면 과거시제로 과거에서의 생각을 나타낸다.
- should는 주로 종속절과의 주종관계에서 시제 일치에 많이 사용된다.(과거 시점에서 본 미래 표현)

would (과거형) (+과거시점)	I knew that he would win. (나는 그가 이길 것을 알았다.)
should (과거형) (+과거시점)	He told me that I should call her immediately. (그는 내가 그녀에게 즉시 전화해야 한다고 말했다.)
could (과거형) (+과거시점)	She could memorize many poems when she was young. (그녀는 젊었을 때 많은 시를 암기할 수 있었다.)
might (과거형) (+과거시점)	He said that he might visit us. (그는 우리를 방문할지 모른다고 말했다.)

● **D형 「현재 사건」에 대한 약한 생각** : 조동사 1보후퇴형
- 조동사 과거형과 모양은 같지만 실제 과거를 나타내지 않는다.
- 과거형이 시간적 개념이 아닌 거리적 개념으로 사용되어 한발 물러난 표현으로 사용될 수 있다.
- 과거 시간을 표시하는 부사, 부사구(절) 등이 없을 때 조동사의 1보후퇴형일 가능성이 높다.
- 조동사 현재형인 will, must, can, may 보다 한발 물러난 약한 생각으로 현재를 나타낸다.

would (1보후퇴형)	Would you sign here? (여기에 서명해 주시겠어요?)
should (1보후퇴형)	You should hurry. (서두르는 게 좋겠어.)
could (1보후퇴형)	She could be Chinese. (그녀는 중국인일 수도 있다.) (= 그녀가 중국인이 아닐 수도 있지만)
might (1보후퇴형)	She might be surprised at the news. (그녀는 그 소식에 놀랄지도 몰라.)

● **E형 「미래 사건」에 대한 약한 생각** : 조동사 1보후퇴형 + 미래시점 표현
- 조동사의 1보후퇴형은 미래 시간을 표시하는 부사, 부사구(절) 등과 함께 미래 시제를 나타내기도 한다.
- 조동사 현재형 will, must, can, may의 미래 시제보다 한발 물러난 약한 생각으로 미래를 나타낸다.

would (1보후퇴형) (+미래시점)	This war would end someday. (이 전쟁은 언젠가 끝날 것이다.)
should (1보후퇴형) (+미래시점)	He didn't eat breakfast. He should be hungry soon. (그는 아침을 먹지 않았다. 그는 곧 배고플 것이다.)
could (1보후퇴형) (+미래시점)	They could call me tomorrow. (그들은 내일 나에게 전화할지도 모른다.)
might (1보후퇴형) (+미래시점)	The team might lose tonight. (그 팀은 오늘 밤 질지도 모른다.)

● **F형 「과거 사건」에 대한 후회, 가정법** : 조동사 과거형(would, should, could) + 완료시제(have p.p.) → 과거완료시제 (후회)
- 조동사 과거형 뒤에 과거의 일을 언급함으로써 일어나지 못한 일에 대한 「아쉬움(후회)」을 나타낸다.
- 「조동사 + 동사원형」처럼 조동사 뒤에는 동사 「과거형」을 쓸 수 없어서 「have p.p」의 동사 완료형을 사용한다.
- 「조동사 과거형(would, should, could, might) + have p.p」는 가정법 말투로 사용된다.

UNIT 22. 조동사의 형태(현재형, 과거형)와 시제/시간

- 생각의 영역을 나타내는 「조동사의 현재/과거형」과 「시간표현」이 결합되어 다양한 시제표현(현재, 과거, 미래 등)을 만들 수 있다.
  ① 「시제」란 문장속 사건의 시간을 동사의 형태에 반영시킨 현재, 과거, 미래와 같은 "문법적 시간"을 말한다.
  ② 조동사 뒤에는 동사원형이 오기 때문에 현재형, 과거형과 같은 동사의 형태에 시간을 반영할 수 없다.
  ③ 대신에 조동사 시제를 현재형, 과거형으로 구분하여 사용한다.
      - 조동사의 현재형 : will, must, can, may   - 조동사의 과거형(또는 1보후퇴형) : would, should, could, might
  ④ 조동사 과거형은 시간적 개념외에 거리적 개념으로 한 발 물러난 "1보후퇴형" 표현으로 사용되기도 한다.
  ⑤ 조동사의 「현재형, 과거형」과 「시간표현」이 결합하여 "미래사건, 현재사건, 과거사건" 등 다양한 문법적 시간에서의 생각을 표현

		미래 & 생각	강 90%	70% 생각의 강약 50%	40%	30% 약 10%
	<문법적 시간 표현>	예측, 결정, 요청	필요, 의무, 충고 >	가능, 허가, 제안 >		허락, 선호
A형	「미래 사건」에 대한 생각	will	must	can		may
B형	「현재 사건」에 대한 생각	will	must	can		may
C형	「과거 사건」에 대한 생각	would	should	could		might
D형	「현재 사건」에 대한 약한 생각	would	should	could		might
E형	「미래 사건」에 대한 약한 생각	would	should	could		might
F형	「과거 사건」에 대한 후회(가정법)	would have p.p.	should have p.p.	could have p.p.		
G형	「현재/과거 사건」에 대한 추측		must have p.p.			might have p.p. / may have p.p.
H형	「바로 이전 사건」에 대한 생각 (반드시 현재시간 표현이 함께 사용)	would have p.p.	should have p.p. / must have p.p.	could have p.p.		might have p.p. / may have p.p.
I형	기타 유형	will have p.p. (미래완료 추측)		(과거불신) can't have p.p. (현재불신) can have p.p(의문문에서만 사용)		

<조동사와 시제유형>

- **A형 「미래 사건」에 대한 생각** : 조동사 현재형 (+ 미래시점 표현)
  - 조동사 현재형을 사용한 미래는 특정 시점을 표시하지 않는 한 주로 "불확실한 미래"의 뉘앙스를 갖는다.
  - 조동사 현재형 will, must, can, may는 문맥에 따라 미래시간 표시 없이도 독자적으로 미래시제를 나타낼 수 있다.
  - 조동사 현재형 will, must, can, may는 미래시간 표시를 나타내는 부사, 부사구 등의 도움을 받으면 미래시간이 분명해진다.

will(현재형) (+미래시점)	The exam will be very easy. (그 시험은 매우 쉬울 것이다.)
must(현재형) (+미래시점)	You must finish the work by tomorrow. (당신은 내일까지 그 일을 끝내야 한다.)
can(현재형) (+미래시점)	I can move to Busan next year. (나는 내년에 부산으로 이사 갈 수 있다.)
may(현재형) (+미래시점)	It may snow tonight. (오늘 밤에 눈이 올지 몰라.)

- **B형 「현재 사건」에 대한 생각** : 조동사 현재형
  - 조동사 현재형 will은 대부분 미래시제로 사용되나, 현재시간 표시와 함께 현재시제로도 사용 가능하다.
  - 조동사 현재형 must, can, may가 시간표현 없이 사용되면 대부분 현재시제로 현재에서의 생각을 나타낸다.

199
Morning classes | had been canceled | yesterday.
1 / 2 / 4/5

해설 서술어 「be canceled」의 be동사를 과거완료형(had+p.p.)으로 바꾸면 had been canceled가 된다.

Voca cancel (동) 취소하다
be canceled 취소되다
해석 어제 오전 수업들이 취소되었었다.

200
They | will have been | in Korea | for ten years | next year.
1 / 2 / 4/5 / 4/5 / 4/5

해설 be의 과거분사 been을 미래완료형(will + have + p.p.)으로 바꾸면 will have been이 된다.

해석 그들은 내년이면 한국에 10년 동안 있게 될 것이다.

201
Julie | is being respected | by her colleagues.
1 / 2 / 4/5

해설 '존경받다'라는 뜻의 서술어 be respected를 진행형(be+v-ing)으로 바꾸면 be being respected가 된다.

Voca respect (동) 존경하다
be respected 존경받다
colleague (명) 동료
해석 Julie는 그녀의 동료로부터 존경받고 있다.

202
Tim | is being investigated | by the police.
1 / 2 / 4/5

해설 '조사받다'라는 뜻의 서술어 be investigated를 진행형(be+v-ing)으로 바꾸면 be being investigated가 된다.

Voca investigate (동) 조사하다
be investigated 조사받다
해석 Tim은 경찰에게 조사받고 있다.

203
The votes | are being counted | now.
1 / 2 / 4/5

해설 '세어지다'라는 뜻의 서술어 be counted를 진행형(be + v-ing)으로 바꾸면 be being counted가 된다.

Voca vote (명) 투표 용지
count (동) (수를) 세다
be counted 세어지다
해석 투표지가 지금 세어지고 있다(개표중이다).

204
Tim's hospital bill | has been paid | by me.
1 / 2 / 4/5

해설 '지불되다'라는 뜻의 서술어 be paid를 현재완료형(have[has] + p.p.)으로 바꾸면 has been paid가 된다.

Voca hospital bill 병원비
pay (동) 지불하다
be paid 지불되다
해석 Tim의 병원비는 방금 내가 지불했다.

205
Julie | has been promoted | to manager.
1 / 2 / 4/5

해설 '승진하다'라는 뜻의 서술어 be promoted를 현재완료형(have[has] + p.p.)으로 바꾸면 has been promoted가 된다.

Voca promote (동) 승진시키다
be promoted 승진하다
manager (명) 관리자
해석 Julie는 관리자로 최근 승진했다.

UNIT 21 진행형 수동태와 완료형 수동태

- 진행형 수동태 : 진행형의 「be + v-ing」와 수동태인 「be + p.p.」가 합쳐져 「be + being + p.p.」가 됨
- 완료형 수동태 : 완료형의 「have + p.p.」와 수동태인 「be + p.p.」가 합쳐져 「have + been + p.p.」가 됨

진행형 수동태		완료형 수동태
Math | is being taught | by Tim. (수학이 Tim에 의해 가르쳐지고 있는 중이다.)	현재	Math | has been taught | by Tim. (수학이 Tim에 의해 가르쳐졌다. "그래서~")
Math | was being taught | by Tim. (수학이 Tim에 의해 가르쳐지고 있는 중이었다.)	과거	Math | had been taught | by Tim. (수학이 Tim에 의해 가르쳐졌었다. "그래서~")
Math | will be being taught | by Tim. (수학이 Tim에 의해 가르쳐지고 있는 중일 것이다.)	미래	Math | will have been taught | by Tim. (수학이 Tim에 의해 가르쳐질 것이다. "그래서~")

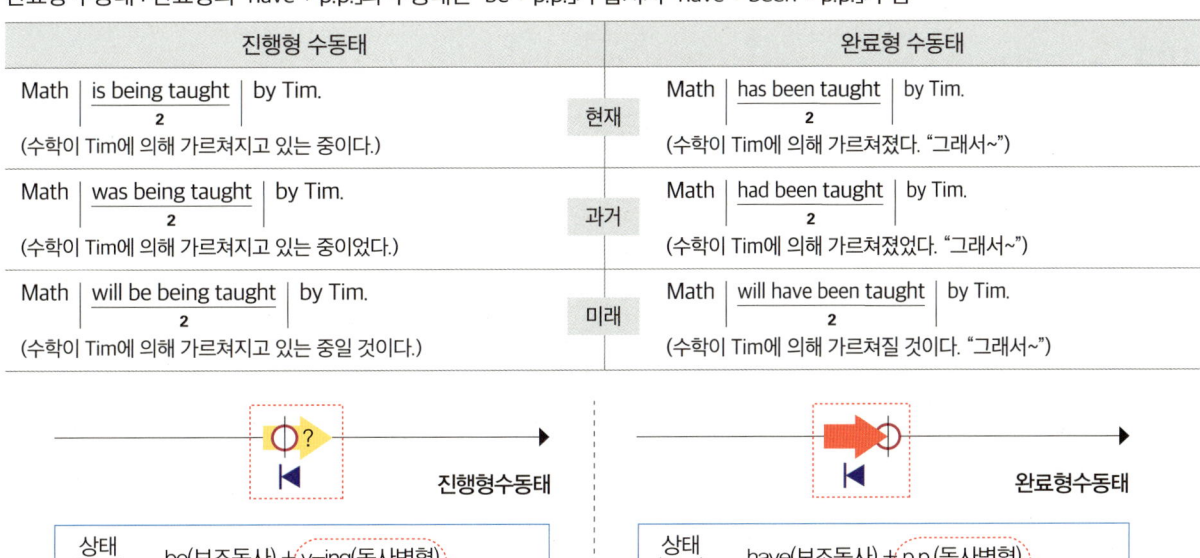

[● 과거, ◐ 현재, ○ 미래, ▶| 완료, |◀ 수동, ▷ 진행, ↪ 자동사, ⟶ 타동사]

---

196 She | is being followed | by someone.

해설 서술어 「be followed」의 be동사를 진행형(be + v-ing)으로 바꾸면 be being followed가 된다.

Voca follow 동 ~을 따라가다
be followed 미행당하다
해석 그녀는 누군가에게 미행당하고 있다.

---

197 Chairs | were being moved | in.

해설 서술어 「be moved」의 be동사를 진행형(be + v-ing)으로 바꾸면 be being moved가 된다.

Voca move in ~을 안으로 옮기다
be moved in 안으로 옮겨지다
해석 의자들이 안으로 옮겨지고 있었다.

---

198 You | have been chosen | for a job interview.

해설 서술어 「be chosen」의 be동사를 현재완료형(have[has] + p.p.)으로 바꾸면 have[has] been chosen이 된다.

Voca choose 동 선정하다
be chosen 선정되다, 뽑히다
해석 당신은 취업 면접에 선발되었습니다.

191 Tim | will have started | a new job | after a week.

해설 Tim은 일주일 후에 이미 새로운 일을 시작해 있을 것이다.

해설 미래 특정 시점(after a week)까지 완료될 행위를 나타내므로 미래완료시제를 사용했다.

192 I | will have gone | by the time | you | get | here.

Voca by the time ~할 즈음이면
해설 네가 여기 도착할 때쯤이면 나는 이미 가고 없을 것이다.

해설 미래 특정 시점(by the time you get here)까지 완료될 행위를 나타내므로 미래완료시제를 사용했다.

193 Julie | will have bought | her first car | by December.

해설 Julie는 12월쯤에는 그녀의 첫 차를 이미 샀을 것이다.

해설 미래 특정 시점(December)까지 완료될 행위를 나타내므로 미래완료시제를 사용했다.

194 Tim | will have gotten married | by 2025.

Voca get married 결혼하다
해설 Tim은 2025년까지는 결혼을 해 있을 것이다.

해설 미래 특정 시점(2025)까지 완료될 상태를 나타내므로 미래완료시제를 사용했다.

195 We | will have been painting | the mural | for 3 months | in June.

Voca mural 명 벽화
해설 우리는 6월이면 3달 동안 벽화를 그리고 있는 셈이 될 것이다.

해설 미래 특정 시점(June)에도 계속 진행 중일 행위를 강조하기 위해 미래완료진행시제를 사용했다.

TIP 'X완료'는 '이전(a prior to X)'의 개념이다.

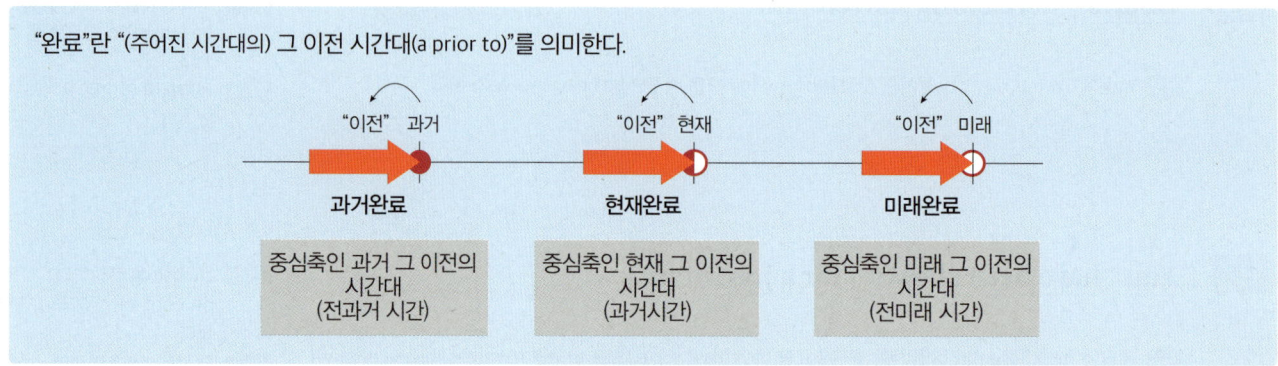

미래완료시제와 미래완료진행시제

- 미래완료시제 : Tim | will have taught | math. (Tim은 수학을 가르칠 것이다. "그래서~")
  1) 정의 : 특정한 미래 시간 이전에 발생할 미래 행위나 사건을 나타낼 때 사용
  2) 주요 특징
     - 미래완료시제는 미래 사건의 끝날 시점을 나타내는 at, by, before 등의 시간표현과 주로 함께 사용됨
     - 미래의 기한점을 기준으로 그 전 미래 사건을 표현
- 미래완료진행시제 : Tim | will have been teaching | math. (Tim은 수학을 "계속해서" 가르치는 중일 것이다.)
  1) 미래완료용법에 일시적 미완료의 의미를 추가 시킨 미래 행위/사건을 나타낼 때 사용
  2) 미래완료진행시제는 많이 사용되지 않으며, 대개 또 다른 미래 사건의 지속을 강조할 때 사용

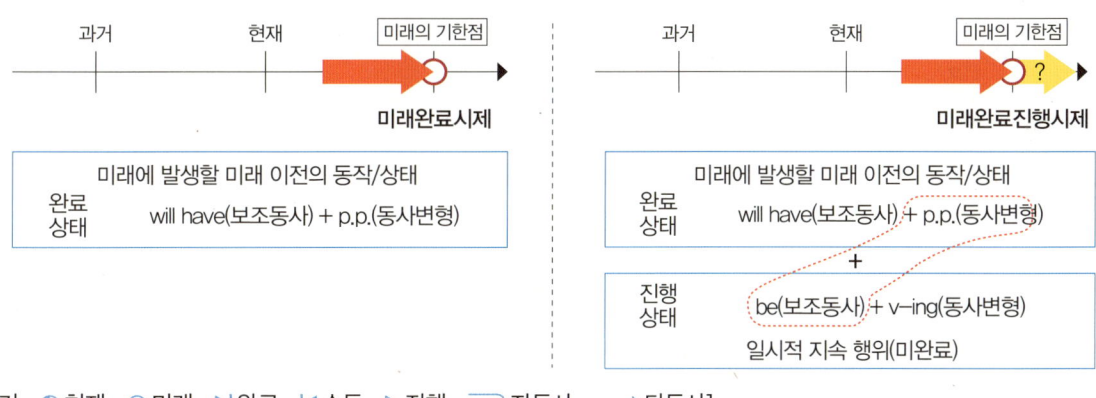

[● 과거, ◐ 현재, ○ 미래, ▶ 완료, ◀ 수동, ▷ 진행, ↻ 자동사, → 타동사]

---

188 The city's population | will have doubled | by 2050.

해설 미래 특정 시점(2050년)까지 계속될 상태를 나타내므로 미래완료시제를 사용했다.

Voca population 명 인구
double 동 두 배로 되다
해석 그 도시의 인구는 2050년 쯤 되면 두 배가 되어 있을 것입니다.

189 Tim | will have been learning | piano | for 3 years | next year.

해설 미래 특정 시점에도 계속 진행 중일 행위를 강조하기 위해 미래완료진행시제를 사용했다.

해석 Tim은 내년이면 3년 동안 피아노를 배우게 되는 셈이 될 겁니다.

190 We | will have arrived there | before 6 p.m.

해설 미래 특정 시점(before 6 p.m.)까지 완료될 행위를 나타내므로 미래완료시제를 사용했다.

해석 우리는 그곳에 오후 6시 전에 도착해 있을 것이다.

182 Julie | had been waiting | until | her child | fell asleep.

해설 어떤 행위가 과거 특정 시점까지 계속되고 있는 것을 강조하고자 할 때 과거완료진행형 시제를 사용한다.

Voca fall asleep 잠이 들다
해석 Julie는 그녀의 아이가 잠들 때까지 기다리고 있었다.

183 I | had never swum | until yesterday.

해설 과거 시점인 yesterday 이전의 경험을 나타내므로 과거완료시제를 사용했다.

해석 나는 어제까지 수영을 한 적이 없었다.

184 I | had known | her | before the meeting.

해설 과거 시점인 the meeting 이전의 경험을 나타내므로 과거완료시제를 사용했다.

해석 나는 회의 전에 그녀를 알고 있었다.

185 Tim | had never seen | a bear | before | he | went | to Canada.

해설 캐나다에 간 과거 시점 이전의 경험을 나타내므로 과거완료시제를 사용했다.

해석 Tim은 캐나다에 가기 전에 곰을 본 적이 없었다.

186 She | had been waiting | for two hours | when | I | got | there.

해설 내가 도착한 과거 시점 이전부터 내가 도착한 시점까지 계속되고 있는 것을 강조하고자 과거완료진행형을 사용했다.

해석 그녀는 내가 거기에 도착했을 때 2시간 동안 기다리고 있었다.

187 They | had been making | noises | when | I | entered | the office.

해설 내가 사무실에 들어간 과거 시점 이전부터 계속되고 있는 것을 강조하고자 과거완료진행형을 사용했다.

해석 내가 그 사무실에 들어갔을 때 그들은 시끄럽게 떠들고 있었다.

UNIT 19 과거완료시제와 과거완료진행시제

- 과거완료시제 : Tim | had taught | math. (Tim은 수학을 가르쳤었다. "그래서"~)

  1) 정의 : 과거 보다 더 먼 과거(전과거)에 발생한 행위를 나타낼 때 사용된다.
     - 중요한 과거 사건에 종속되어 부가적인 상황(배경이나 원인)을 묘사할 때 사용
     - 과거완료시제는 주로 독자적으로 쓰이지 않고, "기준"이 되는 시간과 함께 사용됨
  2) 주요 특징
     - 과거완료시제는 주로 종속절을 가지는 문장에 많이 나타남 (더 먼 과거와 과거를 비교하기 위해)
     - 보통 주절 동사는 과거시제, 종속절의 동사는 과거완료시제로 구성됨 (반대가 되는 경우도 있음)
     - 연속성을 부각하기 위해 종속절의 과거완료시제를 과거시제로 대체하기도 함
     - 과거완료시제와 어울리는 시간 종속절 : before, after, until, when, as soon as 등
     - 과거완료시제와 어울리는 기타 종속절 : 이유(because), 양보(although), 비교(than) 등

- 과거완료진행시제 : Tim | had been teaching | math. (Tim은 수학을 "계속해서" 가르치는 중이었다.)

  1) 과거 사건(1)이 일어난 시간 중에 그 이전의 과거 사건(2)이 끝나지 않고 일시적으로 지속된 경우에 사용
  2) 과거완료진행시제는 언제 마쳤는지는 알 수 없거나 관심이 없음

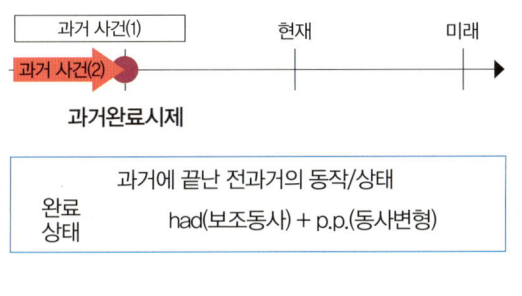
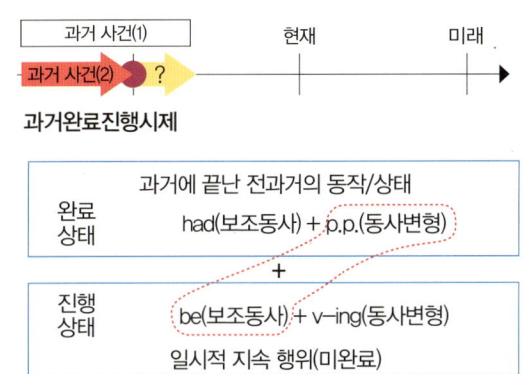

[● 과거, ◐ 현재, ○ 미래, ▶ 완료, ◀ 수동, ▷ 진행, ⤴ 자동사, → 타동사]

---

180 I | had been | on a diet | for three months.

Voca be on a diet 다이어트 중이다
해석 나는 이전에 3개월 동안 다이어트를 했다.

해설 과거완료시제를 사용한 것은 3개월간의 다이어트가 과거 어느 시점에 끝났다는 것을 나타낸다.

181

Voca harbor 명 항구
해석 우리가 항구에 도착하기 전에 배는 이미 떠났다.

해설 우리가 항구에 도착한 과거 시점보다 배가 떠난 것은 이전의 일이므로 과거완료시제를 사용했다.

175
We | have known | each other | since college.
1 | 2 | 3 | 4/5

해설 현재완료시제의 문장으로 '계속'을 나타낸다.

Voca since 전 ~이래로
해석 우리는 대학교 때부터 서로 알고 지냈다.

176
My headache | has gone away.
1 | 2

해설 현재완료시제의 문장으로 '결과'를 나타낸다.

Voca headache 명 두통
go away 사라지다
해석 나의 두통이 사라졌다

177
I | have been looking | for a job.
1 | 2 | 4/5

해설 「have[has] been v-ing」는 현재완료진행시제로 과거의 행위가 현재에도 진행 중임을 강조하는 표현이다.

해석 나는 일자리를 찾고 있다.

178
Tim | has been waiting | for you | for an hour.
1 | 2 | 4/5 | 4/5

해설 Tim is waiting for you now.에서처럼 현재진행형은 순간적, 일시적 의미를 나타내기 때문에 긴 시간인 'for an hour'는 쓸 수 없고 'now'를 사용해야 한다. 하지만 위의 예문처럼 완료진행형에서는 완료가 긴 시간을 나타내기 때문에 장시간(for an hour)과 함께 사용할 수 있다.

Voca wait for ~을 기다리다
for 전 ~동안
해석 Tim이 한 시간 동안 너를 기다리고 있다.

179
Julie | has been writing | a novel | since last month.
1 | 2 | 3 | 4/5

해설 「have[has] been v-ing」는 현재완료진행시제로 과거의 행위가 현재에도 진행 중임을 강조하는 표현이다.

Voca novel 명 소설
해석 Julie는 지난 달부터 소설을 쓰고 있다.

TIP 과거형 시제와 현재완료형 시제 구문하기

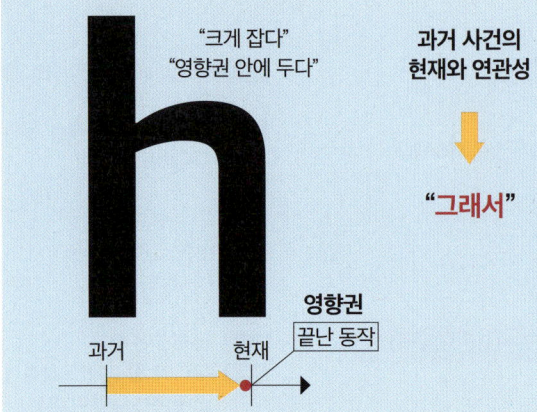

과거형은 단순 과거의 사건만 나타내는 반면, 현재완료형은 과거의 사건이 현재와 연관성이 있음을 나타낸다. 문맥상 "그래서 ~하다"는 합리적인 추측이 가능한 뉘앙스로 말할 때 사용된다.

- 단순 과거: Tim | went | to America.
(Tim은 미국에 갔다.)

- 현재완료시제: Tim | has gone | to America. (현재와 밀접한 과거)
(Tim은 미국에 갔다, "그래서 지금 여기 없다", "그래서 지금 미국에 있다" 등)

UNIT 18 현재완료시제와 현재완료진행시제

- 현재완료시제 : Tim | has taught | math. (Tim은 수학을 가르쳤다, "그래서~")
  1) 정의 : 과거에서 시작해서 현재에 이르기까지 그 사이의 시간대로서 현재 시점과 긴밀한 관계가 있는 과거 행위나 상태를 나타낸다. (과거로 해석되지만, 현재와 긴밀한 사건으로 받아 들임 ⇒ '그래서'의 뉘앙스를 포함하고 있음.)
  2) 주요 특징
     - 시작된 동작의 최근 '완료', 현재까지 고려한 과거의 '경험', 과거 사건이 현재까지 이어진 '계속', 최근의 있었던 사건의 현재적 '결과'의 4가지 용법으로 구분
     - 현재완료시제와 어울리는 시간 표현 : already, yet, just(완료), twice, never, often(경험), since, until now, so far, over(계속), recently, lately(결과) 등

- 현재완료진행시제 : Tim | has been teaching | math. (Tim은 수학을 "계속해서" 가르치는 중이다)
  - 과거에서 시작한 사건이 현재(●)까지 영향(▶)을 미치고, 현재에도 계속 진행(▷)중임을 나타냄
    (현재완료용법에 지금 이 순간의 일시적 지속 행위가 추가된 개념으로 사용됨)

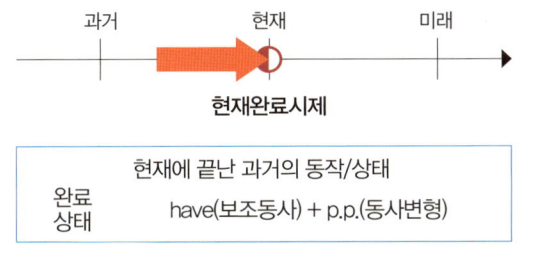
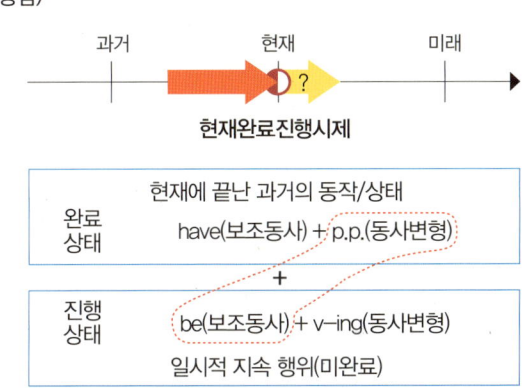

[● 과거, ◐ 현재, ○ 미래, ▶ 완료, ◀ 수동, ▷ 진행, ⟲ 자동사, → 타동사]

172 Tim | has recently moved | into a new apartment.

해설 현재완료시제의 문장으로 '완료'를 나타낸다.

Voca recently ⓟ 최근에
move into ~로 이사하다
해석 Tim은 최근에 새 아파트로 이사했다.

173 I | have never eaten | insects.

해설 현재완료시제의 문장으로 '경험'을 나타낸다.

Voca insect ⓝ 곤충
해석 나는 곤충을 먹어본 적이 없다.

174 I | have learned | English | for ten years.

해설 현재완료시제의 문장으로 '계속'을 나타낸다.

해석 나는 영어를 10년 동안 배웠다.

165 I | will be writing | my paper | tonight.
　　　1　　　　2　　　　　　3　　　　　4/5

해설 미래시제(will write)는 불확실한 생각을 포괄적으로 나타내는 반면 미래진행시제(will be writing)는 미래에 행위가 진행되는 순간에 초점을 맞춘 표현이다.

Voca paper 명 (학생의) 과제물 [리포트]
해석 나는 오늘밤에 나의 리포트를 쓰고 있을 것이다.

166 We | will be arriving | in Seoul soon.
　　　1　　　　2　　　　　　　　4/5

해설 We will arrive in Seoul.은 불확실한 생각을 포괄적으로 나타내는 반면 'will be arriving'으로 미래진행시제를 사용하면 미래에 도착하는 그 순간에 초점을 맞춘 표현이 된다.

해석 우리는 곧 서울에 도착할 것이다.

167 There will be | a math test | this Friday.
　　　　2　　　　　　　1　　　　　　4/5

해설 will은 미래의 객관적 사실을 나타낸다. There is ~ 도치구문에 조동사 will이 함께 사용되어 There will be ~가 되었다.

해석 이번 주 금요일에 수학 시험이 있을 것이다.

168 I | will write | him an email | after lunch.
　　　1　　　2　　　　(3)　　　3　　　　　4/5

해설 조동사 미래형(will write)은 즉석 결심으로 이메일을 쓸 것을 나타내고, 현재진행형(be going to write)으로 나타내면 사전에 이미 결심하여 이메일 쓸 것을 나타낸다.

해석 나는 점심을 먹고 그에게 이메일을 쓸 것이다.

169 I | will increase | the rent | next year.
　　　1　　　　2　　　　　　3　　　　4/5

해설 will이 화자의 미래 의지를 나타내는 경우이다.

Voca increase 동 인상하다
rent 명 세, 임차료
해석 나는 내년에 세를 인상할 것이다.

170 I | will eat | lunch | at the buffet | tomorrow.
　　　1　　　2　　　3　　　　4/5　　　　　4/5

해설 will이 화자의 미래 의지를 나타내는 경우이다. 미래진행형은 순간의 시간과 잘 어울리기 때문에 "I will be eating lunch at the buffet when you get home tomorrow."처럼 종속절의 시점을 구체적(when)으로 표현하는 것이 좋다.

Voca buffet 명 뷔페
해석 나는 내일 뷔페에서 점심을 먹을 것이다.

171 It | will be raining | the entire week.
　　　1　　　　2　　　　　　　4/5

해설 한 달의 장마기간 중 일주일을 순간으로 보고, 순간의 기간(일주일 내내)에 비가 올 것이라는 뉘앙스를 포함한다.

Voca entire 형 전체의
해석 일주일 내내 비가 올 것이다.

UNIT 17 단순 미래시제와 미래진행시제

- 미래시제 : Tim | will teach | math. (Tim은 수학을 가르칠 것이다.)
  1) 불확실한 미래(단순 예측, 즉석 결심) : will(대표 미래 조동사), (그 밖에 조동사는 미래시점 표시 필요)
  2) 확실한 미래(증거있는 예측, 사전 결심) : 조동사 will을 사용하지 않고, 현재 또는 현재진행형으로 미래를 표현
     - be going to 동사원형 : 사전에 결심한 탓에 근접한 미래에 완수할 예정을 나타낼 때
     - be about to 동사원형 : 아주 임박해 있는 미래표현을 나타낼 때 등
     - 왕래발착(come, go, arrive, depart, start, leave 등)동사가 미래 시간표현과 함께 사용될 때

- 미래진행시제 : Tim | will be teaching | math. (Tim은 수학을 가르치는 중일 것이다.)
  1) 미래진행시제는 미래(○)에서 끝나지 않은 짧은 한 순간에 확인될 일시적 행위(▷)를 나타낸다.
  2) 미래진행시제는 순간을 나타내는 종속의 사건과 잘 어울린다. (~할 때, ~하고 있을 것이다.)

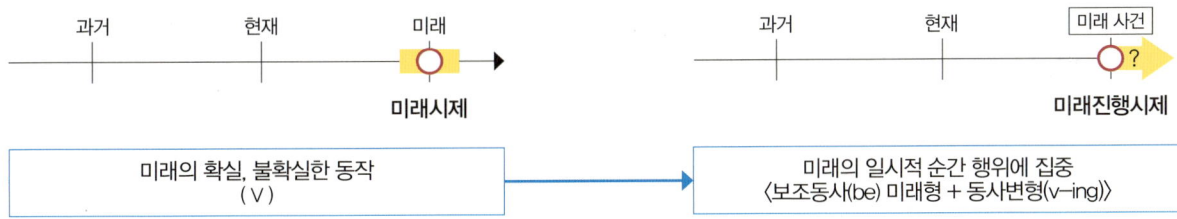

미래의 확실, 불확실한 동작 (V) → 미래의 일시적 순간 행위에 집중 〈보조동사(be) 미래형 + 동사변형(v-ing)〉

[● 과거, ◐ 현재, ○ 미래, ▶ 완료, ◀ 수동, ▷ 진행, ⤺ 자동사, → 타동사]

---

162 Space travel | will boom | in the future.
　　　　1　　　　　2　　　　　4/5

해설 will이 미래에 대한 예측을 나타내는 경우이다. be going to를 써도 된다.

Voca boom 통 호황을 맞다, 붐을 이루다
해석 우주 여행이 미래에는 붐을 이룰 것이다.

163 I | will turn down | the volume.
　　　1　　　2　　　　　　3

해설 will이 화자의 미래 의지를 나타내는 경우이다.

Voca turn down (소리·온도 등을) 낮추다
volume 명 음량[볼륨]
해석 소리를 작게 할게.

164 I | am going to see | the dentist | tomorrow.
　　　1　　　2　　　　　　　3　　　　　4/5

해설 be going to는 가까운 미래의 일을 나타내며 준조동사로 사용되었다.

Voca dentist 명 치과 의사
해석 나는 내일 치과에 갈 것이다.

155 I | was playing | tennis | yesterday morning.
1 / 2 / 3 / 4/5

해설 과거진행시제는 과거 특정 시점(yesterday morning) 전후에 진행 중이던 일을 나타낸다.

해석 나는 어제 아침에 테니스를 치고 있었다.

156 I | wasn't listening | to you carefully.
1 / 2 / 4/5

해설 과거 특정 시점 전후에 진행 중이던 일을 나타낸다.

Voca listen to ~을 듣다
해석 나는 주의 깊게 너의 말을 듣고 있지 않았다.

157 It | rained a lot | yesterday.
1 / 2 / 4/5

해설 과거 시제는 과거 특정 시점(yesterday)의 사건을 나타낸다.

해석 어제 비가 많이 내렸다.

158 We | saw | a great movie | last weekend.
1 / 2 / 3 / 4/5

해설 과거 시제는 과거 특정 시점(last weekend)의 사건을 나타낸다.

해석 우리는 지난 주말에 멋진 영화를 보았다.

159 Julie | didn't come | to my birthday party.
1 / 2 / 4/5

해설 과거 시제는 과거 특정 시점(my birthday party)의 사건을 나타낸다.

해석 Julie는 나의 생일 파티에 오지 않았다.

160 We | were watching | fireworks | last night.
1 / 2 / 3 / 4/5

해설 과거진행시제는 과거 특정 시점(last night) 전후에 진행 중이던 일을 나타낸다.

Voca fireworks 불꽃놀이
해석 우리는 어젯밤에 불꽃놀이를 보고 있었다.

161 I | was taking | a walk | this morning.
1 / 2 / 3 / 4/5

해설 과거진행시제는 과거 특정 시점(this morning) 전후에 진행 중이던 일을 나타낸다.

Voca take a walk 산책하다
해석 나는 오늘 아침에 산책하고 있었다.

UNIT 16 단순 과거시제와 과거진행시제

- 과거시제 : Tim | taught | math. (Tim은 수학을 가르쳤다.)
  1) 수, 인칭 : 인칭에 관계 없이 -ed, 과거시제의 불규칙형(부록 참조)
  2) 과거시제는 '과거(●)에서 확실함'을 나타낸다.
  3) 시간상 과거에 끝난 확정된 시간을 나타낸다.
     - 과거에 완결된 사건
     - 과거에 완결되어 현재에는 더 이상 일어나지 않는 반복된 사건
     - 과거에 완결된 사건이 정해진 시간 범위 안에서 지속

- 과거진행시제 : Tim | was teaching | math. (Tim은 수학을 가르치는 중이었다.)
  1) 과거진행시제는 과거(●)에서 끝나지 않은 짧은 한 순간에 확인된 일시적 행위(?)를 나타낸다.
  2) 주된 과거 사건(단순과거)과 대조되어 사건의 배경 묘사를 할 때 사용된다.
     While Tim was teaching math, she prepared a meal.   (Tim이 수학을 가르치고 있는 동안에, 그녀는 식사를 준비했다.)
         (과거 사건에 대한 배경)   (과거 사건)

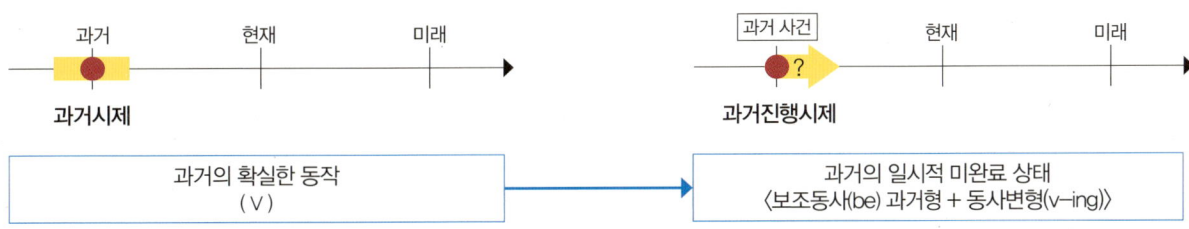

[● 과거, ◐ 현재, ○ 미래, ▶ 완료, ◀ 수동, ▷ 진행, ↶ 자동사, → 타동사]

---

152   I | was born | in 2000.

Voca be born 태어나다
해석 나는 2000년에 태어났다.

해설 과거시제는 과거 특정 시점(in 2000)의 사건을 나타낸다.

153   The singer's performance | was amazing | yesterday.

Voca performance 몡 공연
      amazing 혱 놀라운
해석 그 가수의 어제 공연은 정말 대단했다.

해설 과거시제는 과거 특정 시점(yesterday)의 상태를 나타낸다.

154   Tim | taught | English | at high schools.

해석 Tim은 고등학교에서 영어를 가르쳤다.

해설 과거시제는 현재와 관계없는 과거의 지난 일을 나타낸다.

145 I | am reading | a fashion magazine.
　　　1　　　2　　　　　3

해설 현재 일시적으로 진행중인 일을 나타낼 때 현재진행시제(be+v-ing)를 사용한다.

해석 나는 패션 잡지를 읽고 있다.

146 I | am coming back | next week.
　　　1　　　2　　　　　4/5

해설 현재진행시제는 미래를 나타내는 표현(next week)과 쓰여 미래를 나타내기도 한다. 이 경우 미래의 개인 스케줄로서 확정된 미래 시제를 나타낸다.

해석 나는 다음 주에 돌아올 거야.

147 I | often skip | breakfast.
　　　1　　　2　　　　3

해설 현재시제는 반복적인 일을 나타낸다.

Voca skip 통 거르다, 빼먹다
해석 나는 종종 아침을 거른다.

148 Your train | leaves | in 20 minutes.
　　　　1　　　　　2　　　　4/5

해설 현재시제는 가까운 미래의 예정된 일을 나타내기도 한다.

해석 당신이 탈 기차는 20분 후에 출발합니다.

149 Tim | always studies hard | for exams.
　　　1　　　　　2　　　　　　4/5

해설 현재시제는 항시적(언제나, 늘)으로 반복적인 일을 나타낸다.

해석 Tim은 항상 시험을 대비해 열심히 공부한다.

150 I | am working | part-time | at the library.
　　　1　　　2　　　　4/5　　　　4/5

해설 현재 진행중인 일시적인 일을 나타낼 때 현재진행시제를 사용한다. part-time은 '파트타임(시간급, 비상근)으로'의 뜻으로 부사로 사용되었다.

Voca work part-time 파트타임으로 근무하다
해석 나는 도서관에서 파트타임으로 일하고 있다.

151 He | is always blaming | others.
　　　1　　　　　2　　　　　3

해설 현재진행시제가 always, continually, forever와 함께 쓰여 부정적인 뉘앙스로 '바람직하지 않게 반복되는 일'을 나타낸다.

Voca blame 통 욕하다, 비난하다
해석 그는 항상 남을 욕한다.

UNIT 15 단순 현재시제와 현재진행시제

- 현재시제 : Tim | teaches | math. (Tim은 수학을 가르친다.)
  1) 수, 인칭 일치 : 3인칭 단수 주어일 때 -s, -es
  2) 현재시제는 '현재(●)에서의 확실함'을 나타낸다. (가까운 과거, 현재, 가까운 미래를 포함한 현재의 넓은 구간)
  3) 현재시제는 시간상 '끝이 없는(timeless)' 무시간의 의미를 갖는다. ('현재 또는 미래」까지의 반복)
     - 일반적 불변의 진리 : 과학, 법칙, 원리를 포함
     - 항시적인(언제나, 늘) 현재의 습관적인 동작 : 빈도를 표현하는 부사와 함께 사용
     - 역사적 사실, 연극 등의 지문, 속담, 격언 등

- 현재진행시제 : Tim | is teaching | math. (Tim은 수학을 가르치는 중이다.)
  1) 현재진행시제는 현재(●)에서 일시적으로 진행중이어서 끝나지 않은 미완료의 상태(▶)를 나타낸다. (현재에서의 좁은 특정 시점)
  2) 현재진행시제는 미래 시간 표현과 함께 개인 스케줄 등 확정된 미래시간을 나타낼 수도 있다.
  3) 진행형은 '순간'의 개념이기 때문에 'now' 개념의 부사들과 잘 어울린다.

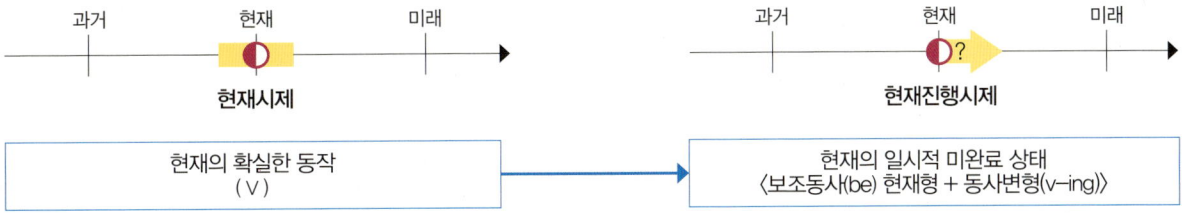

[● 과거, ● 현재, ○ 미래, ▶ 완료, ◀ 수동, ▷ 진행, ↻ 자동사, → 타동사]

142 My house | has | three bedrooms.

해설 현재시제는 항시적(언제나, 늘)으로 변함없는 상태를 나타낸다.

해석 나의 집은 침실이 세 개이다.

143 The school cafeteria | closes | at 8 p.m.

해설 현재시제는 항시적(언제나, 늘)으로 반복적인 일을 나타낸다.

Voca school cafeteria 학교 식당
해석 학교 식당은 저녁 8시에 문을 닫는다.

144 The earth | moves | around the sun.

해설 현재시제는 항시적(언제나, 늘)인 불변의 진리를 나타낸다.

해석 지구는 태양의 주위를 돈다.

Chapter 05

동사 사건의 시간을 나타내는 「시제」

문장 속 사건의 시간을 동사의 형태에 반영시킨 "현재, 과거, 미래"와 같은 문법적 시간을 「시제」라고 합니다.

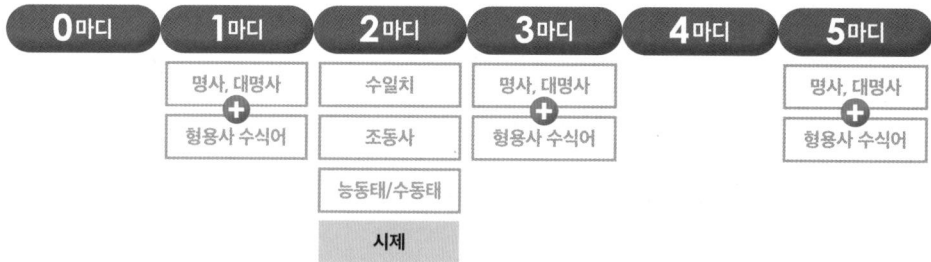

Chapter 05에서는 동작의 시점(과거, 현재, 미래), 동작의 상태(진행형, 완료형), 동작의 방향(능동태, 수동태), 조동사(생각의 영역)의 조합에 따른 서술어의 시제 표현 방법을 학습합니다.

MEMO

Further Study 5 — 동사 「힘의 방향」과 「진행/완료」 상태

A <자동사, 타동사의 진행형>

be동사와 함께 자동사, 타동사 모두 진행형으로 사용할 수 있다. 자동사의 진행형은 A에게서 나온 동사의 힘이 소멸되지 않은 채 계속 자신에게 영향을 미치고 있는 상태를 나타낸다. 타동사의 진행형은 A에게서 나온 동사의 힘이 소멸되지 않고 계속해서 B에게 영향을 미치고 있는 상태를 나타낸다.

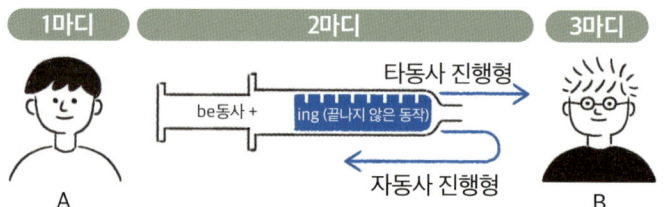

Tim | is eating | dinner. (타동사)
(Tim은 저녁을 먹고 있다.)

The sun | is rising. | (자동사)
(해가 뜨고 있다.)

B <자동사, 타동사의 완료형>

자동사와 타동사 모두 have 동사와 함께 완료형으로 사용될 수 있다. 자동사의 완료형은 A에게서 나온 동사의 힘이 소멸된 상태로 자신에게 영향을 미치는 상태를 나타낸다. 타동사의 완료형은 A에게서 나와 B에게 영향을 미치던 동사의 힘이 소멸된 상태를 나타낸다.

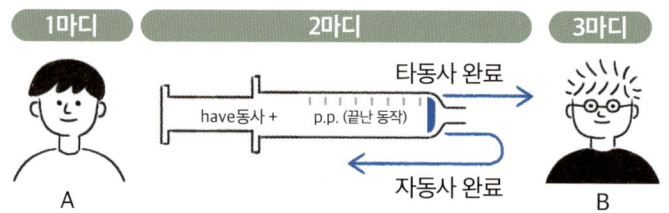

I | have finished | my homework. (타동사)
(나는 내 숙제를 끝냈다.)

I | have been | there. (자동사)
(나는 거기에 가본 적이 있다.)

C <be동사 + p.p.(타동사의 완료형)> (수동태)

be동사와 함께 완료형으로 사용된 타동사는 by와 함께 B에 의해 이미 끝난 동사 힘이 A에게 영향을 미치는 상태를 나타낸다. 이 때 A는 이미 힘을 다한 동사의 주체가 아니므로 '수동태'라고 말한다.

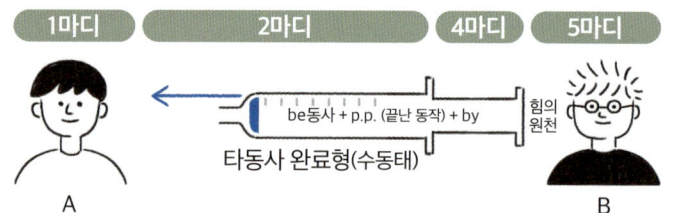

He | is loved | by everyone.
(그는 모두에게 사랑받는다.)

D <be동사 + p.p.(자동사의 완료형)> (수동태 ×)

자동사의 완료형은 원칙적으로 사용할 수 없다. 하지만 가끔 be동사와 함께 사용된 형태를 볼 수 있다. 이것은 수동태가 아니라, 「have + 자동사 완료형」을 「be동사 + 자동사 완료형」으로 표현한 것에 불과하다. 그래서 「be동사+p.p.(자동사의 완료형)」를 수동태로 해석하면 안 되며, 자동사의 완료 동작으로 해석해야 한다.

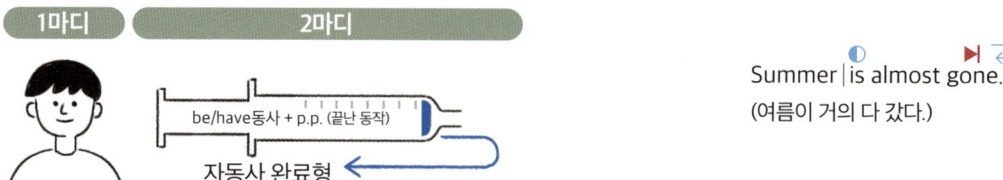

Summer | is almost gone. |
(여름이 거의 다 갔다.)

Further Study 4 — 유사 수동태와 수동태가 아닌 경우

수동태는 '당하는 동작'으로 해석하고, 유사 수동태와 수동태가 아닌 경우는 '능동태'로 해석한다.

A. <유사 수동태 1 : 상태동사 + 과거분사(p.p.)>

'일반동사'는 한 단어로 2마디 서술어가 완성되지만, '연결동사'는 보충 단어를 연결함으로써 2개 이상의 단어로 서술어를 완성한다(「unit. 25 일반동사와 연결동사」 참조). '상태동사'는 주로 연결동사로 사용되는데, 이 때 상태동사 뒤에 형용사 역할을 하는 과거분사(p.p)가 함께 사용됨으로써 주어의 상태를 서술할 수 있다. 이 경우 동사 뒤에 있는 과거분사는 수동태 형태와 유사하다. 하지만 둘은 분명 다르다. 수동태는 주어가 '행위를 당하는 동작'에 대한 용법이다. 반면 <유사 수동태1>은 주어에 대한 '상태'를 나타내기 때문에 엄밀히 말해 수동태가 아니다. 단지 「동사 + 형용사」 형태로 2마디에 사용된 서술어일 뿐이다.

- 상태(지속)동사 : feel, look, rest, stand, lie 등
- 상태(이동)동사 : become, grow, remain, seem, get 등

ex1) My friend | got excited. (내 친구가 흥분했다.)   [excited는 과거분사로 형용사 역할]
       1   2

ex2) My friend | seemed excited. (내 친구가 흥분한 것 같았다.)
       1   2

(*잉글맵에서 형용사가 보어로 쓰일 때는 2마디에 위치시키고, 명사가 보어로 쓰일 때는 3마디에 위치시킨다. excited는 형용사 보어로써 2마디에 위치한다.)

B. <유사 수동태 2 : be + 과거분사(?) → be + 형용사>

형용사의 형태가 과거분사처럼 '~ed'의 형태를 갖는 경우 수동태로 오해하는 경우가 있다. 이런 형용사들은 처음에는 동사의 과거분사형으로 사용되다가 형용사로 거의 굳어진 단어들이다. 큰 틀에서 보면 감정동사의 과거분사도 이런 유형에 속한다고 할 수 있다. 이와 같은 형용사가 포함된 2마디 서술어는 수동태가 아닌 능동태로 해석해야 한다.

- '~ed' 형용사 : be based on(~에 기초하다), be engaged to(~와 약혼하다), be used to ~ing(~에 익숙하다) 등
- 감정동사의 과거분사 : be interested in(~에 흥미가 있다), be surprised at(~에 놀라다), be satisfied with(~에 만족하다), be disappointed with(~에 실망하다), be worried about(~에 대해 걱정하다), be pleased with(~로 기뻐하다) 등

ex3) Julie | is used | to getting up early. (Julie는 일찍 일어나는 것에 익숙하다.)
     1   2   4/5

ex4) We | are worried | about you. (우리는 네가 걱정된다.)
     1   2   4/5

C. <수동태가 아닌 경우 : be + 자동사의 과거분사(p.p.)>

수동태는 'be + 타동사의 과거분사'의 형태가 일반적이다. 그렇다면 'be + 자동사의 과거분사' 형태는 무엇일까? 이 형태는 수동태가 아니다. 'have + 자동사의 과거분사'의 형태에서 have 대신 be동사를 혼용해 사용하면서 생긴 현상에 불과하다. 이런 경우에는 be 동사를 have로 바꿔서 완료 개념의 능동태로 해석하면 된다.

- be(have) + 자동사의 과거분사 : be come(왔다), be gone(갔다), be finished(끝났다), be grown up(자랐다) 등

ex5) My work | is finished. (내 일이 끝났다.)   (My work has finished.)
      1   2

ex6) You | are grown up | now. (너 이제 다 컸구나.)   (You have grown up now.)
    1   2   4/5

Chapter 04 동사 힘의 방향을 보여주는 「태」

예문 1

A famous architect | was chosen | to design | the new opera house.

해설 이 문장은 They chose a famous architect to design the new opera house. 문장에서 목적어(the famous architect)를 주어로 사용해 만든 수동태 문장이다. 목적격 보어 to부정사(to design)는 수동태 문장에 그대로 유지된다.

Voca architect 명 건축가
choose 통 선택하다
(chose - chosen)
해석 한 유명한 건축가가 새로운 오페라 하우스를 디자인하는데 선정되었다.

예문 2

Your pets | are kept | happy | by your love.

해설 이 문장은 Your love keeps your pets happy. 문장에서 목적어(your pets)를 주어로 사용해 만든 수동태 문장이다. 목적격 보어인 형용사(happy)는 수동태 문장에 그대로 유지된다.

Voca keep + 형용사: ~한 상태를 유지하다
be kept 유지되다
해석 여러분의 애완동물은 여러분의 사랑에 의해 행복을 유지한다.

예문 3
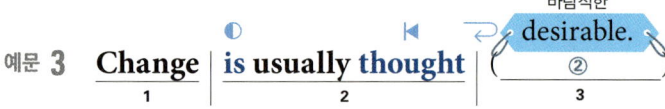
Change | is usually thought | desirable.

해설 이 문장은 We[People] usually think change desirable. 문장에서 목적어(change)를 주어로 사용해 만든 수동태 문장이다. 목적격 보어인 형용사(desirable)는 수동태 문장에 그대로 유지된다.

Voca desirable 형 바람직한
해석 변화는 일반적으로 바람직한 것으로 생각된다.

예문 4
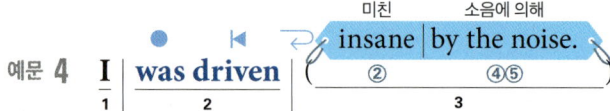
I | was driven | insane | by the noise.

해설 이 문장은 The noise drove me insane. 문장에서 목적어(me)를 주어로 사용해 만든 수동태 문장이다. 목적격 보어인 형용사(insane)는 수동태 문장에서 그대로 유지된다.

Voca drive 통 (사람을) 몰아가다 (drove - driven)
be driven ~하게 되다
insane 형 미친, 제정신이 아닌
해석 나는 소음 때문에 미칠 지경이었다.

예문 5

He | was found | a spy.

해설 이 문장은 They found him a spy. 문장에서 목적어(him)를 주어로 사용해 만든 수동태 문장이다. 목적격 보어인 명사(a spy)는 수동태 문장에서 그대로 유지된다.

Voca find 통 발견하다, 알아내다
be found 발견되다
spy 명 스파이, 첩자
해석 그는 스파이로 밝혀졌다.

예문 6

The politician | is considered | a traitor.

해설 이 문장은 They consider the politician a traitor. 문장에서 목적어(the politician)를 주어로 사용해 만든 수동태 문장이다. 목적격 보어인 명사(a traitor)는 수동태 문장에서 그대로 유지된다.

Voca politician 명 정치인
consider 통 간주하다
be considered 간주되다
traitor 명 배신자
해석 그 정치인은 배신자로 간주된다.

예문 7
He | was appointed | product manager.

해설 이 문장은 They appointed him product manager. 문장에서 목적어(him)를 주어로 사용해 만든 수동태 문장이다. 목적격 보어인 명사(product manager)는 수동태 문장에서 그대로 유지된다.

Voca appoint 통 임명하다
be appointed 임명되다
product manager 제품 관리자
해석 그는 제품 관리자로 임명되었다.

잉글맵 고급편 미리보기

※ 잉글맵 고급편 "#21, #26"에서 상세히 설명
(한 번 읽어보고 그냥 넘어가도 됩니다.)

〈5형식의 수동태〉

- 능동태일 때 asked는 동사 힘의 방향이 순방향으로 "요청했다"의 타동사 대상을 나타내는 목적어가 3마디에 온다.
- 수동태일 때 "be asked"는 동사 힘의 방향이 역방향으로 "요청 받았다"의 자동사 내용을 보충해 주는 보어가 3마디에 온다.
- 중심 문장의 2마디에 원인동사(a causative verb)가 올 때 3마디 목적어로 「US(의미상 주어) + to-v구」가 자주 등장한다.
  - 원인동사(a causative verb) : 남으로 하여금 어떤 동작을 일으키는 동사
    advise(조언하다), allow(허락하다), ask(요청하다), cause(초래하다), choose(선택하다), enable(가능케하다), expect(기대하다), forbid(금지하다), request(요청하다), require(요구하다), teach(가르치다), tell(말하다), urge(촉구하다), want(원하다), wish(바라다) 등

〈능동태(asked) : 3마디 that절〉

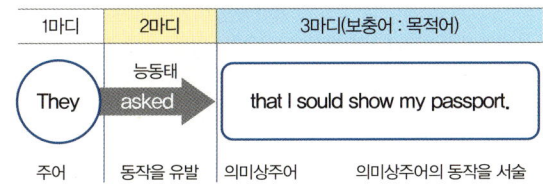

- asked로 인해 3마디 목적어 자리에 that절이 안김
  (해석 : 그들은 내가 여권을 보여줄 것을 요청했다.)

〈능동태(asked) : 3마디 to-v 축약〉

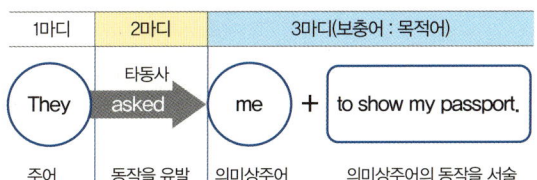

- that절이 축약되면서 3마디 목적어 자리에 to-v구가 안김
- 축약 과정에서 that절의 주어 I가 'me'로, should show가 'to show'로 바뀜
- that절이 축약되어도 me 의미상 주어 역할을 하며 to-v구는 서술어의 역할을 함
  (해석 : 그들은 내가 여권을 보여줄 것을 요청했다.)

〈수동태(be asked) : 3마디 보충서술어〉

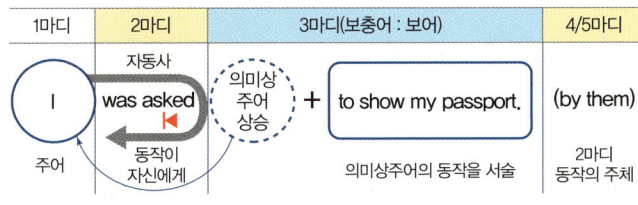

- 수동태가 되면서 3마디의 의미상 주어 me가 1마디 주어로 상승하고 to-v구는 그대로 3마디 남음
- 이런 과정으로 인해 2마디의 was asked와 3마디의 to-v구는 의미적으로 모두 서술어의 역할을 함
- 2마디의 was asked가 진짜서술어 역할이라면, 3마디의 to-v는 보충서술어의 역할을 함
  (해석 : 나는 여권을 보여 달라는 요청을 받았다.)

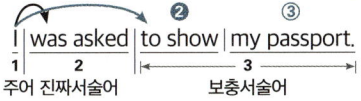

나는, 요청받았다, 보여 달라는, 내 여권을

※ 5형식 문장이 수동태 되고 난 후에 뒤의 오는 to부정사 용법에 대해 학계에서는 다양한 관점으로 바라본다. 잉글맵에서는 위의 그림에서 처럼 3마디에서 "that절 => to-v축약 => 의미상 주어 상승"과정을 통해 2마디 수동태 뒤에 3마디 to-v구가 생긴 것으로 바라본다.(수동태 뒤 3마디에 to부정사 외 「ing/p.p./형/명」도 올 수 있음) 하지만 용법보다 더욱 중요한 것은 "어떻게 해석하느냐"이다. 잉글맵에서는 수동태 뒤 3마디에 오는 「to-v/ing/p.p./형/명」를 "보충서술어"로 바라본다. 보충서술어는 2마디에 있는 진짜서술어를 도와서 내용을 구체적으로 보충해서 서술해 주는 역할로 해석하면 된다.

UNIT 14 4형식의 수동태

- 목적어가 2개인 4형식을 수동태로 전환할 때, 간접목적어, 직접목적어 둘 다 수동태의 주어로 가능하다.
- 직접목적어가 주어로 이동할 경우, 간접목적어 앞에는 전치사(to, for, of)를 반드시 명시(단, to는 생략가능)하도록 한다.

<능동태>

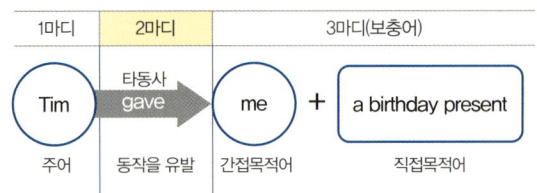

- 수여동사(gave)는 3마디 보충어 자리에 2개의 목적어(간접목적어, 직접목적어)를 가짐.
  (해석 : Tim은 나에게 생일 선물을 주었다.)
  (*타동사: 동사의 힘이 3마디 목적어에게 향함)
  (*자동사: 동사의 힘이 3마디 보어를 참고한 후에 주어에게로 향함)

<수동태>

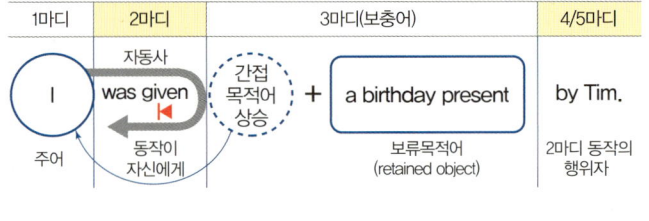

- 수여동사(gave)가 수동태가 되면 간접목적어가 주어로 상승하고 2마디가 be + p.p.의 형태로 바뀜.
- was given은 자동사로 목적어를 취할 수 없는데 a birthday present가 여전히 목적어처럼 남아 있음.
- 이때 a birthday present는 '보류목적어(retained object)'라고 함.
- '주어졌다(was given)'는 것은 '받았다'의 의미로 타동사적으로도 사용 가능함. (해석 : 나는 Tim으로부터 생일선물을 받았다.)

- 수여동사(gave)가 수동태될 때 직접목적어가 주어로 상승할 수도 있음.
- 이 경우 간접목적어 앞에 전치사를 명시해 주어야 함(단, to는 생략할 수도 있음)
  (해석 : 생일선물은 Tim에 의해서 나에게 주어졌다.)

[● 과거, ◐ 현재, ○ 미래, ▶ 완료, ◀ 수동, → 타동사, ↶ 자동사]

139 I | was sent | a long apology email | by him.
　　　　1　　　2　　　　　3　　　　　　　　4/5

해설 was sent를 '받았다'의 타동사처럼 해석할 때 a long apology email은 보류목적어 역할을 한다.

Voca　send 동 보내다 (sent - sent)
be sent 받다
apology 명 사과
해석 나는 그가 쓴 긴 사과 이메일을 받았다.

140 A long apology email | was sent | to me | by him.
　　　　　　1　　　　　　　　　　2　　　4/5　　4/5

해설 동사가 send, give, show 등인 4형식 문장을 직접목적어를 주어로 하는 수동태 문장으로 전환시 간접목적어 앞에 to를 쓴다.

해석 긴 사과 편지가 그에 의해 나에게 보내졌다.

141 A $10 gift card | was bought | for me | by my uncle.
　　　　　　1　　　　　　　2　　　　4/5　　　4/5

해설 4형식 동사 buy, make의 경우는 간접목적어를 주어로 상승하여 수동태로 만들지 않고 직접목적어만 주어로 상승하여 수동태를 만든다. 이때 간접목적어 앞에 전치사는 for를 쓴다.

해석 10달러짜리 상품권은 삼촌이 나에게 사준 것이다.

UNIT 13 조동사 수동태와 구동사 수동태

- 수동태는 조동사와 함께 사용할 수 있다.
  - 조동사 수동태 : 조동사 + be p.p.
- 구동사(동사 + 전치사/부사)도 전체를 하나의 동사처럼 여겨서 be p.p.의 형태로 수동태 문장을 만든다.

[♥ 조동사 현재형, ♡ 조동사 과거형(1보후퇴형), ♡ 유사조동사, ◀ 수동]

134 Happiness | can't be bought | with money.
　　　　1　　　　　　2　　　　　　4/5

해설 「can + 동사원형」의 수동태는 「can + be p.p.」의 형태이다.

Voca be bought 구매되다
해석 행복은 돈으로 살 수 없다.

135 Wild animals | must be protected.
　　　　1　　　　　　2

해설 「must + 동사원형」의 수동태는 「must + be p.p.」의 형태이다.

Voca wild animal 야생동물
protect 동 보호하다
be protected 보호받다
해석 야생동물들은 보호받아야 한다.

136 Your car | has to be repaired | immediately.
　　　　1　　　　　　2　　　　　　　　4/5

해설 「have to + 동사원형」의 수동태는 「have to + be p.p.」의 형태이다.

Voca repair 동 수리하다
be repaired 수리받다
해석 너의 차는 즉시 수리받아야 한다.

137 The meeting | was called off.
　　　　1　　　　　　2

해설 구동사 call off를 수동태로 고치면 be called off이다.

Voca call off 취소하다
be called off 취소되다
해석 그 회의는 취소되었다.

138 Tim | should be punished.
　　　　1　　　　　2

해설 「should + 동사원형」의 수동태는 「should + be p.p.」의 형태이다.

Voca punish 동 처벌하다
해석 Tim은 벌을 받아야 한다.

130 French | is spoken | in over 50 countries.

해설 수동태 문장에서 행위자가 일반인일 때 행위자를 「by + 목적격」의 형태로 밝히지 않은 경우이다.

Voca French 명 프랑스어 형 프랑스의, 프랑스인[어]의
be spoken 말해진다, 사용된다
해석 프랑스어는 50개가 넘는 나라에서 사용된다.

131 The decision | was made | by her boss.

해설 이 문장과 같은 뜻의 능동태형 문장은 Her boss made the decision이다.

Voca decision 명 결정
be made ~하게 되다
boss 명 상사
해석 그 결정은 그녀의 상사에 의해 내려졌다.

132 Julie | is interested | in Chinese history.

해설 「be + p.p.」에서 p.p.가 형용사처럼 사용되어 뒤에 다양한 전치사들과 함께 고유한 의미를 나타내는 경우이다.

Voca be interested in ~에 관심[흥미]이 있다
해석 Julie는 중국 역사에 관심이 있다.

133 Kyoto | is well known | as Japan's ancient capital.

해설 「be + p.p.」에서 p.p.가 형용사처럼 사용되어 뒤에 다양한 전치사들과 함께 고유한 의미를 나타내는 경우이다.

Voca be known as ~로 알려져 있다
ancient 형 고대의
capital 명 수도
해석 교토는 일본의 고대 수도로 잘 알려져 있다.

TIP 수동태와 전치사

- 수동태는 「be + 과거분사(p.p.) + by + 행위자」의 형태를 갖는다. 하지만 아래의 사례처럼 과거분사 뒤에 전치사 by 대신 다른 전치사가 사용되는 경우를 볼 수 있다. 이런 이유로 인해 수동태에서 '전치사 by 이외에 사용되는 전치사'로 무작정 외우면 안된다. 수동태에서 행동의 주체가 되는 행위자는 반드시 「by + 행위자」로 나타내야 한다. 다만, 행위자가 중요하지 않거나 알려지지 않는 경우에는 생략할 수 있다. 아래의 경우들도 동사와 짝을 이루는 전치사를 사용하여 내용을 전달하면서 「by + 행위자」가 중요하지 않아 생략한 것에 불과하다.

be known as	~로서 알려져 있다
be known to	~에게 알려져 있다
be known for	~로 유명하다
be covered with	~로 덮여 있다
be involved in	~와 관련되다
be filled with	~로 가득 채워져 있다
be composed of	~로 구성되다
be accustomed to	~에 익숙하다

UNIT 12 능동태와 수동태

- 한자로 「태(態)」를 바라보면 "모양 태(態)"로써 동사 행위자(주체)와 관계된 "태도, 입장"을 나타낸다. 영어로 「태(Voice)」를 바라보면 "목소리(Voice)"로써 누구의 입장에서 내는 "목소리"인지를 나타낸다.
- 능동태와 수동태를 결정하는 행위자와 목소리의 주체는 동사 힘의 방향에 의해 결정된다.
- 동사 힘이 순방향(→)으로 행위자의 능동적 목소리로 전달될 때는 능동태를, 역방향(←)으로 수혜 대상의 수동적 목소리로 전달될 때는 수동태를 사용한다.
- 능동태인지, 수동태인지는 동사의 굴절형태로 구분한다.

구분	능동태	수동태
특징	- 주어의 행위를 직접 서술하는 동사형태 (사건에 관여된 행위자를 강조)	- 목적어에게 일어난 사건을 강조할 때의 동사형태 - 목적어(수혜 대상)가 문법적 주어 위치로 이동 시킴(1마디) - 연결동사(be)로 완료된 사건(p.p.)을 서술(2마디) - 완료된 사건의 주체(행위자)를 by와 함께 표현(4/5마디) (행위자가 중요하지 않을 때는 by와 함께 생략 가능)
힘의 방향	행위자 순방향 : 행위자(주어) → 수혜 대상(목적어)	행위자 역방향 : 수혜 대상(주어) ← by 사건의 주체(행위자)
동사굴절	~(e)s, ~ed	be + p.p. (+ by 행위자)

[● 과거, ◐ 현재, ○ 미래, ◀ 수동]

126  I | am loved | by God.
　　　　1 　　2 　　　　4/5

Voca be loved 사랑받다
해석 나는 신에게 사랑받는다.

해설 이 문장과 같은 뜻의 능동태형 문장은 God loves me이다.

127 Julie | was raised | by her grandmother.
　　　　1 　　2 　　　　　4/5

Voca be raised 양육되다
해석 Julie는 그녀의 할머니 밑에서 길러졌다.

해설 이 문장과 같은 뜻의 능동태형 문장은 Her grandmother raised Julie이다.

128  The skyscraper | was built | in the early 1970s.
　　　　　1 　　　　2 　　　　　4/5

Voca skyscraper 명 고층 건물
be built 건설되다
해석 그 고층 건물은 1970년대 초에 건설되었다.

해설 수동태 문장에서 행위자가 중요하지 않거나 누구인지 모를 때 행위자를 「by+목적격」의 형태로 밝히지 않은 경우이다.

129  This magazine | is read | by many teenagers.
　　　　　1 　　　　2 　　　　4/5

Voca magazine 명 잡지
be read 읽히다
teenager 명 십대
해석 이 잡지는 많은 십대들에게 읽혀진다.

해설 이 문장과 같은 뜻의 능동태형 문장은 Many teenagers read this magazine.

Chapter 04

동사 힘의 방향을 보여주는 「태」

주어의 동작과 상태를 순방향(→)으로 설명할 때 '능동태'라 하고, 역방향(←)으로 설명할 때 '수동태'라고 합니다.

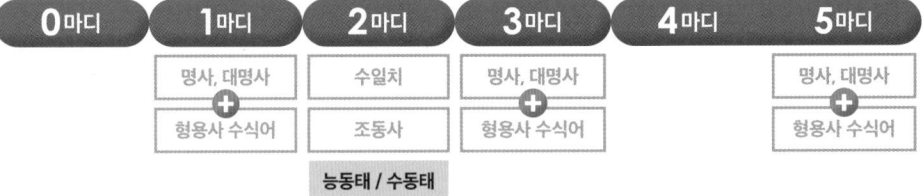

문장에서 주어는 행위의 '주체'가 될 수도 있고, '대상'이 될 수도 있습니다. Chapter 04에서는 '주어와 동사 힘의 방향'을 설명하는 「태」에 대해 학습합니다.

MEMO

Further Study 3 | 조동사는 「생각 주머니」, 동사 앞에 위치

조동사가 사용되면 실제 '사건'을 나타내는 것이 아니라, '생각 속의 사건'을 나타낸다.

A <조동사 = 생각주머니>

어떤 사실에 대해 말하는 이의 의중을 덧붙이고자 할 때에는 조동사를 사용한다. 조동사와 함께 사용된 동사는 '사실'을 확정하는 것이 아니라 말하는 이의 '생각 속의 사건'임을 표현한다. 그래서 문장에서 조동사를 만나면 먼저 '생각 주머니'를 만든 후 조동사 다음에 나오는 말들을 그곳에 넣어 그 뜻을 개념화 하면 좋다. 조동사는 본동사 앞에 위치하며, 다른 보조동사(be, do, have) 앞에서도 사용 가능하다.

그녀는 책을 <u>읽고 있다</u>.　　~일 것이다.　　그녀는 책을 <u>읽고 있을 것이다</u>.

동사 (과거, 현재의 사실)
She <u>is reading</u> a book.

조동사 (생각 주머니)

조동사 + 동사
She <u>will be reading</u> a book now.

B <서술어의 어순>

한국어와 영어는 각기 문장 전체의 어순이 다를 뿐만 아니라 2마디의 서술어 어순 또한 전혀 반대의 구조를 갖는다. 한국어의 서술어가 '본동사+보조동사'의 어순을 갖는 반면 영어는 '보조동사 + 본동사' 구조의 서술어를 갖는다. 또한 한국어는 서술어의 어미에 해당하는 보조동사와 보조형용사가 대단히 많고 다채로운 반면 영어는 단 4가지 종류(be동사, do동사, 조동사, have동사)의 보조동사만 가지고 있다. 영어의 보조동사는 생각을 표현하거나 시제, 부정문, 의문문 등을 만들 때 사용된다.

```
<한국어의 서술어 어순>
본동사 + 보조동사/보조형용사

보조동사 + 본동사/형용사
<영어의 서술어 어순>
```

내일은 비가 <u>올 수도 있습니다</u>.
It | <u>could</u> rain | tomorrow.
~일 수도 있다 비가 오다

당신은 <u>수영할 수 있어요</u>.
You | <u>can</u> swim. |
~할 수 있다 수영하다

너는 일어서려고 노력<u>해야 한다</u>.
You | <u>must</u> try | to stand
~해야한다 노력하다

UNIT 11 조동사를 이용한 관용적 표현

- 조동사는 우리말로 해석될 때 서술어의 제일 마지막 부분의 의미를 나타낸다.
- 조동사의 관용적 표현들을 미리 익혀 두면 빠르고 정확한 해석에 도움이 된다.

would like to	~하는 게 좋겠다, ~하고 싶다
would rather (not) 동사원형	차라리 ~하는 게 (하지 않는 게) 좋다
would rather A than B	B하느니 차라리 A하는 것이 낫다
cannot help ~ing	~할 수 밖에 없다
cannot (help) but ~	~할 수 밖에 없다
cannot ~ too / enough	아무리 ~해도 지나치지 않다
cannot A without B	A할 때 마다 항상 B하다 (B하지 않고[없이] A할 수 없다)
as ~ as + S + can	가능한 한 ~하게

---

122 I | would rather not talk | about it | now.

해설 would rather는 '차라리 ~하겠다'의 뜻으로 선택을 하는 상황에서 쓰는 표현이다.

해석 나는 지금 그것에 관해 말하지 않겠다.

---

123 I | cannot help | 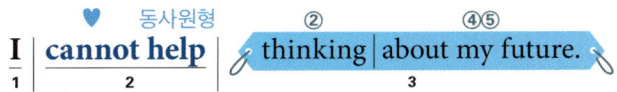 thinking | about my future.

해설 「cannot help ~ing」는 「cannot (help) but + 동사원형」으로 바꿔 쓸 수 있다.

해석 나는 나의 미래에 대해 생각하지 않을 수 없다.

---

124 Writers | cannot be too careful | about copyright laws.

해설 cannot ~ too…는 '아무리 ~해도 지나치지 않다'의 뜻이다.

Voca copyright law 저작권법
해석 작가들은 저작권 법에 아무리 조심해도 지나치지 않는다.

---

125 We | cannot live | a day | without our smartphones.

해설 cannot ~ without…은 '…없이[하지 않고] ~할 수 없다'의 뜻이다.

해석 우리는 스마트폰 없이 단 하루도 살 수 없다. / 우리는 매일 스마트폰을 사용한다.

115
You | need not worry | about your future | too much.
1 / 2 / 4,5 / 4,5

동사원형

해설 조동사로 쓰이는 need는 부정문과 의문문에서만 쓰인다. need not worry를 don't need to worry로 바꿔 쓸 수 있다.

Voca worry about ~에 대해 걱정하다
해석 너는 너의 미래에 관해 너무 걱정할 필요 없다.

116
I | am going to watch | a movie | tonight.
1 / 2 / 3 / 4,5

동사원형

해설 be going to는 미래에 일어날 객관적 사실에 대해 말할 때 쓴다.

Voca be going to ~할 것이다
해석 난 오늘 밤에 영화를 볼 것이다.

117
She | is able to swim.
1 / 2

동사원형

해설 be able to는 '~할 수 있다'의 뜻으로 can을 대신 써도 된다.

Voca be able to ~할 수 있다
해석 그녀는 수영할 수 있다.

118
We | are allowed to take | photos | in here.
1 / 2 / 3 / 4,5

동사원형

해설 be allowed to는 '~하는 것이 허락되다'의 뜻으로 can을 대신 써도 된다.

Voca be allowed to ~하는 것이 허락되다
take photo 사진을 찍다
해석 우리는 여기에서 사진을 찍을 수 있다.

119
He | has got to study | math | for tomorrow's final exam.
1 / 2 / 3 / 4,5

동사원형

해설 has got to는 '~해야 한다'의 뜻으로 has to로 바꿔 쓸 수 있다.

Voca math 명 수학
final exam 명 기말고사
해석 그는 내일 기말고사를 위해 수학을 공부해야 한다.

120
I | dared not tell | anyone | about it.
1 / 2 / 3 / 4,5

동사원형

해설 dare의 부정은 뒤에 not을 붙인다. dared not tell을 didn't dare to tell로 바꿔 쓸 수 있다.

Voca dare 동 감히 ~하다, ~할 용기가 있다
해석 나는 그것에 관해 감히 아무에게도 말할 수 없었다.

121
Someone | ought to take | responsibility.
1 / 2 / 3

동사원형

해설 ought to는 '~해야 한다'의 뜻으로 have to와 같은 뜻이다.

Voca ought to ~해야 한다
take responsibility 책임지다
해석 누군가는 책임을 져야 한다.

UNIT 10 조동사와 준조동사

- 처음부터 조동사로 분류되지는 않지만 의미상 조동사와 비슷하게 사용되는 동사덩어리를 "준조동사", "유사조동사"라 한다.
- 전치사 "to"는 "나아가다(→)"의 의미를 포함하고 있어서 「to 동사」는 「→ 동사」의 뜻이 되어 아직 실현되지 않은 사건을 나타낸다.
- 이런 이유로 준조동사에는 대부분 to가 포함되고 아직 일어나지 않은 "생각 속 사건"을 나타낸다.
- to 다음에는 동사원형이 오기 때문에 조동사 뒤에 동사원형과 같은 구조를 갖는다.

to 포함 유형	have to	~해야 한다	(= must와 유사)
	have got to	~하지 않으면 안된다	(= must와 유사)
	be going to	~할 예정이다	(= will과 유사)
	be able to	~할 수 있다	(= can과 유사)
	be allowed to	~하는 것이 허용되다	(= may와 유사)
	ought to	당연히 ~하는 게 좋다	(= should와 유사)
	used to	~하곤 했다	(= can과 유사)
	need to	~할 필요가 있다	(= need와 유사)
	dare to	감히 ~하다	(= dare와 유사)
to 미포함 유형	had better	~하는 것이 좋다	(= should와 유사)
	need	~할 필요가 있다	부정문, 의문문에서만 조동사
	dare	감히 ~하다	부정문, 의문문에서만 조동사

[♥ 조동사 현재형, ♡ 조동사 과거형(1보후퇴형), ♡ 유사조동사]

---

112 We | have to find | a solution.
　　　1　　　2　　　　　3
　　　　　♡ 동사원형

해설 have to도 must와 마찬가지로 '~해야 한다'의 뜻이다.

Voca solution 명 해결책
해석 우리는 해결책을 찾아야 한다.

---

113 I | used to work | as a freelancer.
　　　1　　2　　　　　4/5
　　　　　♡ 동사원형

해설 used to가 과거 시점에서 한동안 반복된 행동을 나타내는 경우이다. '현재는 그렇지 않다'는 의미도 나타낸다. used to 대신 would를 쓸 수도 있다.

Voca freelancer 명 (자유 계약으로 일하는 사람) 프리랜서
해석 나는 프리랜서로 일했었다.

---

114 You | had better take | a rest.
　　　1　　　2　　　　　　3
　　　　　♡ 동사원형

해설 had better는 충고할 때 쓰는 표현으로 '~하는 것이 낫다'의 뜻이다.

Voca take a rest 쉬다
해석 너는 쉬는 것이 낫겠다.

105 He | couldn't buy | that expensive house.

해석: 그는 그 비싼 집을 살 수 없었다.

해설: could는 can의 과거형으로 부정형은 뒤에 not을 붙인다. 부정문에서는 실제 일어나지 못한 무능의 상황을 가리키기 때문에 wasn't able to로 바꿔 사용해도 무방하다.

106 You | may come | in.

해석: 너는 들어와도 된다.

해설: may가 허가를 나타내는 경우이다.

107 You | may not touch | the pictures.

해석: 여러분은 그림들을 만질 수 없습니다.

해설: may가 허가를 나타내는 경우로, 조동사의 부정은 조동사 뒤에 not을 붙인다.

108 I | may be wrong.

해석: 내가 틀릴지도 모른다.

해설: may가 현재나 미래의 불확실한 가능성을 나타내는 경우이다.

109 She | might help | you.

해석: 그녀가 널 도와줄지도 모른다.

해설: might은 may처럼 현재나 미래의 불확실한 가능성을 나타내는데, may보다 더 불확실한 가능성을 나타내는 말이다.

110 He | thought | that he might be late.

해석: 그는 늦을지도 모른다고 생각했다.

해설: might이 시제 일치를 위해 may의 과거형으로 사용된 경우이다.

111 This information | might be useful | for you.

Voca: useful 형 유용한

해석: 이 정보는 혹시 너에게 유용할지도 모른다.

해설: might은 may처럼 현재나 미래의 불확실한 가능성을 나타내는데, may보다 더 불확실한 가능성을 나타내는 말이다.

098
I | would go | home.
1 | 2 | 4/5
♡ 동사원형

해설 would는 주어의 의지를 나타낼 때 쓰이며, will보다 약한 의지를 나타낸다.

해석 나라면 집에 가겠다.

099
Tim | would not like | it.
1 | 2 | 3
♡ 동사원형

해설 would도 추측을 나타내는데, will보다는 약한 추측이다.

해석 Tim은 그것을 좋아하지 않을 것이다.

100
He | can speak | Chinese.
1 | 2 | 3
♥ 동사원형

해설 일반적인 가능한 능력을 나타낼 때는 주로 can을 사용하고 특정 시점에 가능한 능력을 나타낼 때는 be able to를 쓰기도 한다.

Voca Chinese 명 중국어, 중국인 형 중국의
해석 그는 중국어를 할 줄 안다.

101
An earthquake | can happen | anytime.
1 | 2 | 4/5
♥ 동사원형

해설 can이 가능성을 나타내는 경우이다.

Voca earthquake 명 지진
anytime 부 언제든지
해석 지진은 언제든지 일어날 수 있다.

102
The rumor | cannot be true.
1 | 2
♥ 동사원형

해설 can은 강한 의문이나 부정적 추측을 나타낸다. cannot[can't]은 강한 부정적 추측을 나타내는 말로 '~일 리가 없다'의 뜻이다.

Voca rumor 명 소문
해석 그 소문은 사실일 리가 없다.

103
Julie | could speak | two languages | when she was 10.
1 | 2 | 3 | 4/5

해설 could는 can의 과거형으로 과거의 능력을 나타낸다. was[were] able to로 바꿔 쓸 수 있다.

Voca language 명 언어
해석 Julie는 열 살 때 두 개의 언어를 말할 수 있었다.

104
There could be | life | on Mars.
2 | 1 | 4/5
♡ 동사원형

해설 could는 현재나 미래의 불확실한 가능성을 나타낼 때 사용될 수 있다.

Voca Mars 명 화성
해석 화성에 생명체가 있을 수 있다.

091
You | should exercise | regularly.
1　　　2　　　　4/5
(♡ 동사원형 above should)

해설 should는 하면 당연히 좋은 당연성의 충고로서 must보다 약한 생각이다.

Voca regularly ㈜ 규칙적으로
해석 너는 규칙적으로 운동을 하는 게 좋아.

092
The ballpark | should be full | tomorrow.
1　　　　　2　　　　　　4/5
(♡ 동사원형 above should)

해설 should는 근거 있는 예측을 나타낸다.

Voca ballpark ⑲ 야구장
full ⑲ 가득한
해석 야구장은 내일 당연히 가득 찰 것이다.

093
You | should wait | here.
1　　　2　　　　4/5
(♡ 동사원형 above should)

해설 should는 하면 당연히 좋은 당연성의 충고로서 must보다 약한 생각이다.

해석 너는 여기서 기다리는 게 좋겠어.

094
It | will rain | tomorrow.
1　　2　　　　4/5
(♡ 동사원형 above will)

해설 will이 미래의 일에 대한 예측을 나타내는 경우이다.

해석 내일 비가 올 것이다.

095
I | will call | you back | later.
1　　2　　　3　　　4/5
(♡ 동사원형 above will)

해설 will이 주어의 의지를 나타내는 경우이다.

Voca later ㈜ 나중에
해석 내가 너에게 나중에 다시 전화할게.

096
I | thought | that | she | wouldn't agree.
1　　2　　　　①　　　②
　　　　　　　　　3
(♡ 동사원형 above wouldn't agree)

해설 would는 시제 일치를 위해 사용되는 will의 과거형이다. 접속사가 추가되면 시제동사를 한 개 더 사용할 수 있다. 접속사 that 때문에 시제동사 wouldn't agree를 사용할 수 있다.

Voca agree ⑧ 동의하다
해석 나는 그녀가 동의하지 않을 걸로 생각했다.

097
I | would play | computer games | on weekends.
1　　　2　　　　　3　　　　　　4/5
(♡ 동사원형 above would)

해설 would는 과거의 '의지적 습관'으로 불규칙적이지만 마음만 먹으면 하곤 했던 습관을 나타내며, 현재는 하지 않는 일을 나타낸다.

해석 나는 주말에 컴퓨터 게임을 하곤 했다.

UNIT 09 조동사의 종류와 생각의 강약

- 우리말은 어미 활용과 보조용언(보조 동사/형용사)을 통해 조동사를 표현하지만, 영어는 조동사 역할을 하는 단어가 별도로 존재한다. 우리말과 달리 영어에서 조동사는 본동사 앞에 위치한다.

- 본동사는 실제성, 현실성을 나타내지만 조동사가 사용되면 "생각 속 사건" 또는 "가상 세계"를 나타낸다.
- 생각 속 사건(필요, 의무, 충고, 결정, 예측, 요청, 가능, 허가, 제안, 허락, 선호 등)은 강약을 조절할 수 있다.
- 미래를 나타낼 때 주로 "will, would"를 많이 사용한다. (「Unit 22. 조동사의 형태(현재형, 과거형)와 시제/시간」에서 상세히 다룸)
- 강한 생각을 전달할 때는 "must > can > may"처럼 조동사의 현재형을 주로 사용하고 약한 생각을 전달할 때는 "should > could > might"처럼 조동사의 과거형(1보후퇴형)을 선호한다.

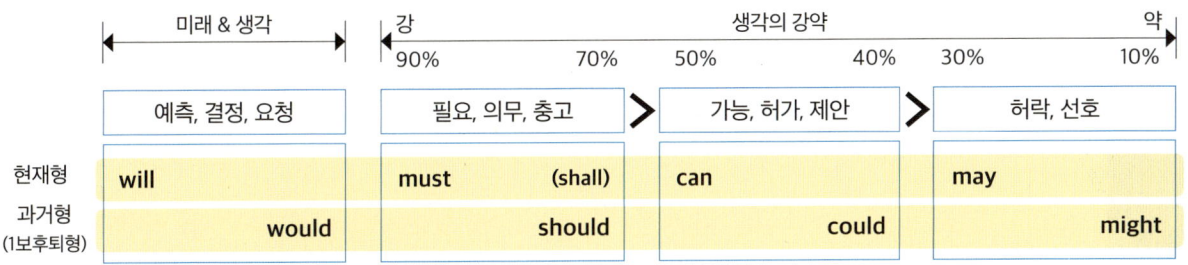

[♥ 조동사 현재형, ♡ 조동사 과거형(1보후퇴형), ♧ 유사조동사]

---

089 You | must leave | immediately.
　　　1　　　2　　　　4/5
　　　　　♥ 동사원형

Voca immediately 튄 즉시
해석 너는 즉시 떠나야 한다.

해설 must가 의무·필요를 나타내는 경우이다.

---

090 Tim | must learn | English.
　　　1　　　2　　　　3
　　　　　♥ 동사원형

해석 Tim은 영어를 배워야 한다.

해설 must가 의무·필요를 나타내는 경우이다.

Chapter 03

생각 속의 사건을 말할 때, 「조동사」

2마디에서 조동사는 동사 앞에 놓여 동사의 내용을 '사실'이 아닌 '생각 속의 사건'으로 바꿔줍니다.

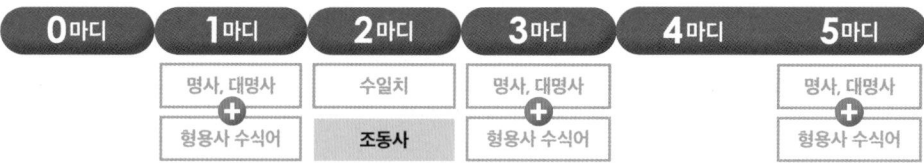

생각과 감정을 표현할 때 동사 앞에 조동사를 사용하여 서술어를 풍성하게 만들 수 있습니다. Chapter 03에서는 조동사의 종류와 사용방법에 대해 학습합니다.

PART 2

서술어 마디 훈련 [2마디]

Chapter 03 생각 속의 사건을 말할 때, 「조동사」

Chapter 04 동사 힘의 방향을 보여주는 「태」

Chapter 05 동사 사건의 시간을 나타내는 「시제」

Chapter 06 동사의 종류와 서술어

B 주어진 우리말과 같은 뜻이 되도록 괄호 안의 말을 바르게 배열해 문장을 완성하고, 마디를 구분하시오.
(정답은 본문의 해당 예문으로 확인)

047 학생 수가 감소하고 있다.
(is decreasing / students / of / The number)
→

070 나는 아침 커피를 마시기 위해 물을 좀 끓였다.
(for / some water / a morning coffee / boiled / I)
→

074 그녀의 부모님 두 분 다 그녀의 졸업식에 왔다.
(Both her parents / her graduation ceremony / to / came)
→

083 많은 사람들이 쥐를 두려워한다.
(are afraid / of mice / Many people)
→

037 They exchanged their business cards with each other.

043 She works at a bank.

045 Peaches are sweet.

046 You have blue eyes.

057 This beautiful wooden bridge is popular among tourists.

068 I spent too much money last month.

069 Fishing needs a lot of patience.

071 I have several pencils in my bag.

072 I didn't eat any food today.

076 I borrowed some books from the library.

077 I speak a little French.

EXERCISES

A 다음 문장에서 선을 그어 마디를 구분하시오. (정답은 본문의 해당 예문으로 확인)

003   Tim was in the room.

006   The police catch criminals.

007   Sugar melts in water.

008   They gave me some bread.

011   Thomas Edison invented the light bulb.

013   Your actions go against common sense.

018   Please fasten your seatbelt during takeoff.

020   The rich aren't always happy.

028   We are responsible for our own actions.

032   Freedom comes with responsibility.

Further Study 2
왼쪽 가지치기 언어와 오른쪽 가지치기 언어
영어는 명사를 수식하는 형용사의 방향이 우리말과 다르기 때문에 명사를 중심으로 어순 훈련이 필요하다.

A 우리말은 명사를 수식하는 형용사가 왼쪽에 위치하는 왼쪽 가지치기(좌분지) 언어이다. 또한 "핵에 해당하는 말이 끝머리(head-final)"에야 등장하는 특징이 있다. 흔히 "한국말은 끝까지 들어봐야 안다"라고 말하는 이유가 여기에 있는 것이다.

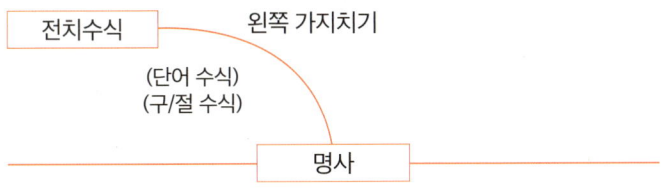

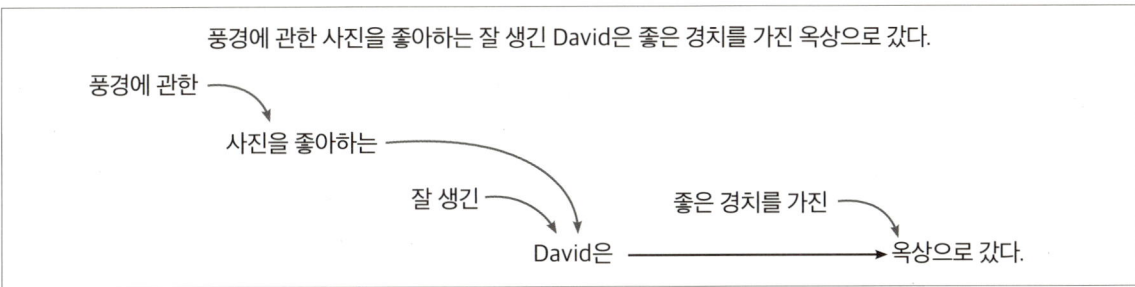

B 반면 영어는 형용사의 수식을 받는 명사가 '단어'일 때에는 주로 명사 왼쪽에, '구/절'일 때에는 명사 오른쪽에 위치하여, 왼쪽 가지치기(좌분지)와 오른쪽 가지치기(우분지)가 모두 가능한 언어이다. 우리말과 비교하면 특별히 오른쪽 가지치기(우분지)가 훨씬 발달해 있어서 "핵에 해당하는 말이 앞에 등장하는(head-first)" 성격이 강한 언어이다. 우리말과 영어의 이러한 어순 차이는 동시통역의 장애가 될 뿐만 아니라 글을 읽고 쓰는 과정 전반에 있어 어려움으로 작용한다. 이와 같은 문제를 극복하기 위해서는 정확한 원리에 기반을 둔 구문 훈련을 반복할 필요가 있다.

"우리말과 정반대군요."

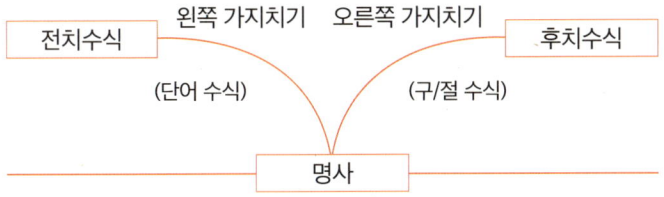

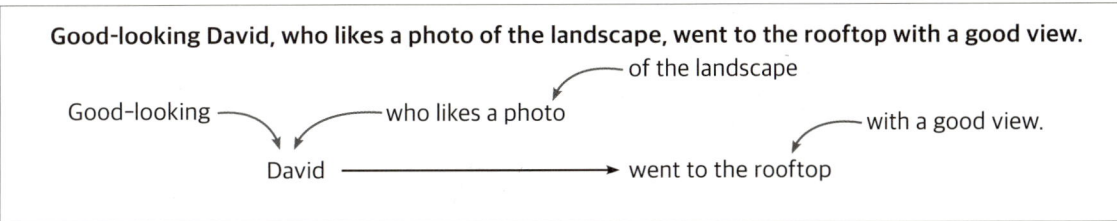

Chapter 02 사물의 모습을 나타내는 「형용사」 수식어

예문 1

해설 to부정사 to do는 앞의 명사 work를 수식하는 형용사적 용법의 to부정사이다.

해석 나는 여전히 할 일이 많다.

예문 2

해설 현재분사구 flying ~ sky는 앞의 명사 the kites를 수식하는 형용사구이다.

Voca take a look at ~을 보다
kite 명 연
해석 하늘을 나는 연들을 봐.

예문 3

해설 과거분사구 written ~ Hemingway는 앞의 명사 the novel을 수식하는 형용사구이다.

Voca be impressed 감명받다
해석 나는 헤밍웨이가 쓴 소설에 크게 감명받았다.

예문 4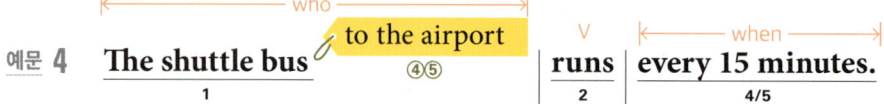

해설 전치사구 to the airport는 앞의 명사 The shuttle bus를 수식하는 형용사구이다.

Voca shuttle 명 정기 왕복 버스 [기차/항공기]
해석 공항으로 가는 셔틀버스는 15분마다 운행한다.

예문 5

해설 형용사구 similar to us는 앞의 명사 Life를 수식한다.

Voca life 명 생명체
similar 형 비슷한
planet 명 행성
해석 우리와 비슷한 생명체가 다른 행성에 살지도 모른다.

예문 6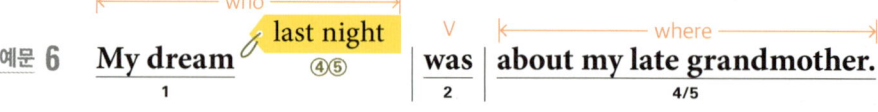

해설 '할머니에 관하여'의 의미는 장소(where)적 개념을 추상화하여 나타낸 것으로 생각할 수 있다.

Voca late 형 고인이 된
해석 지난밤 나의 꿈은 돌아가신 할머니에 관한 것이었다.

예문 7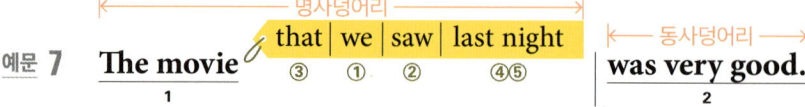

해설 관계대명사절 that ~ night은 앞의 명사 The movie를 수식하는 형용사절이다.

해석 우리가 어젯밤에 본 영화는 매우 좋았다.

잉글맵 고급편 미리보기

※ 잉글맵 고급편 "Part1. 형용사자리 매듭·꼬리표 훈련"에서 상세히 설명
(한 번 읽어보고 그냥 넘어가도 됩니다.)

〈후치수식 절/구〉

- "후치수식 절/구"란 중심명사 뒤에서 명사의 내용을 보충 설명해 주는 형용사적 용법의 「절/구」를 의미한다.
- 「중심명사 + 후치수식 절/구」는 명사덩어리가 되어 1/3/5마디에 위치한다.

명사 덩어리	수식어의 역할	명사덩어리(명사 + 후치수식 절/구) 예시
명사 + 형용사절	「절」이 형용사 역할	the person who can help us (우리를 도와 줄 수 있는 사람)
명사 + to부정사구	「to부정사」가 형용사 역할	something to drink (마실 수 있는 무언가)
명사 + 분사구	「현재분사, 과거분사」가 형용사 역할	the kites flying in the sky (하늘을 날고 있는 연) the castle built in the 19th century (19세기에 만들어진 성)
명사 + 전치사구	「전치사구」가 형용사 역할	the suttle bus to the airport (공항으로 가는 셔틀 버스)
명사 + 형용사구	「형용사구」가 형용사 역할	vegetables good for your health (당신의 건강에 좋은 야채들)
명사 + 부사구	「부사구」가 형용사 역할	my dream last night (지난 밤 내 꿈)

문장 늘리기 : 꼬리표 묶기

- 문장 늘리기는 중심품사(명사, 동사) 단어에 수식품사(형용사, 부사) 단어를 더하거나, 기준이 되는 '중심문장'에 '추가내용'을 연결하는 식으로 문장 길이를 늘려간다. 이 때 '추가내용'은 중심문장에 말을 늘리기 위해 묶는 '꼬리표'에 비유할 수 있다. 후치수식에 사용되는 「절/구」가 '꼬리표'에 해당한다.

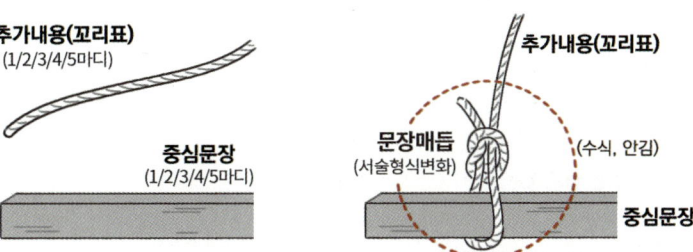

- 문장(Sentence) : 생각이나 감정을 완결된 내용으로 표현하는 최소단위
- 절(Clause) : 주어와 서술어의 관계를 갖지만 종결되지 않고 문장 속의 한 성분으로 쓰이는 단위
- 구(Phrase) : 두 개 이상의 어절이 모여 하나의 단어와 같은 기능을 하는 말의 덩어리

(출처, 네이버 지식백과)

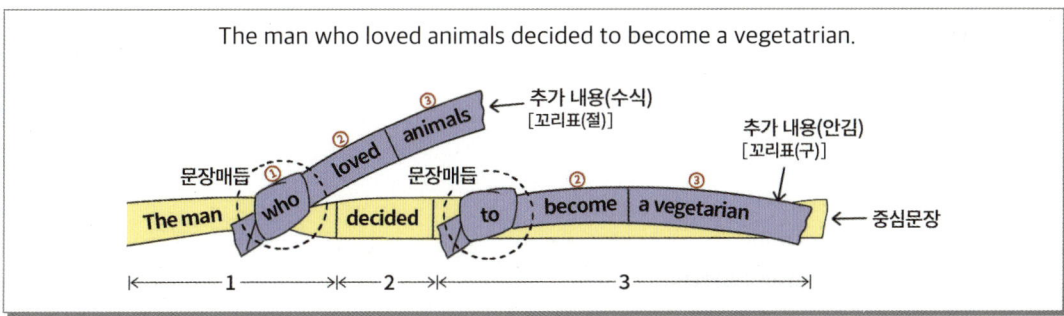

- "who loved animals"는 명사 The man을 수식해 주는 형용사절
- "to become a vegetarian"은 동사 decided의 목적어 자리에 안긴 명사구

082
My grandparents | are still alive.
- 인물 (1) | 사건(상태) (2)

해설: alive는 '살아있는'의 뜻을 가진 형용사로 서술적 용법으로 사용되었다.

Voca grandparent 명 조부모 / alive 형 살아있는
해석 나의 조부모님은 아직 살아계신다.

083
Many people | are afraid | of mice.
- who (1) | V (2) | where (4/5)

해설: afraid는 '두려운'의 뜻을 가진 형용사로 서술적 용법으로 사용되었다.

Voca afraid 형 두려운 / mice 명 mouse(쥐)의 복수
해석 많은 사람들이 쥐를 두려워한다.

084
You | are not alone | in this view.
- (대)명 (1) | 동사덩어리 (2) | 전치사덩어리 (4/5)

해설: alone은 '혼자'의 뜻을 가진 형용사로 서술적 용법으로 사용되었다.

Voca alone 형 혼자 / view 명 생각, 관점
해석 너만 이런 생각을 하는 게 아니다.

085
My phone | is missing.
- 사물 (1) | 사건(상태) (2)

해설: missing은 '없어진'의 뜻을 가진 분사형 형용사이다.

Voca missing 형 없어진
해석 내 전화기가 없어졌어.

086
We | hope | for lasting peace.
- who (1) | V (2) | where (4/5)

해설: lasting은 '지속적인'의 뜻을 가진 분사형 형용사이다.

Voca lasting 형 지속적인 / peace 명 평화
해석 우리는 지속적인 평화를 희망한다.

087
We | were amazed | at her courage.
- (대)명 (1) | 동사덩어리 (2) | 전치사덩어리 (4/5)

해설: amazed는 '놀란'의 뜻을 가진 분사형 형용사이다.

Voca amazed 형 놀란 / courage 명 용기
해석 우리는 그녀의 용기에 놀랐다.

088
I | was annoyed | by her words.
- 인물 (1) | 사건(상태) (2) | 이유 (4/5)

해설: annoyed는 '언짢은'의 뜻을 가진 분사형 형용사이다.

Voca annoyed 형 언짢은 / word 명 말, 단어
해석 나는 그녀의 말에 기분이 나빴다.

형용사의 「한정적 & 서술적」 용법

- 형용사는 두 가지 용법으로 사용된다.
  - 한정적 용법 : 대상의 속성을 구체적으로 표현하여 지시의 범위를 좁힐 때 사용 (1/3/5마디에 사용)
    live(살아있는), main(주요한), golden(귀중한), wooden(나무로 된), only(유일한) 등
  - 서술적 용법 : 연결동사와 함께 대상의 성질이나 상태를 서술적으로 표현할 때 사용 (2마디에 사용)
    alive(살아있는), afraid(두려운), alone(홀로), worth(가치있는), glad(기쁜) 등

- 분사형 형용사 : 현재분사(~ing) 또는 과거분사(p.p.)형태의 형용사로 한정적, 서술적으로 모두 사용 가능
  - 현재분사형 : missing(없어진), lasting(지속적인), sleeping(잠자고 있는), running(달리고 있는) 등
  - 과거분사형 : amazed(놀란), annoyed(언짢은), ashamed(부끄러운), astonished(경악한) 등

---

078 We | can see | many live animals | at the zoo.
  　　　(대)명 | 동사덩어리 | 명사덩어리 | 전치사덩어리
  　　　1　　2　　　　3　　　　　4/5

해설 live는 '살아있는'의 뜻을 가진 형용사로 한정적 용법으로 사용되었다.

Voca live 형 살아있는
해석 우리는 동물원에서 많은 살아있는 동물들을 볼 수 있다.

---

079 Norway's main export | is | oil.
  　　　사물　　　　　　　　　사건(상태)　사건(대상)
  　　　　　1　　　　　　　　　　2　　　3

해설 main은 '주요한'의 뜻을 가진 형용사로 한정적 용법으로 사용되었다.

Voca Norway 명 노르웨이
main 형 주요한
export 명 수출품
oil 명 석유
해석 노르웨이의 주요 수출품은 석유다.

---

080 Love | can turn | the cottage | into a golden house.
  　　　who　　V　　　what　　　　where
  　　　1　　　2　　　　3　　　　　4/5

해설 golden은 '황금빛의, 귀중한'의 뜻을 가진 형용사로 한정적 용법으로 사용되었다.

Voca cottage 명 (시골의) 작은 집
golden 형 황금빛의, 귀중한
해석 사랑은 작은 집을 황금 궁전으로 바꿔 놓을 수 있다.

---

081 Tim | is | the only male worker | in that company.
  　　　명　동　　명사덩어리　　　　전치사덩어리
  　　　1　2　　　3　　　　　　　　4/5

해설 only는 '유일한'의 뜻을 가진 형용사로 한정적 용법으로 사용되었다.

Voca only 형 유일한
male 명 남자
해석 Tim은 그 회사에서 유일한 남자 직원이다.

071
I / **have** / **several pencils** / **in my bag.**
인물 사건(동작) / 사건(대상) / 배경(장소)
1 / 2 / 3 / 4/5

해설: some은 단수, 복수 명사 모두에 사용 가능하다.

Voca: several 형 몇몇의
해석: 나는 내 가방에 연필 몇 자루를 가지고 있다.

072
I / **didn't eat** / **any food** / **today.**
who / V / what / when
1 / 2 / 3 / 4/5

해설: any는 단수, 복수 명사 모두에 사용 가능하다.

해석: 나는 오늘 어떠한 음식도 먹지 않았다.

073
No two days / **are** / **the same.**
명사덩어리 / 동 / 명사덩어리
1 / 2 / 3

해설: no는 단수, 복수 명사 모두에 사용 가능하다.

해석: 어떤 두 날도 똑같지 않다.

074
Both her parents / **came** / **to her graduation ceremony.**
인물 / 사건(동작) / 배경(장소)
1 / 2 / 4/5

해설: both는 '둘 다'의 뜻으로 셀 수 있는 명사를 수식한다.

Voca: graduation ceremony 졸업식
해석: 그녀의 부모님 두 분 다 그녀의 졸업식에 왔다.

075
He / **has** / **few friends.**
인물 사건(동작) / 사건(대상)
1 / 2 / 3

해설: few는 '거의 없는'의 뜻으로 셀 수 있는 명사를 수식한다.

해석: 그는 친구가 거의 없다.

076
I / **borrowed** / **some books** / **from the library.**
who / V / what / where
1 / 2 / 3 / 4/5

해설: some은 단수, 복수 명사 모두에 사용 가능하다.

Voca: borrow 동 빌리다
해석: 나는 도서관에서 몇 권의 책을 빌렸다.

077
I / **speak** / **a little French.**
(대)명 / 동 / 명사덩어리
1 / 2 / 3

해설: a little은 '약간의'라는 뜻으로 셀 수 없는 명사를 수식하며 뒤에 단수 명사가 온다.

Voca: French 명 프랑스어
해석: 나는 프랑스어를 조금 한다.

UNIT 07 수량 형용사

● 수량 형용사 (전치 수식)
- 「수」를 나타내는 형용사 : 셀 수 있는 명사를 전치 수식, 뒤에 복수 명사가 옴
- 「양」을 나타내는 형용사 : 셀 수 없는 명사를 전치 수식, 뒤에 단수 명사가 옴
- 「수와 양」을 나타내는 형용사 : 단수, 복수 명사 모두에 가능

구분	「수」형용사 + 복수명사	「양」형용사 + 단수명사	「수와 양」형용사
모든	both	·	all
많은	many	much	a lot of, lots of
약간의	a few	a little	some, any
거의 없는	few	little	no
전체/부분	every, each, another, either, neither + 단수명사		most, all, some, other, any + 단수, 복수명사

• all, another, each, either, both, most, some, any 등은 형용사일 때는 뒤에 명사가 오고 대명사일 때는 혼자 사용됨.

---

067 Tim | has | a few relatives | in Germany.
　　　 명 | 동 | 명사덩어리 | 전치사덩어리
　　　 1　　2　　　3　　　　　　4/5

해설 a few는 셀 수 있는 명사를 수식한다.

Voca relative 명 친척
해석 Tim은 독일에 친척이 몇 명 있다.

---

068 I | spent | too much money | last month.
　　　 인물 | 사건(동작) | 사건(대상) | 배경(시간)
　　　 1　　2　　　3　　　　　　4/5

해설 much는 셀 수 없는 명사를 수식한다.

해석 나는 지난 달에 너무 많은 돈을 썼다.

---

069 Fishing | needs | a lot of patience.
　　　　who　　V　　　what
　　　　 1　　　2　　　　3

해설 a lot of는 단수, 복수 명사 모두에 사용 가능하다.

Voca fishing 명 낚시
patience 명 인내심
해석 낚시는 많은 인내심이 필요하다.

---

070 I | boiled | some water | for a morning coffee.
　　　(대)명 | 동 | 명사덩어리 | 전치사덩어리
　　　 1　　2　　　3　　　　　　4/5

해설 some은 단수, 복수 명사 모두에 사용 가능하다.

Voca boil 동 끓이다
해석 나는 아침 커피를 마시기 위해 물을 좀 끓였다.

060
명 Tim | **동사덩어리** really likes | **명사덩어리** traditional Korean foods.
  1   2   3

해설 traditional과 Korean은 명사에서 파생된 형용사이다.

Voca traditional 휑 전통적인
해석 Tim은 한국의 전통음식을 정말 좋아한다.

061
인물 Only the two clever students | **사건(동작)** passed | **사건(대상)** the difficult exam.
  1   2   3

해설 Only는 부사, the는 지시 한정사, two는 수량적 형용사, clever는 주관적 형용사이다.

Voca clever 휑 영리한, 똑똑한
pass 동 (시험을) 통과하다
해석 오직 두 명의 영리한 학생만이 그 어려운 시험을 통과했다.

062
명사덩어리 The yellow juicy lemons | **동사덩어리** aren't sour.
  1   2

해설 The는 지시 한정사, yellow는 객관적 형용사(색깔), juicy는 명사에서 파생된 형용사이다.

Voca sour 휑 (맛이) 신
해석 그 과즙이 풍부한 노란 레몬들은 시지 않다.

063
V Look | **where** at those beautiful purple flowers!
  2   4/5

해설 those는 지시 한정사, beautiful은 주관적 형용사, purple은 객관적 형용사(색깔)이다.

Voca purple 휑 자주색의, 보라색의
해석 저 아름다운 보라색 꽃들 좀 봐!

064
who My daughter | **V** liked | **what** every cute puppy | **where** at the park | **when** yesterday.
  1   2   3   4/5   4/5

해설 every는 전치 한정사, cute는 주관적 형용사이다.

Voca puppy 명 강아지
해석 나의 딸은 어제 공원에서 모든 귀여운 강아지들을 좋아했다.

065
인물 I | **사건(동작)** carry | **사건(대상)** my laptop | **배경(장소)** in my large backpack.
  1   2   3   4/5

해설 my는 지시 한정사, large는 객관적 형용사(크기)이다.

Voca carry 동 가지고 다니다
backpack 명 (등에 매는) 가방, 배낭
해석 나는 나의 커다란 가방에 노트북 컴퓨터를 가지고 다닌다.

066
(대)명사 We | **동사덩어리** didn't like | **명사덩어리** those unfriendly hotel staff.
  1   2   3

해설 those는 지시 한정사, unfriendly는 명사에서 파생된 형용사, hotel은 형용사 역할을 하는 명사이다.

Voca unfriendly 휑 불친절한
staff 명 (전체) 직원
해석 우리는 그 불친절한 호텔 직원들이 마음에 들지 않았다.

UNIT 06 (앞에서 꾸미기) 전치수식 형용사

- "전치수식 형용사"란 중심명사 앞에서 명사의 범위와 속성을 나타내는 형용사를 말한다.
- 「전치수식 형용사 + 중심명사」는 명사덩어리가 되어 1/3/5마디에 위치한다.

전치 수식어의 어순 → (*일부 변경가능)

부사	「명사 범위」를 나타내는 형용사 (규모판단 / 범위한정 / 순서 / 수량)			「명사 속성」을 나타내는 형용사 (성질, 상태)			명사	부사
	전치 한정사	지시 한정사	수량적 형용사	주관적 형용사	객관적 형용사	명사, 파생된 형용사		
only exactly almost even …	all both half what such …	a(n)/the this/that their/her whose/which some/any …	one/two… first/second… single/whole same many/much more/few little …	good/bad …	크기 형태 색깔 기원 재질 목적	형용사 역할을 하는 명사 명사에서 파생된 형용사 동사에서 파생된 형용사 (현재/과거분사)	중심명사	alone or so as well

a large round black stone flying object (하나의 크고 둥근 검은 돌 같은 비행물체)

하나(a)	큰(large)	둥근(round)	까만(black)	돌(stone)	날아다니는 물체(flying object)
단/복수	크기	형태	색깔	재질	목적

057
명사덩어리 / 동사덩어리 / 전치사덩어리
This beautiful wooden bridge | **is popular** | **among tourists.**
   1   2   4/5

해설 This는 지시 한정사, beautiful은 주관적 형용사, wooden은 파생된 형용사이다.

Voca wooden 형 나무로 된, 목재의
among 전 ~사이에
해석 이 아름다운 목조 다리는 관광객들 사이에서 인기가 있다.

058
who / V / what / when
English | **is** | **a very important language** | **nowadays.**
   1   2   3   4/5

해설 a는 지시 한정사, very는 부사, important는 주관적 형용사이다.

Voca language 명 언어
nowadays 부 요즘, 오늘날
해석 영어는 요즘 매우 중요한 언어이다.

059
사물 / 사건(동작) / 사건(대상)
The country | **spends** | **about half the world's military spending.**
   1   2   3

해설 half는 전치 한정사, the는 지시 한정사, world's는 지시 한정사, military는 형용사 역할을 하는 명사이다.

Voca spend 동 소비하다
half 명 절반
military 명 군대
spending 명 지출
해석 그 나라는 세계 군비의 약 절반을 쓴다.

Chapter 02

사물의 모습을 나타내는 「형용사」 수식어

1/3/5마디에 명사가 있을 때 형용사는 이들을 수식할 수 있습니다.

Chapter 02에서는 (대)명사를 수식하는 형용사에 대해 학습합니다. 형용사의 수식을 받은 (대)명사는 1/3/5마디에서 '명사덩어리'를 만들어 말이 늘어나는 과정을 보게 됩니다.

MEMO

Further Study 1 「부정대명사」를 바라보는 여러 관점들
대명사가 명사를 대신하는 다양한 방법들

A 부정대명사 : 전체 & 부분의 관점

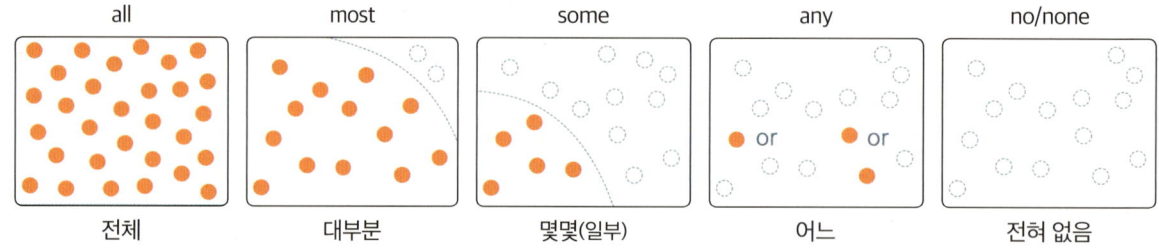

B 부정대명사 : 단수 & 복수의 관점

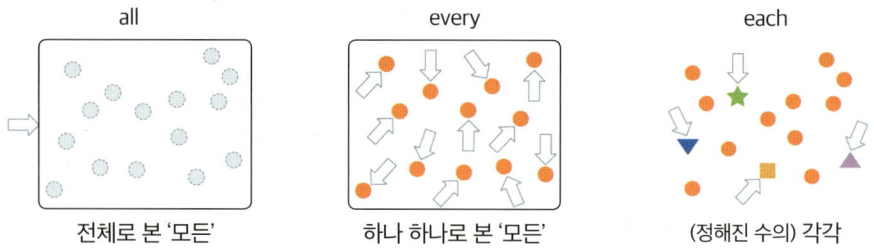

C 부정대명사 : 선택의 관점

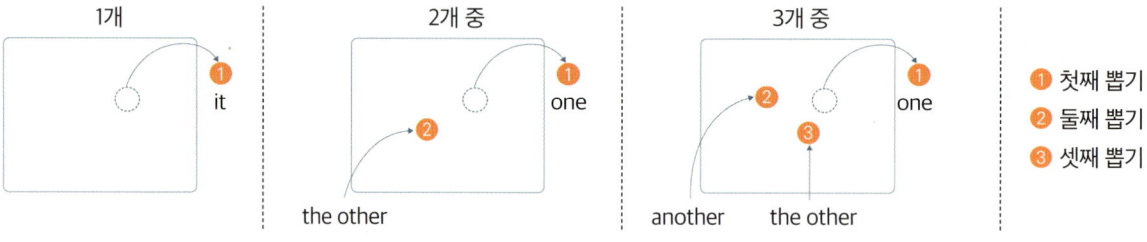

D 부정대명사 : 정해지지 않은 여럿 중 일부와 나머지

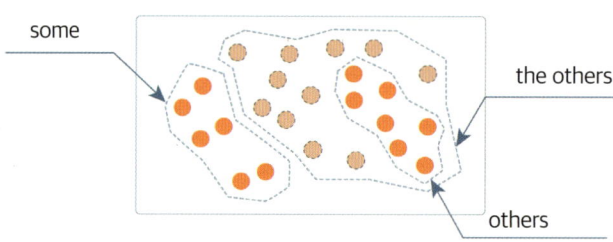

E 부정대명사 : 2개 선택 & 1개 선택 & 선택 안함

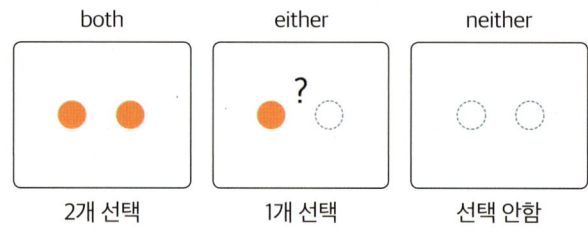

050 All of them | were kind | to me.
해설 all of 다음의 명사 them이 복수이므로 복수 동사 were가 사용되었다.
해석 그들 모두는 나에게 친절했다.

051 Many of the African countries | are still poor.
해설 many of는 '많은 ~의'라는 뜻으로 복수 취급한다.
해석 많은 아프리카 국가들이 여전히 가난하다.

052 One of my friends | practices | yoga.
해설 「one of 복수명사」는 '~들 중 하나'로 단수 취급한다.
Voca practice 통 ~을 연습[실행]하다 / yoga 명 요가
해석 내 친구들 중 한명은 요가를 한다.

053 Each of them | has | a different opinion.
해설 「each of 복수명사」는 '~들 각각'이라는 뜻으로 단수 취급한다.
Voca opinion 명 의견
해석 그들 각자는 다른 의견을 가지고 있다.

054 Both of her sons | are | professors.
해설 「both of 복수명사」는 '~ 둘 다'라는 뜻으로 복수 취급한다.
Voca professor 명 교수
해석 그녀의 아들 둘 다 교수이다.

055 Seventy percent of a human body | is | water.
해설 「~ percent of 명사」는 '~퍼센트의 …'라는 뜻으로 명사가 단수이면 단수 취급, 명사가 복수이면 복수 취급한다. 명사 a human body가 단수이므로 단수 취급했다.
Voca human body 명 인체
해석 인체의 70%는 물이다.

056 Half of my income | goes | to monthly rent.
해설 「half of 명사」는 '절반의 ~'라는 뜻으로 명사가 단수이면 단수 취급, 명사가 복수이면 복수 취급한다. 명사 my income이 단수이므로 단수 취급했다.
Voca income 명 수입 / monthly rent 월세
해석 내 수입의 절반이 월세로 나간다.

UNIT 05-2 (대)명사의 수일치

- 수일치의 핵심은 (대)명사의 "단수, 복수"를 구분하는데 있다. [대명사 + (of 명사)]

단수 취급하는 부정 대명사	복수 취급하는 부정 대명사
one (of the 복수명사), each (of the 복수명사) either (of the 복수명사), much (of the 불가산명사) little (of the 불가산명사), the number (of + 복수명사) a total (of + 복수명사)	many(명) (of the 가산명사), several (of 복수명사) a few(명) (of the 가산명사), both (of the 복수명사) a number (of 복수명사), a variety (of 복수명사) a crowd (of 복수명사)

- 항상 단수 취급하는 부정대명사들

전체 관련	all(물질), everybody, everyone, everything
일부 관련	one, another, other, each, either, somebody, someone, something, anybody, anyone, anything

- 항상 복수 취급하는 부정대명사들

전체 관련	both, all(사람)
일부 관련	others, most, some, any

- 단위명사는 뒤에 오는 「of + 명사」와 관계 없이 단위명사가 단수이면 단수취급, 복수이면 복수 취급하지만, 부분명사는 뒤에 오는 「of + 명사」가 단수이면 단수취급, 복수이면 복수취급을 한다.

단위명사 + of + 명사	부분명사 + of + 명사
a bottle of wine (술 한 병 : 단수) two cups of coffee (커피 두 잔 : 복수) a glass of water (물 한 잔 : 단수) two spoonfuls of sugar (설탕 두 스푼 : 복수)	half of the coffee (커피의 반 : 단수) half of the apples (사과들의 절반 : 복수) 70% of the bag (그 가방의 70% : 단수) 70% of beginning drivers (초보 운전자들의 70% : 복수)

---

047 The number of students | is decreasing.

해설 the number of는 '~의 수'라는 의미로 단수 취급한다.

Voca the number of ~의 수
decrease 통 감소하다
해석 학생 수가 감소하고 있다.

---

048 A number of tourists | visit | Paris | every year.

해설 a number of는 '많은'이라는 의미로 복수 취급한다.

Voca a number of 많은
tourist 명 관광객
해석 많은 관광객들이 매년 파리를 방문한다.

---

049 All of his advice | was helpful.

해설 all of 다음의 명사 advice가 단수이므로 단수 동사 was가 사용되었다.

Voca advice 명 충고
helpful 형 도움이 되는
해석 그의 모든 충고가 도움이 되었다.

UNIT 05-1 (대)명사의 수일치

- (대)명사의 수일치는 주어의 인칭과 단수, 복수에 따라 동사의 형태를 일치시키는 현상을 말한다.

(대)명사	인칭 대명사	현재형	과거형	구분
단수 (대)명사	I	am	was	Be동사
	you	are	were	Be동사
	he/she/it	is	was	Be동사
		동사 현재형+(e)s	동사 과거형	Do동사
		does	did	보조동사
		has	had	보조동사
복수 (대)명사	we/you/they	are	were	Be동사
		동사 현재형	동사 과거형	Do동사
		do	did	보조동사
		have	had	보조동사

[6하원칙(who/what/where/when/how/why)으로 문장 구성요소를 알 수 있다.] (참조. 「5. 문장마디 분석도구」 p.12)

043
who | V | where
She | **works** | **at a bank.**
1 | 2 | 4/5

해석 그녀는 은행에서 일한다.

해설 주어가 She이고 현재일 때 일반동사 work의 현재형은 -s를 붙인 works이다.

044
who | V | how
We | **work** | **together.**
1 | 2 | 4/5

해석 우리는 함께 일한다.

해설 주어가 We이고 현재 시제일 경우 동사원형 work를 그대로 사용한다.

045
who | V
Peaches | **are sweet.**
1 | 2

해석 복숭아는 달다.

해설 주어가 복수이고 현재 시제일 경우 be동사는 are를 사용한다.

046
who | V | what
You | **have** | **blue eyes.**
1 | 2 | 3

해석 너는 파란 눈을 가지고 있구나.

해설 주어가 you이고 시제가 현재일 경우 have를 사용한다.

036
인물 | 사건(상태) | 사건(대상)
They | **are** | **both college students.**
1 | 2 | 3

해설 both는 be, seem, 조동사가 있으면 흔히 그 뒤에 온다.

Voca both 때 둘 다
college 명 대학
해석 그들 둘 다 대학생이다.

037
인물 | 사건(동작) | 사건(대상) | 배경(방법)
They | **exchanged** | **their business cards** | **with each other.**
1 | 2 | 3 | 4/5

해설 each other와 one another는 '서로'의 뜻이다.

Voca exchange 동 교환하다
business card 명함
해석 그들은 서로 명함을 교환했다.

038
사물 | 사건(상태) | 인물 사건(동작) | 사건(대상)
My computer | **doesn't work.** | **I** **need** | **a new one.**
1 | 2 | 1 2 | 3

해설 one은 같은 종류의 것을 가리킨다.

Voca work 동 작동되다
해석 나의 컴퓨터가 고장 났다. 나는 새 것이 필요하다.

039
인물 | 사건(동작) | 사건(대상) | 사건(동작) | 사건(대상)
I | **don't like** | **this phone.** | **Show** | **me another.**
1 | 2 | 3 | 2 | (3) 3

해설 another는 '또 다른 하나'라는 의미이다.

해석 저는 이 전화기가 마음에 들지 않네요. 다른 것을 보여주세요.

040
인물 | 사건(상태) | 인물 | 사건(상태)
Some people | **were late.** | **Others** | **weren't.**
1 | 2 | 1 | 2

해설 others는 '다른 것들[사람들]'이라는 뜻이다.

해석 어떤 사람들은 늦었다. 다른 사람들은 늦지 않았다.

041
인물 | 사건(상태) | 사건(대상)
None of us | **are** | **students.**
1 | 2 | 3

해설 none은 '아무 ~도 (아니다)'의 뜻으로, 「none + of + 명사」는 '~중에 하나도 …아닌'의 뜻이다.

해석 우리 중 누구도 학생이 아니다.

042
인물 | 사건(상태)
Neither | **is correct.**
1 | 2

해설 neither는 '둘 다 ~아니다'의 뜻이다.

Voca correct 형 맞는, 정확한
해석 둘 다 맞지 않다.

「인칭/지시/상호/부정/의문」대명사

- **인칭대명사** : 말하는 사람(화자), 듣는 사람(청자)의 관점에서 명사를 대신함

수량	인칭	주격	목적격	소유격	소유대명사	재귀대명사
단수	1	I	me	my	mine	myself
	2	you	you	your	yours	yourself
	3	he	him	his	his	himself
		she	her	her	hers	herself
		it	it	its	-	itself
복수	1	we	us	our	ours	ourselves
	2	you	you	your	yours	yourselves
	3	they	them	their	theirs	themselves

- **지시대명사** : 지시하는 대상과의 거리 개념으로 명사를 대신함
  - 가까울 때 : this, these   - 멀 때 : that, those

- **상호대명사** : 복수주어의 구성원 개개인들이 서로 상호작용하는 것을 대신함
  - 특정 둘 이상의 사이 : each other, 불특정 다수의 사이 : one another

- **부정대명사** : 정해지지 않은 전체, 부분의 개념으로 사람, 사물 또는 수량을 대신함 (비확정대명사)
  - '전체'와 관련 : both, all, everybody, everyone, everything 등
  - '일부'와 관련 : one, another, other(s), some, any, each, either, somebody 등
  - '없음'과 관련 : none, neither, nobody, nothing, no one 등

- **의문대명사** : 정확하지 않아 의문의 뜻으로 명사를 대신함
  - 의문대명사 : who, whom, what, which, whose
  - (* 의문형용사 : what + 명사, which + 명사, whose + 명사) → 의문대명사가 의문의 뜻으로 형용사를 대신
  - (* 의문부사 : where, when, how, why) → 의문대명사가 의문의 뜻으로 부사를 대신

---

034   인물   사건(상태)   배경(시간)
I | am busy | these days.
1   2   4/5

해설 this, these는 가까운 것을 가리킨다.

Voca these days 요즘
해석 나는 요즘 바쁘다.

035   사물   사건(상태)   배경(시간)
Foreign travel | was difficult | in those days.
1   2   4/5

해설 that, those는 먼 것을 가리킨다.

Voca foreign 형 외국의
those days 그 당시에
해석 그 당시에 해외 여행은 어려웠다.

027
사물 / 사건(동작) / 사건(대상) / 배경(시간)
Leaves | **change** | **their colors** | **in the fall.**
1 / 2 / 3 / 4/5

해설 leaf처럼 f로 끝나는 명사의 복수는 f를 v로 바꾸고 -es를 붙인다.

해석 나뭇잎은 가을에 색이 변한다.

028
인물 / 사건(상태) / 배경(추상적 장소)
We | **are responsible** | **for our own actions.**
1 / 2 / 4/5

해설 명사의 복수형은 대부분의 경우 -s를 붙인다. for가 추상적 장소를 가리키고 있다.

Voca be responsible for ~에 책임이 있다
own 형 자신의
해석 우리는 우리 자신의 행동에 책임이 있다.

029
사물 / 사건(동작) / 배경(장소)
Even monkeys | **fall** | **from trees.**
1 / 2 / 4/5

해설 monkey같이 「모음 + y」로 끝나는 명사의 복수형은 -s를 붙인다.

해석 원숭이도 나무에서 떨어질 때가 있다.

030
사물 / 사건(동작) / 배경(추상적 장소)
Happiness | **depends** | **on your mindset.**
1 / 2 / 4/5

해설 -ness는 명사형 어미이다. on이 추상적 장소에 접해 있다.

Voca depend on ~에 달려있다
mindset 명 마음가짐
해석 행복은 당신의 마음가짐에 달려있다.

031
사물 / 사건(상태) / 사건(대상)
True friendship | **is not** | **a business relationship.**
1 / 2 / 3

해설 -ship은 명사형 어미이다.

Voca friendship 명 우정
business 명 사업
relationship 명 관계
해석 진정한 우정은 사업 관계가 아니다.

032
사물 / 사건(동작) / 배경(추상적 장소)
Freedom | **comes** | **with responsibility.**
1 / 2 / 4/5

해설 -ity는 명사형 어미이다. with가 추상적 장소와 함께 있다.

Voca freedom 명 자유
responsibility 명 책임
해석 자유에는 책임이 따른다.

033
인물 / 사건(동작) / 사건(대상) / 배경(시간)
He | **married** | **a foreigner** | **last year.**
1 / 2 / 3 / 4/5

해설 -er은 명사형 어미이다.

Voca marry 동 결혼하다
foreigner 명 외국인
해석 그는 작년에 외국인과 결혼했다.

UNIT 03 명사의 복수형, 파생형

- **복수형 어미(-s, -es)**
  - 대부분의 경우 : girl - girls, doctor - doctors, store - stores, phone - phones
  - 단어 끝(ch, s, sh, x, z) + es(복수형) (단어 끝이 -o일 때 : 명사 + s, 명사 + es)
    : watch - watches, box - boxes, bus - buses, wish - wishes, buzz - buzzes, radio - radios, hero - heroes
  - 단어 끝이 "자음 + y"일 때, y를 i로 바꾸고 + es(복수형) (단, '모음 + y'일 때는 -s)
    : country - countries, candy - candies, monkey - monkeys, toy - toys
  - 단어 끝이 "f, fe"일 때, "-s(복수형)"를 붙이지만, "f, fe"를 v로 바꾸고 + es(복수형)로 할 때도 있음
    : roof - roofs, giraffe - giraffes, leaf - leaves

- **파생형 어미** (한 품사를 다른 품사로 전환 또는 다른 품사와 구분시켜주는 어미를 말함)
  - 명사형 어미: -ment, -ness, -ion, -sion, -tion, -ance, -ence, -ship, -ist, -or, -er, -ty, -ity 등
    : move(움직이다) - movement(동작), happy(행복한) - happiness(행복), act(행동하다) - action(행동)

[인물(1마디), 사건(2/3마디), 배경(4/5마디)으로 문장 구성요소를 알 수 있다.] (참조. 「5. 문장마디 분석도구」 p.12)

023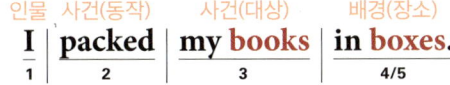

해설 box처럼 x로 끝나는 명사의 복수는 -es를 붙인다.

Voca pack 통 (짐을) 싸다, 포장하다
해석 나는 나의 책들을 상자들에 싸 넣었다.

024

해설 class처럼 s로 끝나는 명사의 복수는 -es를 붙인다.

Voca skip 통 (일을) 거르다, 빼먹다
해석 Tim은 종종 대학에서 수업을 빼먹는다.

025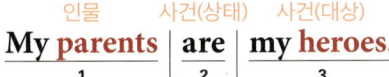

해설 hero처럼 o로 끝나는 명사의 복수는 -es를 붙인다.

해석 나의 부모님은 나의 영웅이다.

026 Christmas | is | a holiday | in many countries.

해설 country처럼 「자음 + y」로 끝나는 명사의 복수는 y를 i로 바꾸고 -es를 붙인다.

해석 크리스마스는 많은 나라에서 휴일이다.

016

명사덩어리	동	명사덩어리
The park	has	an outdoor **swimming pool**.
1	2	3

해설 swimming pool은 동명사 swimming과 명사 pool이 결합된 복합명사이다.

Voca outdoor 형 야외의
해석 그 공원에는 야외 수영장이 있다.

017

명사덩어리	동사덩어리	전치사덩어리
The hotel	is close	to the **underground station**.
1	2	4/5

해설 underground는 전치사 under와 명사 ground가 결합된 복합명사이다.

Voca underground 명 지하철 형 지하의
해석 호텔은 지하철역과 가깝다.

018

동사덩어리	명사덩어리	전치사덩어리
Please fasten	your seatbelt	during **takeoff**.
2	3	4/5

해설 takeoff는 동사 take와 부사 off가 결합된 복합명사이다. 주어 없이 동사로 시작하면 명령문이 된다. 명령문은 이루어질지 여부를 알 수 없기 때문에 동사원형을 사용한다.

Voca fasten one's seatbelt 안전벨트를 매다
during 전 ~동안
takeoff 명 이륙
해석 이륙하는 동안 안전벨트를 매세요.

019

명	동사덩어리	전치사덩어리
Julie	gets along	with her **mother-in-law**.
1	2	4/5

해설 mother-in-law는 명사 mother와 전치사구 in law가 결합된 복합명사이다.

Voca get along with ~와 잘 지내다
mother-in-law 시어머니, 장모
해석 Julie는 시어머니와 잘 지낸다.

020

명사덩어리	동사덩어리
The rich	aren't always happy.
1	2

해설 형용사 rich 앞에 the를 붙인 the rich는 '부유한 사람들'이라는 의미이다. Not ~ always는 '항상 ~한 것은 아니다'의 뜻으로 부분 부정을 의미한다.

해석 부자라고 항상 행복한 것은 아니다.

021

(대)명	동	명사덩어리
I	respect	**the elderly**.
1	2	3

해설 형용사 elderly 앞에 the를 붙인 the elderly는 '어르신들'이라는 의미이다.

Voca respect 동 존중하다, 존경하다
elderly 형 연세가 드신
해석 나는 어르신들을 존중한다.

022

(대)명	동사덩어리	전치사덩어리
We	are afraid	of **the unknown**.
1	2	4/5

해설 형용사 unknown 앞에 the를 붙인 the unknown은 '미지의 것[세계]'이라는 의미이다.

Voca be afraid of ~을 두려워하다
unknown 형 알려지지 않은
해석 우리는 미지의 것을 두려워한다.

UNIT 02 복합명사, 형용사 형태 명사

- **복합명사** : 두 단어 이상이 결합하여 하나의 어휘 단어인 명사로 사용되는 단어
  1) 명사 + 명사 : boyfriend(남자친구), bathroom(욕실, 화장실), department store(백화점)
  2) 소유격 명사 + 명사 : lady's maid(시녀, 몸종), traveler's check(여행자 수표)
  3) 형용사 + 명사 : blackbird(검은새), software(소프트웨어), common sense(상식)
  4) 동사 + 명사 : dance team(댄스팀), pickpocket(소매치기)
  5) 명사 + 동사 : rainfall(강우), handshake(악수), haircut(이발)
  6) 동명사 + 명사 : driving licence(면허증), dining room(식당), swimming pool(수영장)
  7) 명사 + 동명사 : housecleaning(집청소), waterskiing(수상스키)
  8) 전치사 + 명사 : byway(샛길), underground(영국 지하철)
  9) 동사 + 부사 : lookout(망보는 곳), makeup(화장품, 구성, 기질), takeoff(이륙)
  10) 명사 + 전치사구 : mother-in-law(장모, 시어머니), editor-in-chief(편집장)

- **형용사 형태 명사(the + 형용사)** : 형용사 앞에 the를 붙여서 사람 또는 관념, 사물을 표현
  - the rich(부유한 사람들, 복수), the old(노인, 복수), the accused(피의자, 단수)
  - the real(실질적인 것), the best(최고의 것), the cheapest(값싼 것)

---

012 The bathroom | is | downstairs.
(명사덩어리 1 / 동 2 / 부 4/5)

해설 bathroom은 명사 bath와 명사 room이 결합된 복합명사이다.

Voca bathroom 명 욕실, 화장실
downstairs 부 아래층에
해석 화장실은 아래층에 있어요.

---

013 Your actions | go | against common sense.
(명사덩어리 1 / 동 2 / 전치사덩어리 4/5)

해설 common sense는 형용사 common과 명사 sense가 결합된 복합명사이다.

Voca action 명 행동
go against ~에 맞지 않다, 위배되다
common sense 명 상식
해석 너의 행동은 상식에 어긋난다.

---

014 A pickpocket | stole | my wallet | on the street.
(명사덩어리 1 / 동 2 / 명사덩어리 3 / 전치사덩어리 4/5)

해설 pickpocket은 동사 pick과 명사 pocket이 결합된 복합명사이다.

Voca pickpocket 명 소매치기
steal 동 훔치다 (stole - stolen)
wallet 명 지갑
해석 소매치기가 길거리에서 나의 지갑을 훔쳤다.

---

015 Last night's heavy rainfall | caused | flooding.
(명사덩어리 1 / 동 2 / 명 3)

해설 rainfall은 명사 rain과 동사 fall이 결합된 복합명사이다.

Voca heavy rainfall 폭우
cause 동 야기시키다
flooding 명 홍수
해석 어젯밤의 폭우가 홍수를 초래했다.

005
My family | **are all busy** | **these days.**
명사덩어리 1 | 동사덩어리 2 | 부사덩어리 4/5

해설 이 문장의 family는 개별 구성원에 중점을 두어 복수 취급했다.

Voca these days 요즘
해석 나의 가족은 요즘 모두 바쁘다.

006
The police | **catch** | **criminals.**
명사덩어리 1 | 동 2 | 명 3

해설 police와 같은 집합명사는 항상 복수 취급하는 명사이다. 복수형이 따로 없으며 이와 같은 명사에는 cattle, people 등이 있다. criminal은 보통명사이다.

Voca catch 통 잡다
criminal 명 범인
해석 경찰은 범인을 잡는다.

007
Sugar | **melts** | **in water.**
명 1 | 동 2 | 전치사덩어리 4/5

해설 sugar와 water는 물질명사이다.

Voca sugar 명 설탕
melt 통 녹다
해석 설탕은 물에 녹는다.

008
They | **gave** | **me some bread.**
(대)명 1 | 동 2 | (3) 명사덩어리 3

해설 bread는 물질명사이다. 물질명사의 정확하지 않은 양을 나타낼 때에는 some, any, much, little 등의 부정수량형용사를 사용해 표현한다.

해석 그들은 나에게 빵을 좀 주었다.

009
We | **praised** | **her** | **for her courage.**
(대)명 1 | 동 2 | (대)명 3 | 전치사덩어리 4/5

해설 courage는 추상명사이다.

Voca praise 통 칭찬하다
courage 명 용기
해석 우리는 그녀의 용기를 칭찬했다.

010
Julie | **lives** | **in L.A.**
명 1 | 동 2 | 전치사덩어리 4/5

해설 Julie와 L.A.는 고유명사이다.

해석 Julie는 L.A.에 산다.

011
Thomas Edison | **invented** | **the light bulb.**
명사덩어리 1 | 동 2 | 명사덩어리 3

해설 Thomas Edison은 고유명사이고, light bulb는 보통명사이다.

Voca invent 통 발명하다
light bulb 명 전구
해석 토마스 에디슨은 전구를 발명했다.

 「보통/집합/물질/추상/고유」 명사

- **보통명사(시각 구분)**: 같은 사람, 사물에 붙는 이름을 가진 말로 일정한 형체가 있고, 시각만으로 구분 가능
  - book(책), boy(소년), car(자동차), chair(의자), computer(컴퓨터), mountain(산) 등

- **집합명사(시각 구분)**: 같은 종류의 사람이나 사물이 군집을 이루며, 시각만으로 구분 가능
  - audience(청중), army(군대), committee(위원회), class(학급), family(가족), team(팀) 등

- **물질명사(시각, 오감 구분)**: 형체는 있지만 일정하지 않고, 시각과 오감을 통해 구분 가능
  - air(공기), water(물), gold(금), salt(소금), oxygen(산소) 등

- **추상명사(지각, 생각 구분)**: 일정한 형체가 없고, 지각과 생각을 통해 구분 가능
  - beauty(아름다움), friendship(우정), happiness(행복), love(사랑) 등

- **고유명사(대문자 구분)**: 하나뿐인 특정한 사람, 사물에 한정하고, 대문자 시작 여부로 구분 가능
  - Asia(아시아), Edison(에디슨), Saturday(토요일), Thanksgiving Day(추수감사절) 등

[명사는 1/3/5마디의 대표품사 역할을 한다.] (참조. 「5. 문장마디 분석도구」 p.12)

---

001 I | bought | a new car.
(대)명 / 동 / 명사덩어리
1   2   3

해설 car는 보통명사이다.

Voca buy 동사다 (bought - bought)
해석 나는 새 차를 샀다.

002
명사덩어리 / 동사덩어리
Those flowers | are beautiful.
     1   2

해설 flower는 보통명사이다.

해석 저 꽃들은 아름답다.

003
명 / 동 / 전치사덩어리
Tim | was | in the room.
 1   2   4/5

해설 Tim은 고유명사이고 room은 보통명사이다.

해석 Tim은 방에 있었다.

004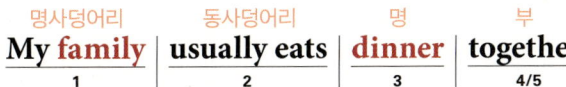
명사덩어리 / 동사덩어리 / 명 / 부
My family | usually eats | dinner | together.
    1   2   3   4/5

해설 이 문장은 family를 하나의 집합으로 보아 단수 취급했다. dinner는 보통명사이다.

해석 나의 가족은 주로 저녁을 함께 먹는다.

Chapter 01

가리키는 대상을 나타내는 「명사, 대명사」

문장 안에서 명사, 대명사는 사람, 사물을 가리키며 1/3/5마디의 대표품사 역할을 합니다.

0마디	1마디	2마디	3마디	4마디	5마디
	명사, 대명사	수일치	명사, 대명사		명사, 대명사

(대)명사는 주어, 보충어의 중심 역할을 하고, 동사, 형용사, 부사, 전치사 등 다른 품사의 기준이 됩니다. Chapter 01.에서는 다양한 형태의 (대)명사를 구분하는 방법과 수일치에 대해서 학습하며, 문장 구성요소를 찾는 방법을 연습합니다.

PART 1

주어 마디 훈련 [1마디]

Chapter 01 가리키는 대상을 나타내는 「명사, 대명사」

Chapter 02 사물의 모습을 나타내는 「형용사」 수식어

6. 문장마디별 기초 문법 학습

구문 학습이 문장 구성요소 학습에만 그친다면 그것은 '반쪽자리' 학습이다. 어떤 조건에서 바른 문장이 되고 어떤 조건에서 틀린 문장이 되는지를 알기 위해서는 문장 구성요소와 함께 문법 규칙도 고려해야 한다. <잉글맵>에서는 「문장마디(정해진 자리)」를 기준으로 문법 규칙을 한 눈에 파악하고자 「영어문법지도」를 만들었다.

영어문법지도를 통해 알 수 있는 사실은 간단하고 분명하다. 모든 문법적 요소 역시 '문장마디에 따라 정해진 자리'가 있다는 것이다. <잉글맵 기본편(마디훈련)>은 문장마디(정해진 자리) 기준에 따를 때 필요한 최소한의 기초 문법정보를 다양한 '기호'로 제공하여 어려운 문법 규칙들을 직관적으로 이해할 수 있도록 도울 것이다. 이를 통해 문장마디(정해진 자리)별로 「문장 구성요소를 찾는 훈련」과 「기초 문법 훈련」을 집중적으로 한다면 좋은 성과가 있을 것이다.

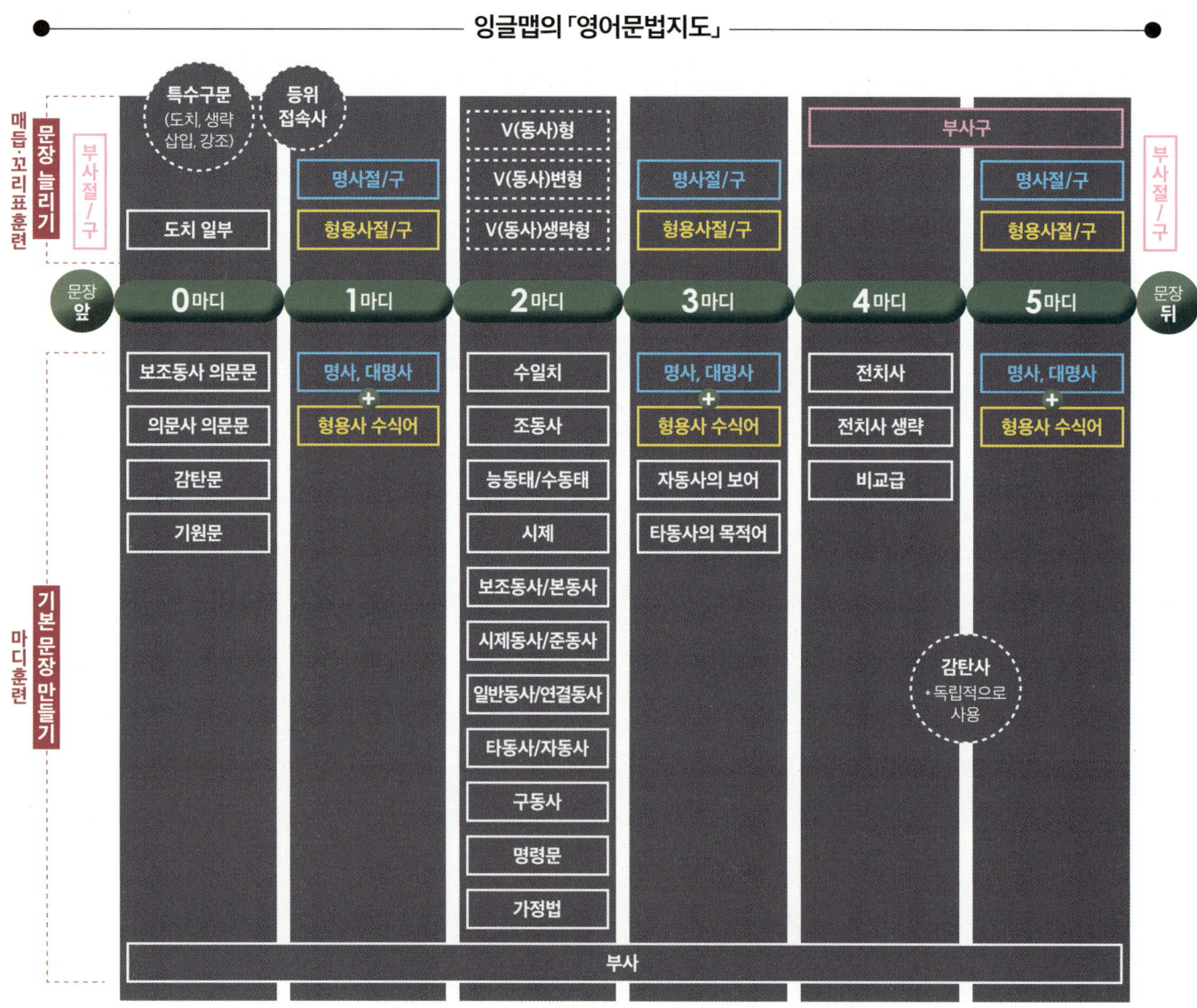

* 기본 문장 만들기 문법영역 : 8품사(명사, 대명사, 동사, 형용사, 전치사, 부사, 접속사, 감탄사)와 관련된 문법 영역
* 문장 늘리기 문법영역 : 주로 8품사 외(to부정사, 동명사, 분사, 관계사, 분사구문 등)의 이름을 갖는 문법 영역
* 매듭유형 : V(동사)형 → 대체형/첨가형 매듭, V(동사)변형 → 축약형 매듭, V(동사)생략형 → 생략형 매듭

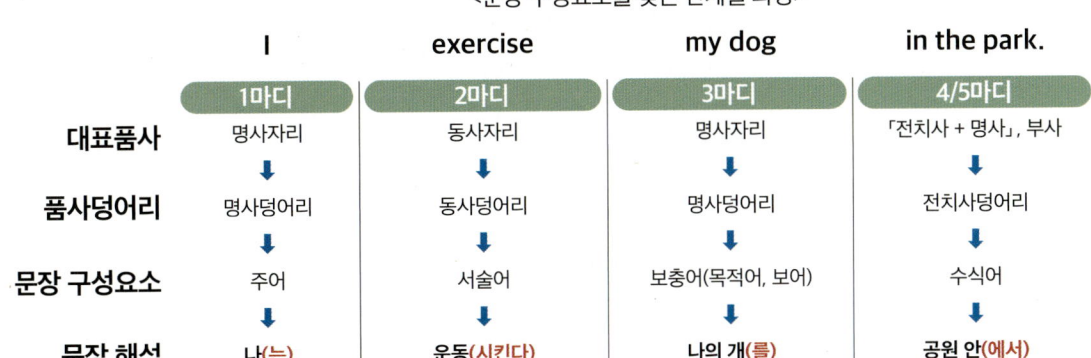

<문장 구성요소를 찾는 단계별 과정>

5. 문장마디 분석 도구

문장 구성요소를 구분하는 방법으로 흔히 단어들의 품사를 이용하는 방법만 있다고 알고 있다. 하지만 <잉글맵 기본편(마디훈련)>에서는 품사를 이용한 방법(①대표품사, ②품사덩어리) 외에도 문장의 이야기 전개 방식(③이야기 구성, ④6하 원칙, ⑤힘의 이동)으로 문장 구성요소를 식별하는 방법도 함께 제시한다. 학습자는 이 과정을 순차적으로 훈련하면서 영어를 읽고 쓰는 모든 활동이 실은 문장 구성요소에 맞게 단어를 배열하는 과정임을 인식하게 되고, 나아가 영어 고유의 어순 감각을 자연스럽게 익히게 된다.

문장	0마디	1마디	2마디	3마디	4마디	5마디
	—	주어 (s)	서술어 (v)	보충어 [목적어(o), 보어(c)]	수식어 (M)	

문장마디 분석을 위한 도구들

					전치사	명사
① 대표품사	의문사 보조동사 부사, 감탄사	명사	동사	명사	부사(구)	
② 품사덩어리	보조덩어리	명사덩어리 (형+명+형)	동사덩어리 [동사+(형/명/부/전)]	명사덩어리 [(명사)+명사] (형+명+형)	전치사	명사덩어리 (형+명+형)
					전치사덩어리 / 부사덩어리	
③ 이야기 구성	-	인물 (사물)	사건 (동작/상태)	사건 (대상)	배경 (주변 상황: 장소/시간/원인/결과/목적 …)	
④ 6하 원칙	-	who	(V)	what	where, when, how, why	
⑤ 힘의 이동	-	주체	동작/상태의 힘(大)	객체(힘의 대상)	공간/관계의 힘(小)	객체(힘의 대상)

(잉글맵에서 형용사 '보어'는 2마디에, 명사 '보어'는 3마디에, 전치사구 '보어'는 4/5마디에 위치한다.)

* 구문 학습을 위해 반드시 "문장마디 분석 도구"를 암기하길 권합니다.

> **TIP** 문장마디와 문장 5형식의 차이
> 문장마디는 문장 구성요소를 고려해 정해진 자리로써 대표품사에 의해 구분된다. 문장마디 방식을 이용하면 기존의 문장 5형식과 조금의 차이가 있다.(부록.「Q5. 문장마디와 문장 5형식은 어떤 차이가 있나요?」참조) 하지만, 문장마디 방식은 문장 5형식에서 표현하기 어려운 길고 복잡한 구문을 체계적으로 설명할 수 있으며, 영어만의 반복적인 어순 패턴을 쉽게 파악할 수 있다.

2. 문장 구성요소 이해하기

구문은 단어들을 배열하여 의미 있는 문장을 만드는 법칙이기 때문에 구문 학습은 문장에 대한 정확한 이해에서 시작된다. 「문장」은 "생각이나 감정을 표현할 때, 일정한 규칙에 따라 단어들을 배열한 최소 단위(출처, 네이버 지식백과)"를 말한다. 문장은 가장 단순하게는 "주부와 술부"로 구성되며, 주부에 해당하는 주어와 술부를 좀 더 세분화하면 문장은 "주어 + 서술어 + 보충어(목적어, 보어) + 수식어"로 구성된다. 따라서 구문은 문장을 구성하는 요소들(주어, 서술어, 보충어, 수식어 등)의 경계를 구분하고, 구성요소별로 정해진 규칙에 따라 단어들을 배치함으로써 시작된다.

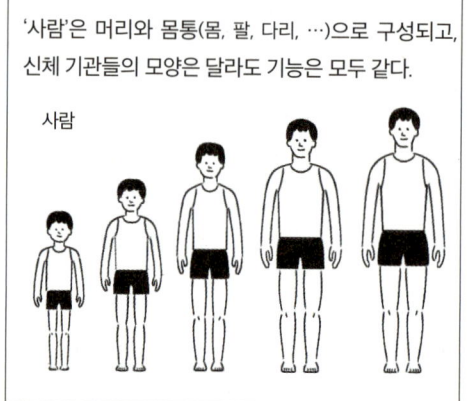

3. 문장 구성요소와 해석 방법

문장 구성요소가 길고 짧은 것과 상관없이 주어는 '~이/가, 또는 ~은/는'으로 해석되고, 서술어는 '~하다/시키다' 내지는 '~이다/되다' 등으로 해석된다. 앞서 「1. 영어 구문을 배워야 하는 이유」에서도 설명한 것처럼 영어에는 조사나 어미가 없기 때문에 영어를 우리말로 해석할 때 이 부분은 항상 어려움으로 남는다. 하지만 어쩌겠는가. 이것이 영어인 것을. 그래서 문장 구성요소의 해석 방법은 무작정 단어만 암기한다고 해결되지 않는다. 반드시 영어 구문이 지닌 문장 구성요소들의 어순과 해석 방법을 익혀야만 한다. <잉글맵 기본편(마디훈련)>은 이 부분에 대한 집중적인 훈련 과정이다.

문장 구성요소	1마디 주어	2마디 서술어	3마디 보충어(목적어, 보어)	4/5마디 수식어
구성요소별 해석방법	(~이/가) (~은/는)	(동작: ~하다/시키다) (상태: ~이다/되다)	(~을/를) (~에게) (~을/를) (~이/가) (~하는 것을) (~이/가) (~인 것을) (~이/가) (~되게) … (~하게) (~해서) (~하는 것이) …	(장소) (~에서) (시간) (~에) (자격) (~으로서) (도구) (~으로써) (비교) (~보다) …

4. 문장 구성요소를 찾는 방법

"I exercise my dog in the park."와 같은 문장을 보자. 무엇이 주어이고 서술어인지 이 문장은 그 어떤 힌트도 제공하지 않는다. 문장 구성요소를 알기 위해 'exercise'를 사전에서 찾아보아도 소용없다. 주어, 서술어와 같은 정보는 전혀 없고 대신 '명사', '동사' 등의 품사 정보만 가득하다. 하지만 바로 이것이 영어의 특성이다. 영어 단어들의 품사 정보야말로 문장 구성요소를 알 수 있는 중요한 힌트이다. 영어 문장은 「문장마디(정해진 자리)」별로 '대표 품사'가 미리 정해져 있기 때문에 단어에 대한 품사 정보만 알면 문장 구성요소를 비교적 쉽게 파악할 수 있으며 그에 맞춘 해석이 가능하다.

잉글맵 기본편(마디훈련) 학습 가이드

1. 영어 구문을 배워야 하는 이유

우리말은 '조사'와 '어미'가 있어서 단어를 개별적으로 보고도 그 단어의 문장 내 역할을 알 수 있다. 반면 영어는 우리말과 달리 '조사'와 '어미'가 없다. 대신 단어들의 「정해진 자리」가 있다. 그래서 단어 뜻만 가지고는 정확한 해석이 안 된다. 반드시 해당 단어가 어떤 자리에 있는지를 알아야 그 역할을 분명하게 이해할 수 있다.

1) My father cooks.   (아버지가 요리한다.)
2) I gave my father a car key.   (나는 아버지에게 자동차 키를 주었다.)
3) He fathered three sons.   (그는 세 아들의 아버지가 되었다.)

1), 2) 모두 my father가 포함된 문장인데, 1)에서는 "아버지가"로 해석되고, 2)에서는 "아버지에게"로 해석된다. father가 지닌 '아버지'라는 기본 의미는 사전에서 찾으면 그만이지만 이 단어가 어떤 역할과 기능을 하는지는 규칙에 의해 정해진 자리를 통해서만 알 수 있다. 같은 단어라도 주어 자리에서는 "~가"라는, 간접목적어 자리에서는 "~에게"라는 구문론적 의미를 부여받기 때문이다. 3)에서는 'father'가 동사로 사용되어 "아버지가 되다"의 의미로 해석된다.

4) My father made me a doll.   (아버지는 나에게 인형을 만들어 주셨다.)
5) My father made me a doctor.   (아버지는 나를 의사로 만드셨다.)

4), 5)는 'doll(인형)'과 'doctor(의사)' 두 단어만 다를 뿐 나머지 단어들은 같은 문장이다. 그래서 구문을 모르면 비슷하게 해석할 수도 있다. 하지만 동사 'made'와의 관계에 있어서 4)문장은 "me ≠ a doll"라는 의미를 갖고, 5)문장은 "me = a doctor"라는 의미를 갖는다. 이처럼 단어들의 어순과 동사의 사용 방법에 따라 문장 규칙을 달라지게 하는 것이 '구문'이다. 구문을 모르면 정확한 해석이 어려워지는 이유이다.

> "
> 영어는 단어 뜻과 관계 없이
> 「단어들의 어순」만으로도 고유한 의미를 포함한다.
> "

INTRO
기본 문장 만들기

잉글맵 기본편(마디훈련) 학습 가이드

How to Study

1 타자 연습이라 생각하고 구문을 연습하자!!!

"키보드 자판을 처음 배울 때를 생각해보라."
손가락마다 정해진 자리에 맞춰 타자 연습을 하는 게 불편하다고 하여 독수리 타법만 고수하면 어떻게 될까? 아무리 연습해도 일정 수준 이상 타자 실력이 늘지 않는다. 구문 학습도 마찬가지다. 0~5까지의 문장마디 및 문장매듭의 정해진 자리와 입체적 구조를 수월하게 파악할 때까지는 의식적인 노력이 있어야 한다. 물론 기존의 방법과는 새로운 방법이라 이 과정이 어색할 수 있다. 하지만 시간이 지나면 구문 인지능력이 생겨서 아무리 길고 복잡한 문장도 막힘없이 분석하고 이해하게 될 것이다. 조금은 지루한 타자 연습을 거치고 나면 어느덧 별다른 의식적 노력 없이도 자유롭고 빠르게 자판을 두드리게 되는 것처럼 말이다.

2 「정해진 자리와 품사 규칙」 개념을 반드시 익히자!!!

"단어들은 품사별로 정해진 자리가 있다. 구문을 형성하는 대부분의 원리는 이 기준을 만족하기 위해 만들어진 것이라 해도 과언이 아니다."
to부정사, 동명사, 분사구문, 관계대명사, 접속사 등 어려운 구문에 등장하는 거의 모든 용어들은 '정해진 자리와 품사'를 설명하기 위한 수단에 불과하다. 0~5마디까지의 자리에 어떤 대표품사가 오는지를 익히고, 정해진 자리에 다른 품사가 들어갈 경우 어떤 현상이 일어나는지 이해하고 나면 비로소 구문을 보는 눈이 열리게 된다.

3 빠른 기간 내에 <잉글맵> 전체를 3번 이상 반복해서 연습하자!!!

"길고 복잡한 문장은 한 문장 안에 여러 개의 구문이 복합적으로 들어가 있다."
우리가 실제로 접하게 되는 영어 문장들은 여러 개의 구문이 복합적으로 얽혀 있는 것이 대부분이다. 그래서 특정 구문을 깊이 있게 이해하는 것도 필요하지만, 전체 구문을 여러 번 반복적으로 연습하여 구문을 전체적으로 볼 수 있는 균형 감각을 키우는 것이 더 중요하다. 그런 감각을 터득하기 위해서는 <잉글맵>을 단기간에 여러 번 반복해서 연습하는 것이 효과적이다.

4 목차와 책날개를 수시로 확인하자!!!

"전체 구문 중에서 지금 내가 어디를 학습하고 있는지 매일 점검하고, 비교하고, 물어보아야 한다."
내가 알고 있는 것과 모르는 것을 구분하는 것이 학습의 시작이다. 이를 위해 목차와 책날개를 습관적으로 펼쳐 보기를 권한다. 전체 구문 중에서 내가 학습하고 있는 구문은 어떤 단계인지 확인하고 그와 비슷한 구문은 어떤 것인지 비교하는 과정을 통해 현재 내가 학습하고 있는 구문을 더욱 선명하게 이해할 수 있기 때문이다.

5 영어구문지도를 직접 작성해보자!!!

"직접 영어구문을 그려 보면 내가 알고 있는 것과 모르는 것이 명확해진다."
영어구문지도를 직접 그려볼 것을 적극 권장한다. 예문에 대해 내가 직접 구문지도를 그려보면, 자기주도학습 능력이 커지는 것은 물론 내가 알고 있는 것과 모르는 것이 분명하게 드러난다. 그런 과정을 통해 틀린 부분을 집중적으로 학습하다 보면 어느새 영어 구문이 명확히 보이게 될 것이다.

6 의미 단위로 끊어 읽는 훈련을 습관화하자!!!

"영어를 외국어로 배울 때 문장을 의미 단위로 끊어 읽는 훈련은 가장 검증된 학습 방법 중 하나다."
<잉글맵>으로 구문을 익히다 보면 신기하게도 구문 생성 원리가 수학처럼 논리적인 짜임새가 있다는 사실을 발견하게 될 것이다. 1/2/3/4/5 각 마디별로 단어들의 어군이 형성되는 원리를 비롯해 형용사 자리, 명사 자리, 부사 자리를 중심으로 말이 어떻게 늘어나는지 눈으로 확인할 수 있다. 이 자리들이 바로 대부분 의미 단위로 끊어 읽는 기준이 된다. 다만 기존 문법 학습을 통해 구문을 숙어로 패턴화해서 외운 경우, 잉글맵의 끊어 읽기 방식과 정확히 맞아 떨어지지 않을 수 있다. 이런 경우에는 당황하지 말고 그 차이를 따져보는 학습의 기회로 삼기를 권한다.

Chapter 08 타동사와 함께 하는 「목적어」 107

UNIT 30 타동사와 목적어 유형1 : 「S + V + O」 108
UNIT 31 타동사와 목적어 유형2 : 「S + V + IO + DO」 109
고급편 미리보기 타동사와 목적어 유형3 : 「S + V + O(구/절)」 110

PART 4 수식어 마디 훈련 [4/5마디]

Chapter 09 배경과의 관계를 나타내는 「전치사」 115

UNIT 32 「안 & 밖」 전치사 117
UNIT 33 「위 & 아래」 전치사 121
UNIT 34 「앞 & 뒤」 전치사 124
UNIT 35 「옆 & 둘레」 전치사 127
UNIT 36 「원 & 근」 전치사 130
UNIT 37 「접촉 & 분리」 전치사 133
UNIT 38 「연결 & 지속」 전치사 138
UNIT 39 「가다 & 오다」 전치사 140
UNIT 40 「거쳐서 가다 & 영향권」 전치사 144
UNIT 41 「같음 & 다름 & 비교」 전치사 148
UNIT 42 전치사 생략 152

Chapter 10 주변 상황을 나타내는 「부사」 155

UNIT 43 장소부사, 시간부사 156
UNIT 44 빈도부사, 양태부사 158
UNIT 45 정도부사, 숫자부사 160
UNIT 46 접속부사 162

Chapter 11 기준에 따른 정도표현, 「비교구문」 167

UNIT 47 원급을 이용한 비교 168
UNIT 48 비교급을 이용한 비교 169
UNIT 49 최상급을 이용한 비교 172

PART 5 기타 마디 훈련 [0마디] [2마디]

Chapter 12 문장의 종류 177

UNIT 50 의문사가 없는 의문문 178
UNIT 51 의문사가 있는 의문문 180
UNIT 52 감탄문, 기원문, 명령문 183

Chapter 13 가정법 187

UNIT 53 If 조건절과 가정법 188
UNIT 54 I wish + 가정법 190
UNIT 55 I would rather + 가정법 191
UNIT 56 as if / as though + 가정법 192
UNIT 57 다양한 가정법 표현들 193

APPENDIX 197

Content

INTRO ... 009

PART 1 주어 마디 훈련 [1마디]

Chapter 01 가리키는 대상을 나타내는 「명사, 대명사」 ... 015

UNIT 01 「보통/집합/물질/추상/고유」명사 ... 016
UNIT 02 복합명사, 형용사 형태 명사 ... 018
UNIT 03 명사의 복수형, 파생형 ... 020
UNIT 04 「인칭/지시/상호/부정/의문」대명사 ... 022
UNIT 05 (대)명사의 수일치 ... 024

Chapter 02 사물의 모습을 나타내는 「형용사」 수식어 ... 029

UNIT 06 전치수식 형용사 ... 030
UNIT 07 수량 형용사 ... 032
UNIT 08 형용사의 「한정적&서술적」 용법 ... 034
고급편 미리보기 후치수식 절/구 ... 036

PART 2 서술어 마디 훈련 [2마디]

Chapter 03 생각 속의 사건을 말할 때, 「조동사」 ... 043

UNIT 09 조동사의 종류와 생각의 강약 ... 044
UNIT 10 조동사와 준조동사 ... 048
UNIT 11 조동사를 이용한 관용적 표현 ... 050

Chapter 04 동사 힘의 방향을 보여주는 「태」 ... 053

UNIT 12 능동태와 수동태 ... 054

UNIT 13 조동사 수동태와 구동사 수동태 ... 056
UNIT 14 4형식의 수동태 ... 057
고급편 미리보기 5형식의 수동태 ... 058

Chapter 05 동사의 시간을 나타내는 「시제」 ... 063

UNIT 15 단순 현재시제와 현재진행시제 ... 064
UNIT 16 단순 과거시제와 과거진행시제 ... 066
UNIT 17 단순 미래시제와 미래진행시제 ... 068
UNIT 18 현재완료시제와 현재완료진행시제 ... 070
UNIT 19 과거완료시제와 과거완료진행시제 ... 072
UNIT 20 미래완료시제와 미래완료진행시제 ... 074
UNIT 21 진행형 수동태와 완료형 수동태 ... 076
UNIT 22 조동사의 형태(현재형, 과거형)와 시제/시간 ... 078

Chapter 06 동사의 종류와 서술어 ... 085

UNIT 23 보조동사와 본동사 ... 086
UNIT 24 시제동사와 무시제동사 ... 088
UNIT 25 일반동사와 연결동사 ... 089
UNIT 26 타동사와 자동사 ... 091
UNIT 27 구동사(동사+전치사/부사)와 전치사 수반동사 ... 093

PART 3 보충어 마디 훈련 [3마디]

Chapter 07 자동사와 함께 하는 「보어」 ... 101

UNIT 28 자동사와 보어 유형1 : 「S + V」 ... 102
UNIT 29 자동사와 보어 유형2 : 「S + V + C(형/명)」 ... 103
고급편 미리보기 자동사와 보어 유형3 : 「S + V + C(구/절)」 ... 104

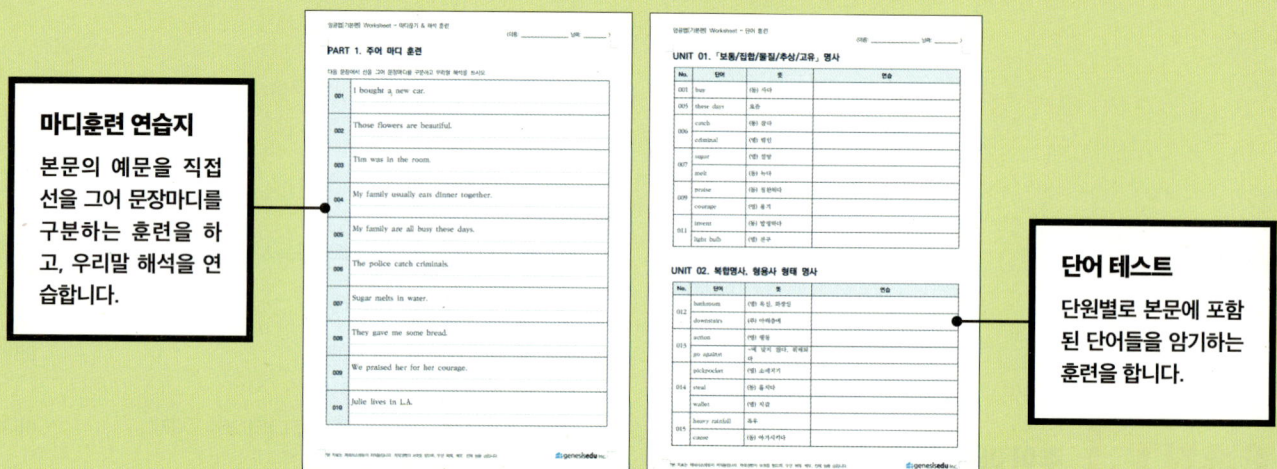

마디훈련 연습지
본문의 예문을 직접 선을 그어 문장마디를 구분하는 훈련을 하고, 우리말 해석을 연습합니다.

단어 테스트
단원별로 본문에 포함된 단어들을 암기하는 훈련을 합니다.

일러두기   to-v to부정사   v-ing 동명사/현재분사   p.p. 과거분사   V 동사   N 명사   A 형용사   AD 부사   S 주어   O 목적어
IO 간접목적어   DO 직접목적어   C 보어   CC 보충어   M 수식어

0/1/2/3/4/5	중심문장의 문장마디 번호
⓪①②③④⑤	추가내용의 문장마디 번호
|	문장마디 구분선
⌒▬▬	추가내용의 매듭·꼬리표

[♥ 조동사 현재형, ♡ 조동사 과거형(1보후퇴형), ♡ 유사조동사]

[● 과거, ◐ 현재, ○ 미래, ▶ 완료, ◀ 수동, ▷ 진행, ⤺ 자동사, → 타동사]

⤵   순차적으로 해석하기

⚖   원급 비교

⚖   비교급 비교

◢   최상급 비교

구문 훈련을 돕는 부가서비스 www.englemap.com 에서 마디훈련 연습지와 단어 테스트 자료는 다운로드 가능하며 그 밖에 관련 사항은 englemap114@gmail.com 으로 문의해 주세요.

Structures & Features

학습 가이드
문장마디를 통해 기본 문장을 만들고, 읽고, 해석하기 위해 필요한 이론적 배경을 상세히 설명합니다.

구문 설명
각 Unit에서 학습할 구문에 대한 설명입니다.

예문 설명 (with 잉글맵)
학습한 구문의 내용이 반영된 예문들이 학습자들의 이해를 돕는 잉글맵으로 표현되어 있습니다.

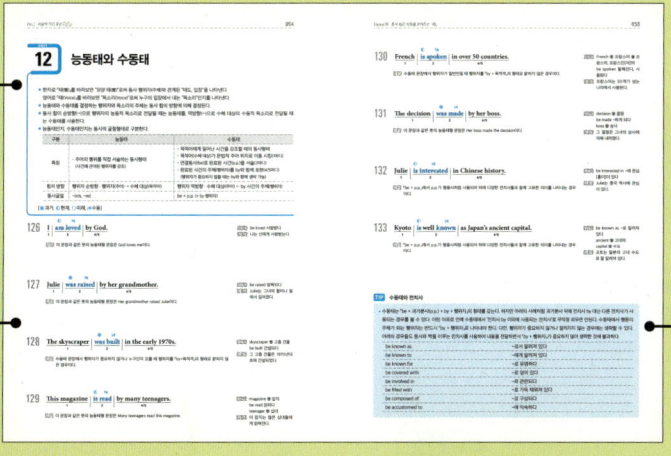

Tip & Further Study
추가적으로 알아두면 좋은 문법/구문 내용입니다.

Exercise A (마디끊기)
예문에서 훈련한 문장들을 학습자가 직접 문장 구성요소별로 마디를 끊어보는 연습입니다.

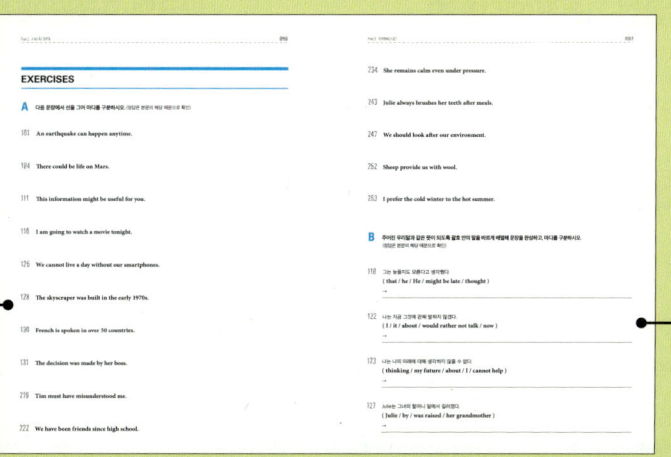

Exercise B (마디배열)
문장 마디의 어순을 고려하여 주어진 단어들을 직접 배열해 보는 연습입니다.

Overview

보이는 영어구문 「잉글맵」 시리즈 구성

보이는 영어 구문 잉글맵 시리즈는 〈잉글맵 기본편(마디훈련)〉과 〈잉글맵 고급편(매듭·꼬리표 훈련)〉 총 2권으로 구성되어 있습니다.

〈잉글맵 기본편〉은 가장 기본적인 영어 문장의 구조와 원리를 학습하는 교재이며, 문장을 '문장마디'로 나누어 주어, 서술어, 보충어(목적어, 보어), 수식어를 찾는 방법을 구체적으로 설명해 줍니다. '문장마디'별로 '대표품사', '품사덩어리', '이야기구성', '6하 원칙', '힘의 이동 방식' 등 특허 받은 방법을 적용해 영어 문장의 어순 및 구조를 그 어디에서도 경험해보지 못한 쉬운 방식으로 이해하도록 도와줍니다.

〈잉글맵 고급편〉은 기본 문장에 절(clause)이나 구(phrase)가 더해진 긴 영어 문장을 학습하는 교재입니다. <잉글맵 고급편>에서는 특허 받은 '문장매듭·꼬리표' 개념을 통해 '문장이 어디에서, 어떻게 길어지는지' 입체적이고 시각적으로 이해할 수 있도록 도와줍니다.

책의 구성 특성상 학습자는 <잉글맵 기본편>을 먼저 공부한 후 <잉글맵 고급편>을 공부하는 것이 바람직합니다. 두 권을 순차적으로 공부하고 나면 영어 문장 구조를 잘 파악해내는 안목을 가지게 될 것입니다.

잉글맵 기본편(마디훈련)   **잉글맵 고급편(매듭·꼬리표훈련)**

> "
> **문장은
> 마디로 끊어야 보인다!**
> "

> "
> **문장은
> 매듭으로 묶어야 보인다!**
> "

자, 이제 혼란스럽고 두려운 '영어의 정글' 속에서 <잉글맵>을 펼쳐 보세요! <보이는 영어 구문 잉글맵> 시리즈는 '영어 정복'이라는 목적지로 향하는 여러분에게 안전하고 정확한 '영어의 길'을 안내할 내비게이션이 될 것입니다.

영어가 보인다!
실력이 쌓인다!

지인의 자녀 중에 수학을 비롯한 다른 과목들은 거의 1등급을 받는데 영어만 4~5등급을 받는 학생이 있었습니다. 이 학생에 의하면 단어를 아무리 외워도 문장이 해석되지 않고, 문장을 만드는 원리가 이해되지 않다 보니 아무리 공부를 해도 쌓이지 않는다는 것이었습니다. 분명 똑똑한 친구인데 과연 무슨 이유 때문에 영어의 체계가 잡히지 않는 걸까요?

그 답은 바로 '구문' 때문입니다. 영어는 단어 뜻과 별개로 구성요소들의 정해진 자리가 있고 그 자리마다 고유한 뜻을 갖는 언어입니다. 이러한 정해진 자리를 흔히 '구문'이라고 하는데 영어를 모국어가 아닌 외국어로 배울 때 비원어민 학습자에게 가장 필요한 능력 중의 하나가 바로 '구문' 능력입니다.

영어 교육 현장에서 선생님들이 읽기를 할 때 의미단위로 끊어읽는 방식을 선호하는 이유가 구문의 중요성을 보여주는 가장 단편적인 예라고 할 수 있습니다. 영어는 한국어와 달리 '~은 …이다', 또는 '~가 ~을 …한다'처럼 '조사와 어미'가 없는 대신에 구문이 이 역할을 담당합니다. 구문에 대한 이해가 부족하면 '~은, ~가'에 해당하는 주어나 '…이다, …한다'에 해당하는 '서술어', '~을, 를'에 해당하는 목적어 등을 찾을 수 없어 문장이 이해되지 않습니다. 즉, 주어부, 술부처럼 의미가 형성되는 어군 단위를 볼 수 없으면 영어 문장은 전혀 이해할 수 없는 언어가 되고 맙니다.

구문은 영어 읽기 능력과 직접적으로 관계되어 있습니다. 미숙한 학습자는 글을 한 단어씩 읽고 이해하는 데 반해, 유창한 학습자는 보다 큰 의미단위로 문장을 끊어 읽기 때문에 읽기 속도가 더 빠르고 내용 이해력도 높습니다(Nuttall, 2008). 또한 유창한 학습자는 절(clause)이나 구(phrase)의 상호관계도 예측하며 읽는 등, 음운 단위 뿐만 아니라 통사 구조의 위계 질서도 이용하여 읽기 때문에 더 효과적으로 글을 읽고 이해할 수 있습니다(Ashby, 2006).

이제, 분명하게 말씀 드릴 수 있습니다. 영어의 기초가 부족하거나, 뭔지 모르겠지만 영어 실력이 좀처럼 향상되지 않는 분이 계시다면 무작정 단어만 암기하지 말고 '영어 구문'을 공부해 보십시오. 한 동안 영어에 손을 놓았다가 다시 공부를 하시는 분들도 '영어 구문'부터 점검해 보십시오. 보이는 영어구문「잉글맵」은 세계에서 몇 안되는 문장다이어그램(Sentence Diagram)이자, 0~5까지의 6개 숫자를 이용해 모든 문장의 어순과 구문을 표현하는 세계 최초의 영어 구문 학습 방법입니다.

영어 구문의 진정한 끝판왕, 잉글맵
1. 영어의 반복적인 어순 패턴이 이해된다.
2. 문장의 구성요소를 다양한 방법으로 끊어 읽을 수 있다
3. 영어 문장이 갖는 고유한 입체 구조가 보인다.
4. 문장이 길어지는 위치를 정확하게 찾고 이해할 수 있다.
5. 4개 유형, 43개의 매듭 · 꼬리표로 모든 핵심구문이 보인다.

잉글맵은 지금까지 학습했던 방법과는 차원이 다른 새로운 방법으로 영어의 어순과 문장구조를 설명하고 있습니다. 단어들의 순서인 어순을 진짜 '숫자'로 보여주고, 문장구조를 진짜 '입체 그림'으로 보여주는 진짜 '구문'을 경험해 보십시오.

저 자

구문이 보이기 시작하는
놀라운 경험을 하게 됩니다!

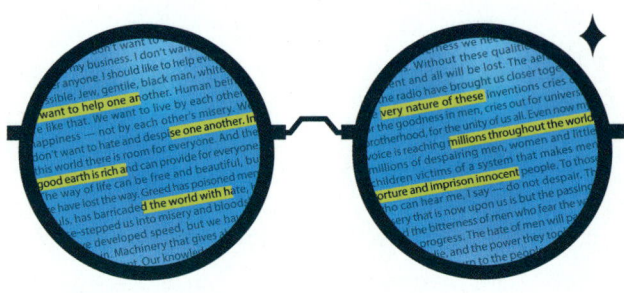

한국, 미국, 중국, 일본 4개국
특허 등록 완료

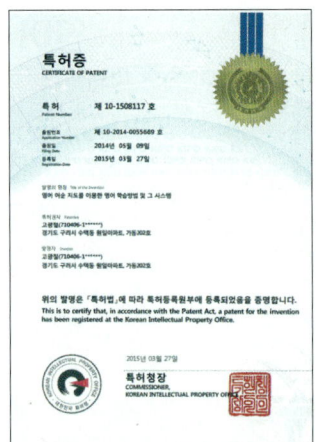
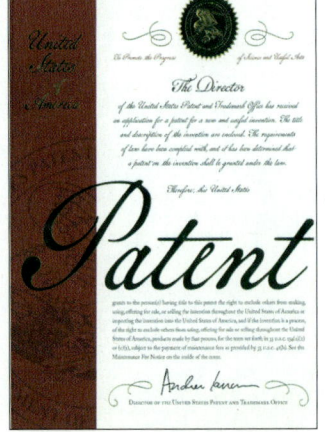

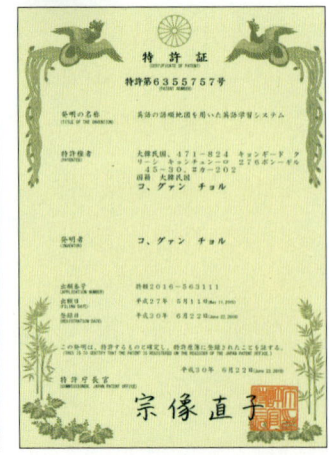

추천사

GenesisEdu에서
Genius를 보다

제네시스에듀(GenesisEdu)의 야심찬 역작, 『잉글맵』시리즈 출판을 진심으로 환영하고 축하합니다. 출간 전부터 영어교재 출판계에서 새로운 별이 될 것이라는 기대가 많았는데, 추천사를 쓰고자 책을 일독하며 그 기대가 결코 헛되지 않았음을 확인하였습니다.

기본편과 고급편으로 출간된 두 권의 『잉글맵』이 선보인 놀라운 내용은 관련 전공 학회에서조차 일찍이 보지 못했던 혁신으로 평가받아 마땅합니다. 전통적인 5문형(sentence patterns)에 따른 지루한 문장 분석에서 벗어나 문장의 주요 요소들을 일관성 있게 숫자화하고 다층화(leveling)함으로써 영어 구문을 시각적으로 쉽게 익히도록 하는 창의성에 박수를 보냅니다. 특히 기능주의적이고 담화적인 관점에서 문장을 스토리(story)의 기본 단위로 보며 「6하 원칙(누가, 무엇을, 어디서, 언제, 어떻게, 왜)」과 「인물, 사건, 배경」으로 나눈 점은 우리가 영어를 배우는 목표가 의사소통에 있음을 다시금 명확히 환기시켜준 탁견이라 생각합니다.

무엇보다 『잉글맵』을 돋보이게 하는 아이디어는 "문장마디"와 "매듭 꼬리표"를 도입한 것입니다. 전통적인 영어의 5문형을 4~5개의 "문장마디"로 단일화하고, 통사론(syntax)에서도 어렵게 다뤄지고 일선 교육 현장에서는 무리하게 5문형 중 하나로 처리하던 "보문구조(complement structures)"를 "매듭 꼬리표"라는 용어로 정리한 것은 영어 구조 분석을 단순화하는 데 있어 큰 공헌이라 여겨집니다. 특히 "매듭 꼬리표"는 기본문장을 확장시켜 문장을 복잡하게 하는 요소들을 "문장마디"라는 기본문형의 층위에 놓이게 함으로써 복잡해보였던 영어 문장이 실은 그다지 복잡하지 않음을 가시적으로 보여주는 효과가 있습니다.

요컨대 이 책의 제안에 따라 영어 문장을 분석하면 매우 효율적입니다. 저자가 안내하는 대로 독해 과정을 숙달한 후 다시 역순으로 작문 학습을 해나간다면 영어 학습의 효과가 더욱 높아질 것입니다. 이처럼 『잉글맵』시리즈로 독해와 작문, 두 마리 토끼를 다 잡을 수 있는 만큼 저자의 새로운 방식인 "문장마디, 매듭 꼬리표"를 우리 영어 교육 현장에 도입한다면 비용보다 이득이 훨씬 클 것이라고 확신합니다.

『잉글맵』시리즈는 오랜 영어 교육의 역사에도 불구하고 영어 구문 이해에 있어서는 여전히 불모지인 한국의 영어 학습 풍토를 교정할 '위대한 탄생'이라 해도 과언이 아닙니다. 이 책은 그간 영어 구문의 정글에서 헤매고 있던 수많은 학습자에게 영어 공부의 새로운 지평을 보여줄 새해맞이 영어 선물이 될 것입니다..

2019년 12월 곤옥골 서재에서
경상대학교 영어영문학과 명예교수 김 두 식

보이는 영어구문 **잉글맵**

기본편 마디훈련